그리하여 설령 너에게 아무것도 남아 있지 않는다 해도

강한 의지로 그것들을 다시 움직일 수 있다면……

그렇다면 세상은 너의 것이고

너는 비로소 한 사람의 어른이 되는 것이다.

– 러디어드 키플링의 「만약에」 중

무기력보다 더 강력한 인생 장벽

문제는 저항력이다

박경숙 지음

와이즈베리
WISEBERRY

문제는 저항력이다

초판 1쇄 발행 2016년 2월 25일 | 초판 4쇄 발행 2022년 1월 10일

지은이 박경숙

펴낸이 신광수
CS본부장 강윤구 | 출판개발실장 위귀영 | 출판영업실장 백주현 | 디자인실장 백주현 | 개발기획실장 김효정
단행본개발파트 권병규, 조문채, 정혜리
출판디자인팀 최진아, 김가민 | 저작권 김마이, 이아람
채널영업팀 이용복, 이강원, 김선영, 우광일, 강신구, 이유리, 정재욱, 박세화, 김종민, 이태영, 전지현
출판영업팀 박충열, 민현기, 정재성, 정슬기, 허성배, 정유, 설유상
개발지원파트 홍주희, 이기준, 정은정
CS지원팀 강승훈, 봉대중, 이주연, 이형배, 이은비, 전효정, 이우성

펴낸곳 (주)미래엔 | 등록 1950년 11월 1일(제16-67호)
주소 06532 서울시 서초구 신반포로 321
미래엔 고객센터 1800-8890
팩스 (02)541-8248 | 이메일 bookfolio@mirae-n.com
홈페이지 www.mirae-n.com

ISBN 978-89-378-3573-5 03180

와이즈베리는 참신한 시각, 독창적인 아이디어를 환영합니다.
기획 취지와 개요, 연락처를 bookfolio@mirae-n.com으로 보내주십시오.
와이즈베리와 함께 새로운 문화를 창조할 여러분의 많은 투고를 기다립니다.

「이 도서의 국립중앙도서관 출판시도서목록(CIP)은 서지정보유통지원시스템 홈페이지(http://seoji.nl.go.kr)와
국가자료공동목록시스템(http://www.nl.go.kr/kolisnet)에서 이용하실 수 있습니다.
(CIP제어번호: CIP2016004103)」

차 례

저항력이 우리를 막고 있다

당신은 원하는 일을 제때 잘 하고 있는가? 그러면 이 책을 읽지 않아도 된다. 하지만 해야 한다고 생각은 하지만 미루고 피하며 하지 않는 자신 때문에 마음에서 전쟁이 일어나고 있다면 내 이야기를 한번 들어 보기 바란다. 이 책은 해야 하지만 하지 않는 우리 마음의 문제, 심리적 장벽인 '저항력'에 관한 이야기를 담고 있다.

혹시 청소를 해야 한다고 생각하면서 며칠 동안 미룬 적은 없는가? 이사 오면서 안 입는 옷을 담아 둔 박스들을 정리해야지 하면서 몇 년째 베란다에 방치하지는 않았는가? 한 달 전에 부과된 리포트를 마감 이틀 전에야 겨우 시작한 적은 없는가? 시간이 없을 때는 바로 시작했던 일을 시간이 많이 주어지면 오히려 미루지는 않는가? 부끄럽지만 나는 이 모든 것을 전부 경험했다. 그리고 그렇게 미루고 회피하는 자신과의 전쟁을 오늘도 치르고 있다. 이런 내적 전쟁을 하느라 내 시간과 에너지, 재능을 너무나 많이 낭비해 버렸다.

학교에 근무했던 지난 25년간은 그렇지 않았다. 나는 할 일을 제때 잘 해냈고 원하는 것을 하나하나 이루어 갔다. 다른 직업 없이 공부만 하는 풀타임 학생과 달리, 직장에 다니면서 공부하는 파트타임이었음에도 7학기 만에 박사학위를 받을 수 있었고, 직장에서의 업무 평가 결과도 좋은 편이었다. 심지어 한때는 학교 전체에서 생산성이 가장 높은 교원이라는 평가를 받은 적도 있고, 박사 과정 때 선배로부터 '논문 자판기'라는 별명을 얻은 적도 있었다. 당연히 무기력에 빠지기 전의 이야기다.

그러나 이후 무기력해지면서 10여 년간 고통을 겪었고 혹독한 훈련을 통해 그 포로수용소 같은 무기력에서 벗어날 수 있었다. 그래서 이제는 원하는 인생을 이전처럼 잘 살아 낼 수 있으리라 믿었다. 그런데 또다시 벽에 막혀 버렸다. 벽이 왜 나타났는지, 그 벽의 정체가 무엇인지도 모른 채 3년이 3개월처럼 흘러갔다. 새로운 책을 출간하지도 못하고 속수무책으로 나와의 전쟁을 치렀다. 그건 모두 '저항력' 때문이었다. 더 정확히 말하면 '내적 저항'이 나를 막고 있었기 때문이다.

이상한 일이었다. 과거에 나는 하고자 하는 일은 대체로 해낼 수 있는 사람이었고, 지루했던 무기력도 극복했다. 그런데 왜 또다시 아무 일도 하지 않는 상태가 되어 버린 것일까? 아니, 왜 시작조차 하지 못하는 것일까? 결론부터 말하자면 나의 종species이 변했기 때문이다. 과거의 나는 낙타였지만 지금은 사자가 되었다(전작에 이어 니체가 그의 대표 저서 『차라투스트라는 이렇게 말했다』를 통해 논하고 있는 낙타-사자-어린아이라는 3단계의 인간 정신 발달 과정을 주요 메타포로 삼을 예정이다). 사자는 그들만의 방식으로 사냥을 하지만, 낙타는 주인이 주는 먹이를 먹고 시키는 일을 하면서 살아간다. 둘은 생존 방식이 전혀 다르다.

학교에 근무할 당시에는, 주어진 일을 제때 하지 않으면 교수로서의 내 경력과 거취에 오점이 될 수 있었다. 그건 낙타로서 사막에 낙오되는 것을 의미한다. 낙타로서의 삶은 기본적으로 무기력할 수밖에 없다. 내가 나의 주인이 아니기 때문이다. 주인의 지시와 명령은 늘 통제 불가능과 예측 불가능을 안고 있다. 통제 불가능과 예측 불가능이 낙타를 무기력하게 한다.

낙타의 삶이 싫어서, 사자로 새로운 인생을 살기 위해 익숙한 학교를 떠났다. 하지만 퇴직 후엔 상황이 완전히 달라진다는 것을 전혀 알지 못했다. 사자가 된 나는 서재에 틀어박혀서 공부하며 3년 반을 보냈다. 처음에는 25년 만에 맞은 완벽하게 자유로운 시간을 의욕적으로 보내려 했다. 하지만 냉정하게 생각해 보니 지난 3년 반은 직장인이 빈둥거리며 보내는 일요일 오후의 모습이나, 종강 후 여유로운 방학을 보내는 종신교수의 모습과 흡사했다. 일 년 내내 방학이었고, 일주일 모두 일요일이었다. 하지만 단 하루도 나는 마음 편히 쉬지 못했다. 사자로서의 삶이 아직 시작되지 않았고, 사자의 사냥 방식에 익숙하지 않았기 때문이다.

그 모두가 심리적 장벽을 만드는 내적 저항 때문임을 알게 된 것은 시간이 상당히 지난 후였다. 그러나 알고 나서도 그 장벽을 넘을 수가 없었다. 저항이 만만치 않았다. 저항력이 나타날 수 있다는 것을 미리 알았더라면 이른 퇴직을 하지도 않았을 것이고, 무모하게 칩거를 결정하지도 않았을 것이다. 그랬더라면 3년 넘는 그 무시무시한 '화석기'를 만나지도 않았을 것이다.

소속이 없어진 나는 이제 스스로가 삶의 주인이었다. 일을 재촉하는 사람도 없었고, 제출기한도 없었다. 홈페이지를 만들어야 했지만 더 좋은 아이디어를 생각하며 계속 미뤘다. 모든 것을 미루며 나는 서재에 갇혀 지냈다. 통장 잔고로 생활하며 상담이나 코칭, 외부 강의와 방송 출연, 칼럼 게재 등은 의뢰가 들어오는 것만 했다. 절대로 내가 먼저 일들을 찾지 않았다. 누군가가 부탁하면 마지못해서 하는 식이었다. 내가 자발적으로 뛰어야 하는 본격적인 일은 시작하지 않은 채 계속 미루고만 있었다. 가장 중요한 일인 글쓰기조차.

그 모두가 저항력 때문임을 아주 늦게 알아차렸다. 저항이라는 문제를 해결하지 않으면 남은 인생이 후회 속에서 끝날 것 같았다. 그래서 나는 첫 번째 책처럼 내 문제를 우선적으로 연구하기로 했다. 세계적인 대문호 스탕달은 "인간을 연구하는 데는 자기 자신을 연구하는 것만으로 충분하다"고 했다. 내 문제를 해결하는 것이 타인을 진정으로 도울 수 있는 지름길이라 생각했다. 그래서 먼저 저항을 주제로 책을 쓰기로 결정했다. 이 책은 그렇게 탄생했다.

당신은 한계 따위를 모른 채 잘 살아가고 있는가? 그렇다면 무기력이나 저항력 같은 문제에 영향을 받지 않는 건강한 정신을 가졌음에 감사해도 된다. 지금까지 해왔듯 그렇게 살아가면 된다. 그러나 간절히 원하는 것이 있지만 하지 못해 우울하고, 답답하고, 자괴감과 죄책감, 수치심, 분노, 슬픔에 시달려 마음이 편치 않다면, 마음에서 전쟁이 일어나고 있는 것은 아닌지 한번 살펴봐야 할 것이다. 당신 스스로 '저항력'이라는 '심리적 장벽'을 만들어 할 일은 제쳐두고 자신과의 전쟁을 벌이는 것인지도 모르기 때문이다. 특히 자유로운 직업에 종사하는 사람은 저항을 만날 가능성이 크므로 주의할 필요가 있다.

만약 당신 마음에 문제가 있다면, 이제 그 마음을 훈련하여 문제를 뛰어넘을 준비를 하자. 자신이 꿈을 막고 한계를 정하고 재능 발현을 막는다면 너무 억울하지 않은가? 가진 재능을 다 쓰지도 못하고 이 세상을 떠날 것인가? 그게 아니라면 이제 자신의 마음이 어떻게 움직이는지 정확히 알고 다룰 수 있어야 한다. 누구도 자신의 문제를 대신 해결할 수 없다. 마음은 자신이 가장 잘 안다. 의사나 심리치료사, 스승이나 멘토도 길 안내자에 불과하다.

자기 문제는 스스로 찾아내고 이해해서 자기만의 길을 가야 한다. 눈앞에 닥친 장벽은 스스로의 힘과 '의지'로 넘어야 한다. 나는 먼저 올라가려고 애써 본 사람으로, 그 성벽을 넘어갈 때 필요한 장비가 무엇인지, 어디쯤이 미끄러운지 가르쳐 주는 안내자에 불과하다. 당신이 그 전쟁을 반드시 멈추고 장벽을 넘어 원하는 길을 갈 수 있길 신께 기도한다.

몰락할지 살아남을지는 마음에 달렸다. 저항력에 막혀 멈출 것인가, 장벽을 넘어설 것인가? 당신이 결정하기 바란다.

2016년 1월,
박경숙

문제는 저항력이다

PART 1

—

스스로 만드는
마음의 장벽

"모든 것은 우리의 마음이 제대로 기능을 하느냐 하지 않느냐에 달려 있다."
─카를 융, 『기억 꿈 사상』 중

사냥하지 않는 사자

나는 세렝게티 초원에 살고 있는 암사자다. 야생에서 태어나고 자랐다. 새끼 시절에는 언니 오빠들과 놀면서 사냥하는 법을 배웠다. 몸집이 커져 부모님 곁을 떠났다. 얼마 전에는 새끼 두 마리를 낳았다. 새끼들에게 줄 사슴을 사냥할 때 나는 초원에서 놀던 시절처럼 행복했다. 나의 일상은 평화로웠다.

어느 날 물소 떼가 내 영역을 가로질러 가는 것을 보았다. 영역을 침범한 물소 떼에게 화가 났다. 엄마는 내게 물소를 공격하는 방법은 가르쳐주지 않았다. 대신 화난 물소 떼가 가끔 사자를 공격해서 죽이기도 한다는 말을 해주며 섣불리 공격하지 말라고만 했다. 세렝게티에는 오래전에 물소 떼의 공격으로 죽은 수사자 이야기가 전해지고 있었다. 수사자는 원래 사냥을 잘하지 않는데, 그 사자는 영역을 지키기 위해 무리해서 물소 사냥에 나섰고, 그것이 죽음을 초래했다는 이야기였다. 그 이야기를 들은 후 나는 한 번도 물소를 욕망한 적이 없었다.

그런데 그날은 달랐다. 내 구역을 침범한 그들에게 화가 났고 내 능력에 자신 있었다. 게다가 갑자기 물소고기가 먹고 싶어졌다. 나는 몸을 숙인 채 그들이 물을 마시고 있는 웅덩이 쪽으로 다가가 단번에 뛰어올라 그중 한 마리의 목덜미를 물었다. 목덜미가 으스러지도록 힘을 주고 놓지 않았다. 놀란 물소들이 사방으로 도망갔다. 물소의 숨이 끊어지자 나는 가족들에게 신호를 보냈다. 새끼들이 달려왔다. 그날 우리는 처음 먹어 보는 물소고기에 취해서 어쩔 줄 몰랐다. 물소고기는 지금껏 먹어 본 고기 중 최고였다.

그 사냥 후 나는 며칠 동안 잠만 자며 풀밭에 누워 뒹굴었다. 그러고 나자 슬슬 배가 고파 왔다. 사냥 나갈 때가 된 것이다. 그런데 사냥 나가기가 싫다. 사슴고기도 싫증났고, 영양이나 가젤도 먹기 싫었다. 붉은 피가 뚝뚝 떨어지던 질깃한 물소 가죽이 그리웠다. 그런데 물소 떼가 오지 않았다. 그래서 오늘은 사냥하지 않기로 결정했다. 내일 다른 물소 떼가 지나가면 싱싱한 놈으로 사냥해야겠다고 생각했다.

초원의 주인인 사자가 물소 정도는 잡아야 체면이 선다고 느꼈다. 지난번 물소 사냥에 성공했다는 소문이 이미 이곳 세렝게티 전체에 퍼졌을 것이다. 이제 나를 더 무서워하겠지 하는 생각이 들었다. 다음 날은 전날보다 조금 더 배가 고팠다. 물소를 기다렸지만 오늘도 물소는 오지 않았다. 그렇다고 멀리 찾아 나서긴 싫었다. 기다리면 그들이 물 마시러 올 것이고, 그러면 나는 쉽게 사냥을 할 수 있을 것이다. 내가 원하면 언제든 사냥이 가능하다. 단지 오늘 하루 사냥을 미룬 것뿐이다.

새끼들이 배고프다고 울었다. 새끼들을 먹이려면 작은 토끼라도 잡아야 하는데, 웬일인지 점점 더 사냥을 하기가 싫었다. 해야 한다는 것을 알면서도 하기 싫었다. 그렇게 며칠 지나는 동안 한 번도 물소 떼를 보지 못했고, 우리 가족은 여전히 굶었다. 더 이상 버티기가 힘들었다. 오늘은 반드시 사냥을 하리라 굳게 결심했다. 그런데 이제 힘이 없다. 이렇게 힘이 없으면 물소는 고사하고 새끼사슴도 따라잡지 못할 것이다.

눈치 빠른 하이에나 한 놈이 나를 놀리듯 주변을 빙빙 돌며 떠나질 않았다. 쥐새끼 같은 하이에나는 내가 사냥할 수 없다는 것을 눈치채고 나를 놀리고 있는 것이었다. 사냥을 좀 하지 않는다고 하이에나조차 나를 무시하는가? 그놈은 내가 물소를 사냥한 소식을 듣지도 못했단 말인가? 갑자기 슬퍼졌다. 나는 왜 사냥하지 않을까? 아니, 이제는 사냥을 하지 못할 것 같다. 나의 용맹함과 사냥술과 강인했던 체력은 어디로 간 것일까? 지금처럼 계속 사냥을 할 수 없으면 나와 새끼들은 어떻게 되지? 갑자기 모든 것이 두렵고 불안해졌다. 그리고 걱정은 점점 더 심해졌다.

갑자기 왜 사자 이야기를 하느냐고 의아해할 것이다. 내가 이 이야기를 하는 것은 이 책에서 주장하는 바와 이 사자의 삶을 떼어 놓을 수 없기 때문이다. 모든 것이 가능한데도 사냥을 하지 않는 사자는 일할 수 있음에도 하지 않는 우리의 모습과 너무도 닮아 있다.

니체Friedrich Nietzsche는 『차라투스트라는 이렇게 말했다』에서 인간의 정신 성장과 인류 역사를 낙타, 사자, 어린아이 단계로 분류했다. 무거운 짐을 지고 사막을 횡단하는 낙타는 주인의 지시에 따라 움직여야 한다. 평생 주인에게 봉사하다가 늙고 병든 낙타는 젊은 낙타에게 짐을 넘겨주고는 사막에 버려질 것이다. 노예의 삶은 낙타의 삶을 닮아 있다. 스스로 결정할 수 없는 낙타가 가장 원하는 것은 '자유'다.

그 자유의 최고봉에 동물의 왕인 사자가 있다. 낙타로선 사자가 되는 게 소망이다. 무기력한 낙타를 벗고 황금빛 갈기를 휘날리는 사자가 되어 세렝게티 초원을 누비고 싶다. 하늘이 돕는다면 낙타는 사자로 진화할 수 있다.

물론 처음부터 사자로 태어난 사람도 있다. 하지만 니체는 우리의 초기 인생이 대부분 낙타의 상태라고 말한다. 마틴 셀리그만Martin Seligman은 저서 『플로리시』에서 니체의 이 사상을 인용하며 인류 역사상 초기 4천 년 정도가 낙타의 상태였다고 말한다. 태어나자마자 어머니의 젖에 의존해 생존하는 포유류인 인간은 처음에는 반드시 무엇엔가 의존할 수밖에 없는 존재다. 이처럼 낙타로 시작하기 때문에 낙타의 삶에 익숙하다.

반면에 사자란 자기가 주인이 되어 스스로 살아간다. 최근 직장을 그만두고 1인 기업가가 되거나 자영업 또는 자신만의 길을 걷는 사람들이 늘고 있다. 수명은 길어지고 은퇴 시기가 빨라지면서 나타나는 당연한 변화다. 나 역시 자유롭게 살기 위해 25년간 생계 터전이던 학교를 사직했다. 글을 쓰고 강연을 하며 내가 주인이 되어 살기로 했다. 낙타를 벗고 사자가 된 것이다.

사자가 되면 원하는 것을 모두 할 수 있어 매우 행복할 것이라고 생각했다. 그런데 여전히 자유롭지 못할뿐더러, 정서적으로는 더 불안하고

문제는 저항력이다

초조했다. 누구도 내게 무엇을 강요하지 않았고, 스스로 결정하고 스스로 실행하면 되는데도 나는 아무 일도 하지 않았다. 내가 명령하고 내가 거부하는 전쟁이 매일 같이 내면에서 일어났다. 내 힘을 나를 막는데 쓰고 있었다.

낙타든 사자든 아무것도 실행하지 않으면 결과물이 없다는 점은 동일하다. 하지만 둘 사이엔 결정적인 차이가 있다. 낙타는 무기력해서 일을 하지 못하지만, 사자는 무기력해서가 아니라 할 수 있는 힘이 있는데도 그 힘을 쓰지 않는다. 즉 낙타는 '하지 못하는 것'이고, 사자는 '하지 않는 것'이다.

그렇다면 사자는 왜 사냥을 하지 않는 것일까? 나는 이 책에서 그 문제를 이야기하고자 한다. 사냥을 하지 않는 사자처럼 우리는 왜 할 수 있는데도, 해야만 하는데도, 하지 않는 것일까?

'몰입Flow'이라는 말을 창시한 심리학자 미하이 칙센트미하이Mihaly Csikszent-mihalyi는 "글을 써야 하는 사람이 쓰지 못하고 있을 때 그것은 정신적인 혼수상태와 같다"라고 말했다. 칙센트미하이가 '정신적 혼수상태'라고 표현한 것은 어쩌면 그도 그런 상태를 경험했기 때문일지 모른다. 피상적인 상상으로는 그런 적나라한 표현을 쓸 수 없기 때문이다. 오직 경험해 본 사람만이 이해할 수 있다. 저항에 막히면 정말 정신적 혼수상태에 빠진 것처럼 고통스럽다. 저항은 너무나 무서운 마음의 문제다.

당장 원고를 보내야 하는데 두 달 이상 노트북을 열지도 않고 자신과의 전쟁으로 초주검이 된 적이 있다. 그것도 한두 번이 아니다. 그렇게 미루고 회피하고 변명하며 3년을 보냈다.

낙타의 미루기와 사자의 미루기는 전혀 다르다. 낙타는 할 일을 미루면 채찍이 기다리시만, 사자는 딩장 굶어 죽는다. 그런데도 미루고 피하는 것이다. 일하지 않는 나는 사냥하지 않아 굶어 죽기 직전인 탈진한 사자 같았다.

그럼에도 나는 왜 글을 쓰지 않는 것일까? 정말이지 그 이유가 궁금했다. 그리고 풀어야 했다. 왜 사자가 사냥하지 않는지에 대한 메타포를 얻기 위해서 사자의 사냥 심리를 상상해 보았다. 사자는 매일 사냥을 하지 않고 배가 부를 때는 빈둥댄다. 그러면서 마음만 먹으면 토끼쯤은 언제든 잡을 수 있다고 자만한다. 사자의 비정기적인 사냥 패턴과 자만심이 저항을 유발할 수 있겠다는 생각을 했다. 우리가 심리적 장벽을 만들어 내는 것도 그런 이유일 수 있다. 할 수 있다고 믿고, 언제든 시작할 수 있다고 생각하는 동안에는 절박함이 없다. 게다가 휴식이 길어지면 시작하기가 점점 더 힘들어진다.

그러다 시간이 꽤 지나면 시작은 불가능에 가까운, 어려운 일이 된다. '시작이 반'이라는 속담처럼 시작만 하면 다음 날 끝낼 수 있는 일을 몇 달 동안 시작조차 못한다. 이것이 바로 저항의 위력이다. 이제부터 저항에 대한 모든 것을 하나하나 살펴보겠다.

저항력의 증상

디자인 회사에 다니고 있는 K의 진짜 꿈은 만화가였다. 요즘 뜨는 웹툰으로 소위 대박을 터뜨리는 작가들을 보면 자신도 할 수 있을 것 같다는 생각이 들었다. 대학생 때 만화 공모전에서 입상한 적도 있고, 주변 사람들로부터 너라면 할 수 있을 것이라는 격려와 응원도 많이 들었다. 생계를 위해 어쩔 수 없이 디자이너가 되긴 했지만 이 일에선 별다른 성취감을 느낄 수 없었다. 언젠가 반드시 만화가가 될 거라는, 미련일지도 모르는 열망이 늘 가슴 한편에 자리 잡고 있었다.

그는 작정하고 만화에 매달려 보기로 했다. 출근 전에 한 시간, 퇴근 후에 한 시간씩 무슨 일이 있어도 만화를 그리기로 했다. 그러기 위해서 친구들과의 약속도 취소하고 퇴근 후에 한 잔하던 습관도 버렸다. 그렇게 몇 달 동안 스토리 구상을 하고 캐릭터 연구를 해가며 만화를 그렸다.

하지만 결과는 너무 허탈했다. 누구에게 보여 줄 수도 없을 정도로 졸작이었다. 스스로에게 실망스러웠다. 당장 물소를 잡아도 모자란데 그가 잡은 것은 토끼도 아니고 들쥐만 했다. 애초에 만화에 재능이 없는 것 아니었나 하는 의심까지 들었다. 그는 반드시 들소를 잡고 싶지만, 들소를 잡는 것도 힘들고 들소를 잡아도 뾰족한 수가 없다고 생각하니 앞날이 캄캄하고 가슴이 답답해 한동안 만화를 들여다보기도 싫었다.

"남자가 결혼할 의지가 없는 건 상대방을 진정으로 사랑하지 않아서 그런 거래. 그 말이 맞는 것 같아."

여자 친구의 한마디 한마디가 가슴을 찔렀다. 그건 절대로 아니니까 믿어 달라고 했지만 여자 친구는 믿지 못하는 눈치였다. L 씨는 여자 친구를 진정으로 사랑했다. 지금의 여자 친구 말고 다른 여자와 결혼하는 것은 상상도 할 수 없었다. 그러나 결혼 생각만 하면 답답했다. 분명 하긴 해야 하는데 지금 사정이 큰 문제로 다가왔다. 수중에는 겨우 천만 원 남짓밖에 없었다. 여자 친구가 비용을 부담하겠다고 나선다 해도 여자 친구 부모님에게는 뭐라고 할 것인가. 준비도 안 된 사위를 누가 좋아하겠는가. 이런 생각을 하면 결혼하자는 말로 여자 친구를 붙잡을 수도 없었다. 그런데 여자 친구의 인내심이 극에 달해 마냥 손 놓고 있을 수도 없었다. 결혼하려고 들면 방법이 아주 없지 않지만 매일 회사를 오가는 것만도 피곤했다. 요즘 그는 눈앞에 태산이 버티고 있는 것처럼 마음이 무거웠다. 오늘도 여자 친구에게 미안하다는 말만 되풀이했다.

P 씨는 젊어서 지독하게 고생한 끝에 어느 정도 재산을 모았다. 어려울 때도 남들보다 성실하게, 근검절약하면서 살아온 덕분이었다. 그런데 젊어서 고생을 너무 많이 한 탓인지 다리 관절이 모두 망가지고 건강이 좋지 않았다. 자식들이 어머니를 병원에 모시고 가려고 했지만 P 씨는 한사코 사양했다. 그뿐만이 아니다. 천 원 한 장 쓸 때도 손이 부들부들 떨렸다. 택시를 타는 것은 상상도 할 수 없고, 분식점의 김밥 한 줄도 마음 놓고 사먹지 못했다. 한겨울에도 난방을 하지 않은 채 냉랭한 집에서 지냈다.

P 씨는 자식이나 손자손녀가 아닌 자신을 위해서 돈을 쓰면 죄책감이 들었다. 지금 안 입고 안 먹으며 천 원, 2천 원 아끼고 불편함을 참으면 훗날 복을 받을 거라고 믿어 왔다. 건강해지고 싶은 마음이야 당연하지만 좀처럼 지갑을 열기가 어려웠다.

이와 같은 사례는 본인 혹은 주변에서 익숙하게 만날 수 있다. 이들은 모두 자신이 하고자 하는 바가 있고, 그 방법도 알고 있으며, 그럴 만한 힘도 가진 건강한 사람들이다. 하지만 무기력에 빠진 사람처럼 실행하지 못하고 괴로워하고만 있다. 일시적으로 할 일을 못하는 것일 수도 있지만 영원히 못하는 수도 있다. K는 만화 그리기를 포기하고 겸연쩍게 다시 직장 일에만 매달릴 수 있고, L은 결국 여자 친구와 헤어지고 마흔이 넘어서까지 혼자 지낼 수도 있다. 의외로 흔한 일이다.

왜 이들은 행동하지 못하는 걸까? 실력이 없고 돈이 없어서? 자식을 위해서? 우리는 그것이 그저 변명과 핑계라는 것을 안다. 그렇다면 왜 우리는 해야 할 일을 미루고 핑계를 대는 걸까? 무엇이 기꺼이 당장, 적극적으로 하려는 마음의 시동을 꺼버리는 걸까? 그 원인은 외부에 있는 것이 아니라, 우리 내부에 있다. 내 마음이 '저항'하고 있는 것이다.

주변에서 흔히 볼 수 있는 이런 경우 외에 심각한 문제 상황에서 벗어나지 못하게 작용하는 저항 사례도 있다.

2015년, 10대 친딸 두 명을 성폭행한 40대 남자가 아내의 신고로 구속되었다. 그런데 남자가 재판을 받기 직전에 신고한 아내가 남편을 벌금형으로 석방해 달라는 탄원서를 제출해 언론의 집중 조명을 받았다. 그의 아내는 딸들도 아빠의 처벌을 바라지 않으며 아빠가 반성하고 돌아오기를 기다린다고 탄원했다. 게다가 신고한 것을 후회한다면서 시간을 이전으로 되돌렸으면 좋겠다고 해 세상을 경악케 했다.

그녀는 경제적인 이유로 그런 탄원서를 쓰게 되었다고 말했다. 돈이 없어 성폭행당한 딸을 산부인과에도 데려가지 못하고, 혼자서 아이 3명을 키우지 못하겠다는 것이 이유였다. 한 가정의 경제적 어려움에 대해서는 쉽게 말할 수 없다. 그래도 그녀는 분명 남편의 범죄적 행위에 분노해 자식을 보호하고자 신고까지 감행했을 것이다. 하지만 이내 부모의 도리보다 자신이 생계를 꾸려 자식을 먹여 살려야 한다는 두려움이 커져 그런 반응을 보인 것이라고 짐작된다. 즉 자신이 자식의 안전과 미래를 책임져야 한다는 의무에 저항하고 만 것이다.

위 사례에서 아내는 필사적으로 해결해야 할 일 앞에서 무력하다. 심지어 충분히 벗어날 힘이 있음에도 주저앉고 말다니 얼마나 무서운 일인

가. 이런 경우에 나타나는 저항은 치명적인 상황을 초래할 수도 있다.

여기서 한층 더 고통스러운 것은 스스로 벗어나야 한다는 것을 분명히 인지하고 있다는 점이다. 하기 싫으면 안 하면 된다. 그런데 해야 한다고 생각하기 때문에 포기되지도 않는다. '해야 해'라고 말하는 자아와 '하기 싫어'라고 거절하는 자아가 힘겨루기를 하고, '하고자 하는 나'와 '하기 싫은 나'가 마음을 무대로 싸우고 있는 꼴이다.

무기력과 저항력은 둘 다 행하지 못하게 하는 심리적 독소지만 서로 차이가 있다. 무기력은 수용소에 갇힌 포로의 모습과 흡사하다. 대응이 매우 소극적이다. 하지만 저항력은 '해야 한다'는 대응이 상대적으로 적극적인 상태여서, 마치 '전쟁터에서 싸우는 병사'의 모습과 같다. 저항의 경우는 마음속에서 전쟁이 일어나고 있으므로 아무 일 안 해도 지쳐서 녹초가 된다.

저항과 벌이는 일상의 전쟁을 그대로 방치하다가는 인생이 점점 더 추락하고 변하지 않는다는 불안감에 또다시 우울해질 수 있다.

아무것도 안 하면 아무 일도 일어나지 않는다는 생각은 착각이다. 아무 일도 일어나지 않는 듯 보이지만 사실은 퇴화하고 있는 중이다. 이것은 무서운 진실이다. 생명체는 일생 동안 성장과 노화 중 하나의 길을 따라간다. 광물처럼 멈추어 있는 경우는 없다. 인간은 항상 상승과 추락 중 하나를 선택해야만 하는 존재다. 그러므로 이런 일상의 저항을 절대로 우습게 봐서는 안 된다.

게다가 인간은 스스로 자신에게 저항하고 있다는 사실을 알지 못하기 때문에 저항력을 이기기가 어렵다. 자기가 만든 문제가 아니라 외부 상황 때문에 어쩔 수 없이 생긴 결과라고 착각하는 경우가 많다. 그래서 변명과 핑계를 대며 그 문제의 원인을 외부로 돌린다.

저항력이란?

　저항은 여러 가지 의미를 담고 있는 단어로, 일상에서도 자주 쓰인다. 저항의 심리학적인 의미를 알아보기 전에 저항이라는 일반적인 용어에 대해 살펴보자. '저항resistance'의 사전적 의미는 '밖으로부터 가해지는 힘에 굴복하여 따르지 않고, 거역하거나 버티는 것'이다. 물리학에서는 '물체가 운동하는 방향과 반대 방향으로 작용하는 힘'을 말한다. 경제에서는 저항을 '주가 상승이 매도 세력에 의해 견제되거나 정지하는 현상'이라고 이야기하기도 한다. 요컨대 나아가고자 하는 방향에 반反하려는 힘이다. 이러한 저항으로 인해 우리는 알게 모르게, 상습적으로 일정한 패턴의 생각이나 행동을 하게 된다.

미루기와
게으름

앞서 소개한 사례에서 보듯 저항은 외부 요소와 결탁하기를 좋아한다. 시간이 부족해서, 경제적인 상황이 어렵기 때문에, 방해하는 사람이 있어서 등과 같이, 하지 않는 이유를 잘 만들어 낸다. 우리 마음은 너무나 쉽게 이런 식으로 심리적 타협을 한다. 그래서 곧잘 '해야 할 일'은 '하지 않아도 좋은 일'이 되곤 하는 것이다. 주로 회피하고 변명하며 할 일을 시작하지 않게 하거나 미루는 행동 패턴을 유발하는 경향이 있는데, 심리학적으로 보면 '미루기'와 '게으름'으로 정의할 수 있다.

다음은 박현수 저자의 『슬로비의 미루기 습관 탈출기』에 나오는 것을 참고로 만든 사람들이 쉽게 미루는 것들이다. 당신의 미루기와 비교해보기 바란다.

미루기가 많이 나타나는 저항 영역

일찍 일어나기	숙제	신문 사설 읽기	대청소/베란다 정리
잠자기 전 양치질	가계부 쓰기	하드 디스크 정리	이불 빨래
긍정적인 생각 하기	자격증 따기	홈페이지 개설	냉장고 정리
물건 제자리에 두기	운동하기	블로그 정리	옷 세탁소 맡기기
지인에게 연락하기	다이어트	일기 쓰기	방 정리/옷장 정리
이메일/편지 쓰기	악기 배우기	메모 정리	보고서 작성
문서 정리	저축하기	PC 사용 시간 줄이기	물/우유 마시기
영수증 정리	금연/금주	인터넷 사용 줄이기	예습/복습
TV 시청 줄이기	기도하기	스마트폰 안 보기	책 읽기
세차하기	성경 읽기	SNS 댓글 달기 줄이기	다이어리 쓰기

미루기를 게으름 속에 넣는 심리학자도 있다. 게으름을 경미한 게으름과 심한 게으름으로 분류한 뒤, 경미한 게으름에 미루기와 망설임을 넣고, 심한 게으름에 나태함과 회피를 넣는다. 즉 미루기, 회피, 나태, 망설임은 모두 게으름으로 볼 수 있다는 것이다. 그렇다면 게으름은 정확히 어떤 심리적 증상을 말하는 것일까?

다음은 하버드 대학생들의 열정과 노력을 취재한 중국의 다큐멘터리를 책으로 엮은 『하버드 새벽 4시 반』에 실려 있는, 젊은이들이 게으름을 피울 때 나타나는 심리 상황이다. 이 내용을 참고로 자신의 상태를 점검해 보자.

게으름이 일어나는 모습

1 활동적인 일을 싫어하고 언제나 우울하다.

2 주변 사람들이나 일어나는 일에는 관심 없고 종일 혼자만의 공상에 빠져 있다.

3 가족이나 친구들과 함께 있는 것이 불편하고 고립된 상황이 편하고 좋다.

4 고민이나 잡념이 많고 불면증에 시달리거나 규칙적인 수면을 취하기 어렵다.

5 학생의 경우 수업시간에 지각이나 결석을 자주 하고, 수업에 들어가지 않아도 위기감을 느끼지 못한다. 수업에 집중하지 못하고 숙제도 제대로 하지 않는다.

6 직장인의 경우 근무 태도가 좋지 않고 일을 제대로 수행하지 못한다. 그런데 긴장감이나 죄책감도 없이 태연하다.

7 스스로 생각하지 못하고 자신의 학습이나 연구목표가 무엇인지 잊는다. 방향 감각을 상실한 채 습관적인 관성으로 살아간다.

저항의 술책 중 미루기나 게으름은 다소 안전해 보이는 전략이라 다른 것보다 더 자주 사용하게 된다. 미루면서도 절대로 하지 않겠다고는 말하지 않는다. 단지 다음에 상황이 더 좋거나 완벽하게 준비되면 하겠다고 생각한다. 이렇듯 미루기는 자신을 속이거나 합리화하기 쉽다.

그런데 미루는 것이 좋지 않은 이유는 그것이 습관이 될 가능성이 크기 때문이다. 오늘 미루면, 내일도 미루고 한 달 뒤에도 미룰 가능성이 크다. 관성의 법칙은 인간의 행동에서도 작용하기 때문이다. 관성의 법칙이란 뉴턴Isaac Newton의 3가지 운동 법칙 가운데 첫 번째로, "외부로부터 힘이 작용하지 않으면 물체의 운동 상태는 변하지 않는다"라는 물리의 법칙이다. 즉 하던 대로 계속하려는 힘이 작용해 습관대로 살아가려고 하는 것이다.

이런 관성은 뇌의 회로에서도 작동한다. 뇌는 늘 같은 결과를 산출한다. 헵의 법칙Hebb's law에 따르면 한 번 발화된 뉴런들의 연결인 시냅스는 다음에도 발화될 가능성이 커지고, 그러면 그 시냅스는 더 강화된다. 마치 산속에 등산로가 만들어지는 원리와 같다. 인적이 없던 처녀림에 누군가가 지나가면 그가 지나간 모양대로 풀이 꺾인다. 그러면 다음 등산객이 풀이 누운 그곳으로 걸어 올라갈 가능성이 커지고, 그렇게 사람들이 이미 누군가가 지나간 자리로 걷게 되면서 새 등산로가 만들어지는 것이다. 그렇게 되면 새로 등반하는 사람은 이미 나 있는 길로만 올라가려 한다. 이것이 헵이 제안한 상당히 오래된 학습법이다. 습관은 그렇게 만들어지고 강화된다. 따라서 대수롭지 않게 한두 번 미루는 버릇이 치명적인 결과를 낳을 수도 있다.

문제는 저항력이다

내가 3년의 화석기를 보낸 것은 변화를 3년간이나 미루었기 때문이다. 처음엔 두어 달이면 괜찮아질 거라고 생각했다. 그러나 3개월 같은 3년이 지나는 동안 나는 이전 모습을 고수하려고 발버둥 치며 변화에 저항했다. 시동만 켜두고 출발하지 않는 자동차와 같았다. 단 1미터도 나가지 않았지만 시동을 켜두었으므로 연료는 소모되고 있었다. 마음은 이미 에베레스트를 오른 알피니스트^{Alpinist}처럼 지쳐 있었다.

이렇게
변명한다

저항이라는 용어를 심리학적 개념으로 처음 사용한 사람은 프로이트다. 프로이트^{Sigmund Freud}는 '정신분석 모델'에서 심리학적 저항이라는 개념을 처음 도입했다.

그가 '저항'이라는 용어를 어떻게 사용했는지 보면, 우리가 만들어 내는 저항력에 대한 통찰을 얻을 수 있다. 프로이트의 대표서인 『정신분석 입문』에서 그는 저항을 다음과 같이 설명하고 있다.

우리가 환자의 병을 고쳐서 그의 괴로운 증상으로부터 해방시켜 주려고 하면, 환자는 치료 기간 동안 의사에게 집요한 '저항'을 보인다. 이 현상은 매우 기괴한 사실이므로 환자 가족들에게는 말하지 않는 편이 낫다. 왜냐하면 가족들은 우리의 치료법이 오래 걸리고 성공하지 못한 데 대한 변명으로 받아들이기 때문이다. 그런데 사실은 환자 자신도 그것이 '저항'인 줄 모르고 있다. 우리가 환자에게 그것이 '저항'이라는 것을 일깨워 주고 그것을 예상할 수 있게 해줄 수 있다면, 그것만으로도 성공한 셈이다."

다음은 이러한 맥락에서, 심리학자들이 환자와의 상담을 통해 발견한 저항의 양상이다. 당신 자신에게 이런 변명을 하고 있지 않은지 살펴보길 바란다.

1 침묵하기 상담자의 질문에 대답하지 않거나 생각이 떠오르지 않는다고 말하며 대답을 회피한다. 말을 안 하거나 할 말이 생각나지 않는다, 말하고 싶지 않다는 등 다양한 전략으로 자신의 속내를 보여 주지 않는다. 주로 힘이 약한 자가 자신보다 강자에게 취하는 저항이다. 약자는 침묵이라는 수동적인 저항을 쓰면서 자신을 숨기려 한다.

2 말을 많이 함 침묵과 정반대 현상으로 말을 많이 한다. 말을 많이 한다고 협조적인 것이 아니라, 문제의 핵심을 흐리게 하는 속임수 전략이다. 이것저것 여러 가지를 말하면서 진짜 자신의 감정과 사고를 감추고 회피하려 한다. 상담자의 말을 못 알아듣는 척하면서 화제를 바꾸거나 주제와 무관한 얘기를 장황하게 늘어놓는다.

3 검열과 편집 자신의 핵심 감정과 생각이 드러나는 것을 막기 위해 생각의 일부만 말하거나 일부를 숨기고 잘라 버리는 것을 뜻한다. 심리적

부담이 있는 얘기는 빼고 부담이 적은 얘기만 하는 등 알면서 행해지는 경우가 많다.

4 일반화 　자기 감정이나 상황에 대해 자세히 말하지 않으려고 일반적이거나 보편적인 상황 또는 용어로 설명하려 한다.

5 핑계 대기 　가장 좋은 저항 방법이다. 이유도 가지각색이다. 핑계를 대고 약속시간을 바꾸거나 어긴다. 이런저런 핑계를 대며 할 일을 다음으로 미루려 한다.

6 지식화 　상담자에게 영향을 주거나 상담자가 원하는 답을 하기 위해서 의도적으로 그럴듯한 말을 하거나 권위 있는 사람의 말을 인용하고, 객관적인 데이터를 들먹이는 방법이다.

7 문제의 축소와 마술 같은 해법 　'어떻게든 되겠지'라든가 '시간이 지나면 해결될 거야'라는 식의 반응을 보이면서 애써 변화에 저항하고 변화가 중요하다는 사실을 무시하려고 한다. 마술처럼 상황이 저절로 해결되는 요행을 바라는 경우도 있다.

8 행동으로 반항 　지각, 결석, 상담 약속 어기기, 상담 중 하품을 하거나 시계를 보는 등 일부러 지루해하는 태도를 보이며 행동으로 저항한다.

9 무력감 표현　　자기는 할 수 없다고, 잘될 리가 없다고 말하며 변화를 거부한다. 인지 치료에서는 이것을 '자기 불구화 전략'이라고 부른다.

작가의 장벽

2015년 7월 14일 여든아홉 살이 된 미국의 소설가 하퍼 리^{Harper Lee}가 55년 만에 두 번째 책『파수꾼』을 미국, 스페인, 브라질, 스웨덴 등 10개국에서 동시에 출간해 세계적인 주목을 받았다. 하퍼 리는 1960년에 첫 작품『앵무새 죽이기』를 썼다. 『앵무새 죽이기』는 1960년 7월 11일, 출간 즉시 베스트셀러가 되었고 비평가들의 극찬을 받았다. 1961년에는 퓰리처상을 수상했고, 4천만 부 넘게 인쇄되었으며, 40개 국어로 번역되었다. 그 후 그녀에게 늘 따라다니던 불명예가 있었다. 성공적인 첫 책 출간 이후 소설을 한 줄도 쓰지 못한다는 것이었다.

그런데 55년 만에 두 번째 책이 출간되어 세상을 놀라게 했다. 하지만 일부의 시선은 싸늘했다. 55년 만에 출간된 두 번째 책『파수꾼』이 사실은 『앵무새 죽이기』보다 먼저 쓴 것이라는 사실이 드러났기 때문이다.

1957년에 『파수꾼』 원고를 출판사에 보냈지만 편집자의 조언에 따라 출간을 미루고 대신 『앵무새 죽이기』를 먼저 출간했다고 한다. 그 말이 맞다면 그녀가 첫 책 이후 글을 쓰지 못한 것은 사실일지 모른다. 주변 사람들은 하퍼 리가 다른 책을 쓸 엄두를 못 냈다고 전한다.

왜 그랬을까? 55년 만에 발표된 『파수꾼』은 출간 즉시 베스트셀러 반열에 올랐다. 하지만 독자들의 반응은 첫 책만큼 좋지 않았다.

한때 큰 성공을 거둔 작가일수록 더 이상 글을 쓰지 못한다는 작가의 장벽writer's block은 널리 알려진 현상이다. 모든 사람이 작가는 아니지만, 이들이 글을 쓰지 못하는 이유와 우리가 일하지 못하는 원인은 같다고 볼 수 있다. 바로 '저항력' 때문이다. 그래서 작가들이 글을 쓰지 못하는 현상을 잘 이해하면 심리적 장벽인 저항을 넘을 실마리를 얻을 수 있을 것이다.

그들은 왜 글을 쓰지 못할까? 아무래도 좋은 글을 쓰지 못할 것 같은 두려움이 큰 이유일 것이다. 두려움이 만든 저항이 강력하게 버티면서 교묘한 미루기나 회피 같은 게으름을 만들어 내고 있다고 볼 수 있다.

이 이야기는 크게 성공한 사람일수록 자신을 극복하기 힘들다는 것을 보여 주는 사례이기도 하다. 열심히 일해서 크게 성공하거나 높은 목표에 도달하면 밑바닥부터 다시 시작하고 싶은 생각이 들지 않는다. 내면에서는 더 중요하고 오래 지속될 의미를 찾고 좋은 일을 구상하라고 재촉하지만 그것이 쉽지 않다. 게다가 훌륭한 업적을 지켜본 팬들은 다음 작품도 성공하기를 기대한다.

문제는 저항력이다

점점 그들은 자신이 처음처럼 성공적인 작품을 쓸 수 있을지 확신하지 못한다. 결국 첫 책이 성공의 기준이 되어 큰 장벽으로 작용해, 두 번째 시도를 막는 것이다.

블록
현상

작가의 장벽은 작가만 겪는 것이 아니다. 화가나 음악가, 무용 안무가 등 대부분의 예술가들이 창작 과정에서 겪는 현상이기도 하다. 또한 학자가 연구를 하지 못하는 것 역시 이와 같은 현상이라고 할 수 있다. 그래서 이런 증상을 그냥 '블록^{block} 현상'이라고 부르기도 한다. 단지 글 쓰는 사람들이 자신의 블록 현상에 대해 '작가의 장벽'이라는 용어로 대변하며 많은 서지 자료를 남겨 놓았기 때문에 일반에게 알려졌을 뿐이다.

첫 책을 펴낸 후, 나는 3년간 글을 제대로 쓰지 못했다. 내가 겪은 증상은 전형적인 블록 현상이었다. 그런데 나는 작가의 장벽이라는 용어로 설명하지 않고 저항이라는 개념으로 발전시켰다. 왜냐하면 글만 쓰지 못한 것이 아니었기 때문이다. 나는 총체적으로 새로운 일을 시작하지 못하고 있었다. 아무 일도 하지 않고 놀았던 것은 아니다. 이것저것 많은 일을 시도했고, 의욕이 넘쳐 새로운 분야의 자격증도 여러 개 따는 등 늘 분주했다.

게다가 글을 아예 쓰지 못한 것도 아니다. 거의 매일 장문의 일기를 썼고, 연구 노트에 연구 모델 디자인을 수백 장 그렸다. 그리고 아이디어를 계속 확산시키며 네트워크를 키웠다. 내 남은 인생을 다 투자해도 부족할, 새로운 주제들에 대한 방대한 연구 모델의 기초를 만들었다. 그러느라 머리가 터질 지경이었다.

그러나 인생이 막힌 듯한 느낌을 떨쳐 버릴 수가 없었다. 정작 가장 중요한 원고를 밑바닥부터 쓰지 못하고 있었기 때문이다. 다른 글은 쓰면서 써야 할 글은 쓰지 못하는 이러한 현상을 이해하기는 쉽지 않다. 심리적 저항 현상을 정확히 알아야만 이해할 수 있을 것이다.

한때 기자 출신 방송인이었다가 현재는 작가로 활동하고 있는 명로진의 『내 책 쓰는 글쓰기』를 보면 글을 쓰지 못하는 사람들에 대한 묘사가 등장한다. 우리가 블록을 마주했을 때 겪는 현상과 흡사하다. 그는 이렇게 묘사하고 있다.

> 글을 쓰고자 하는 사람이 제일 싫어하는 것이 글을 쓰는 것이다. 그다음은 책을 읽는 것이다. 그들은 수다 떠는 것을 더 좋아한다. 1시간 동안 지속적으로 글을 쓰지 못해도 6시간 동안 내리 글을 쓰지 못하는 이유에 대해 이야기할 수 있다. 왜 그럴까? 일단 시작을 쉽게 하지 못하기 때문이다. 때문에 늘 글을 쓰기 전에 책상을 정리하고 책을 펴기 전에 서핑부터 한다. 훌륭한 변명이다.

저항에 막힌 우리의 모습과 비슷하지 않은가? 내가 글은 쓰지 못하면서도 다른 연구는 할 수 있었던 것과 흡사하다. 단테^{Alighieri Dante}도 자신이 겪은 블록 현상에 대해 이렇게 고백했다. "내 머리로 감당하기엔 너무나 숭고한 주제로 여겨졌기에 나는 감히 손을 대기가 무서웠다. 글을 쓰고 싶었지만 한편으로는 시작하길 두려워하면서 며칠을 보냈다."

미루고, 미루고, 또 미루다

작가의 장벽은 미루기, 게으름 같은 증상과 비슷해 보인다. 하버드 의과대학 교수인 플래허티Alice W. Flaherty도 저서 『하이퍼그라피아』에서 미루기 증상을 작가의 장벽과 흡사하다고 했다.

> 작가의 블록 현상과 매우 유사하고 생물학적인 모델에 놀라울 정도로 잘 들어맞으며, 또 한편으론 우리를 고민하게 만드는 현상이 '미루기 현상'이다. 이론상으로 미루기와 블록 현상은 서로 다른 문제다. 블록 현상에 사로잡힌 작가들은 항상 책상에 앉아 있지만 정작 글은 쓰지 못한다. 반면 늑장을 부리는 이들은 책상으로 갈 수가 없다. 그러나 강제로 책상에 앉게 되면 아주 많은 글을 쓸 수가 있다.

그녀는 미루기와 블록을 책상 앞에 앉을 수 있는지 없는지로 구분하지만 책상에 앉아서도 미루기는 충분히 가능하다. 그러므로 굳이 이렇게 구분하지 않고 할 일을 할 수 있느냐, 없느냐로 구분하는 것이 좋을 듯하다. 나는 이 두 가지를 한꺼번에 다 겪었다. 어떤 날은 온종일 우울한 표정으로 '책상으로 가야 하는데, 글을 써야 하는데' 하면서도 TV 앞을 떠나지 못했고, 설사 책상으로 가더라도 책을 쓰는 것 대신 다른 책을 읽거나 딴 짓을 했다. 펜을 들더라도 원고가 아니라 일기나 새 연구 기획 혹은 계획표 등을 쓸 때가 많았다. 이렇게 블록과 미루기는 구분이 어렵다.

영국의 시인 새뮤얼 존슨Samuel Johnson은 1751년 산문집 『어슬렁거리는 사람The Rambler』에서 미루기를 좋아하는 사람들의 특성을 상세히 묘사했다.

블록 현상에 빠진 사람의 행동은 미루는 사람의 행동과 흡사하다. 이들이 진 파울러처럼 행동하기란 쉽지 않다. 진 파울러는 '글쓰기는 쉽다, 이마에 피가 맺힐 때까지 빈 종이를 노려보고 있기만 하면 된다'고 했다. 그러나 대부분은 빈 종이를 마주하는 고통스러운 순간을 견디기보다는 아주 긴급한 다른 일을 해야 한다는 핑계를 대며 글쓰기를 뒤로 미루어 버릴 것이다.

미루기는 매우 복잡한 현상이지만, 행동주의 관점으로 보면 하나의 원리로 설명할 수 있다. 보상이 행위를 증가시키거나 감소시킨다는 것이다. 대표적인 행동주의 심리학자인 프레더릭 스키너Frederic Skinner가 고안한 스키너 상자Skinner Box 실험에서 알 수 있듯이 동물은 먹이를 얻기 위해 레버를 누른다. 스키너 상자는 쥐가 빗장을 누르고 문을 열게 만든 학습 실험 상자인데, 조건반사의 원리에 따른다. 행동주의가 말하는 바는 분명하다. 음식이나 돈 같은 긍정적인 보상은 행위의 빈도를 증가시키고, 육체적 고통이나 혹병 등 부정적인 보상은 행위를 감소시킨다는 것이다.

그런데 행동주의 학파가 동물을 통해 실시한 '미루기 모델'의 실험 결과는 인간의 작업 습관에 중요한 시사점을 던져 준다. 음식을 얻기 위해 레버를 고정된 숫자만큼 누르도록 비둘기를 훈련시켰더니 처음엔 마치 힘든 일을 미루듯이 천천히 레버를 누르는 것이 관찰되었다. 하지만 더 많은 보상을 제공하면 이 행동을 변화시킬 수 있음을 알게 되었다.

이런 결과에 따라 행동주의 학파는 글쓰기에 수반되는 보상이 부정적일 때, 다시 말해 자신의 원고가 반려되거나 글쓰기에서 지루함이나 고됨을 느껴 본 일이 있을 때, 사람들은 글 쓰는 일을 회피하게 된다고 했다. 매우 중요한 관점이다.

나도 책 쓰기가 지루하고 힘들었던 경험 때문에 다시 쓸 엄두가 나지 않은 면이 있었고, 피드백이 늦는 경우엔 작업이 늦어져 미루기도 했다. 그렇다면 이들이 제시하는 해결법은 무엇인가? 간단하다. 작가들이 책상 앞에 앉아 글을 쓸 수 있게끔 더 많은 보상을 주거나, 아니면 보상을 예측하는 일이 쉽지 않도록 환경을 바꾸는 것이다. 잦은 마감이 글쓰기 속도를 높여 줄 수 있다. 마감 일자가 명확하게 정해져 있는 언론인들은 출판 날짜가 애매한 소설가들보다는 블록 현상에 덜 빠진다는 점이 그것을 말해 준다. 그것은 앞에서 말한 낙타와 사자의 차이일 수도 있다. 언론인은 직장에 소속된 낙타지만 소설가는 사자다. 둘 중에서 블록 현상이 심하게 나타나는 쪽은 사자다.

작가의 블록 현상은 그 모습과 원인이 다양하지만 두 가지 공통된 특징이 있다고 플래허티는 말한다. 첫째, 글 쓸 능력이 있는데도 글을 쓰지 않는다. 둘째, 글을 쓰지 않기 때문에 고통받는다. 매우 단순해 보이는 이 두 가지 특징은 작가의 블록 현상과 저항의 핵심을 정확히 지적하고 있다. 할 수 있는데 하지 못한다. 그리고 그로 인해 죽음까지 생각할 정도로 괴로워진다.

리처드 파인만의
장벽

아인슈타인^{Albert Einstein}과 함께 20세기 최고의 물리학자로 불리는 리처드 파인만^{Richard Feynman}이 MIT에서 학부를 마치고 프린스턴 대학에서 박사학위를 받을 당시 나이는 불과 스물네 살이었다. 아직 박사 과정 중이던 1941년에 그는 맨해튼 프로젝트라는 미국의 원자폭탄 개발에 투입되었다. 그 프로젝트에는 미국의 뛰어난 과학자들이 다 참여했다. 모든 것이 극비리에 진행되었기에 프로젝트 참여자들은 가족과 떨어져 지냈고 편지까지 모두 검열받았다. 그 시절에 파인만은 아내를 잃었다.

그런 그가 코넬 대학 교수가 된 후 작가의 장벽과 같은 블록 현상을 겪었다. 그는 저서 『파인만 씨 농담도 잘하시네』에서 다음과 같이 이야기하고 있다.

나는 적분법으로 양자역학을 푸는 새로운 방법을 찾아낼 것 같은 많은 아이니어들을 떠올렸고 하고 싶은 일도 많다. 그러나 막상 어떤 연구를 해야 할 때가 되자 나는 일을 할 수가 없었다. 다소 피로했고 흥미가 없어져 연구를 할 수가 없었던 것이다. 몇 년 동안 계속된 것처럼 느껴졌지만 돌이켜 보니 그 정도로 긴 시간은 아니었다. 어떤 문제에 대해서도 시작할 수가 없었는데, 감마선에서의 어떤 문제에 관하여 하나 혹은 두 개의 문장을 쓰고 난 다음에는 더 이상 쓸 수 없었던 것을 기억하고 있다. 전쟁과 아내의 죽음 같은 일로 인해 기진맥진해진 탓이었다.

파인만은 연구를 할 수 없으니 그저 물리학을 즐기고 가르치기로 했다. 그리고 시간이 나면 『아라비안 나이트』를 읽었다. 어떤 문제가 중요한지 아닌지 여부를 따지지 않고 그저 물리학하고만 놀았다. 그러던 어느 날 파인만은 식당에서 어떤 남자가 접시돌리기하는 것을 보았다. 그 남자는 접시 위에 코넬 대학의 대형 메달을 하나 얹은 채 빙글빙글 돌렸다. 파인만은 즉석에서 냅킨에다 그 역학을 계산했고, 대형 메달이 접시의 흔들림이 작을 때는 흔들리는 속도의 두 배만큼 빠르게 회전한다는 사실을 알아냈다.

그 일 이후 파인만은 연구실로 돌아와 냅킨에 쓴 그 방정식을 풀면서 양자역학의 다른 방정식을 도출해 냈다. 이후 그는 말했다.

"내가 노벨상을 받을 수 있었던 그 도표들과 수식, 증명, 그 모든 작업이 그 흔들거리는 접시에서부터 비롯됐지. 즉 그런 시시한 일에서 위대한 업적이 시작된 거야."

나는 파인만의 이야기를 읽으면서 두 번 놀랐다. 첫째는 두 번이나 노벨상을 받은 그도 연구할 수 없는 장벽을 만났다는 사실이었고, 둘째는 그때 그의 태도가 '물리학을 즐기는 것', 즉 어린아이가 되는 길이었다는 것이다.

니체가 말한 정신의 3단계, '낙타-사자-어린아이'에서 사자는 저항을 겪을 수밖에 없다. 파인만이 만난 그 블록 현상도 사자가 만난 저항이었다. 하지만 그는 그 상태에 오래 머무르지 않았고 바로 어린아이가 되는 선택을 했다. 즐기고 호기심을 갖고 모든 것을 긍정한 것이다. 그는 역시 천재였다. 연구에서도 천재였지만 인생을 꾸려 나가는 데도 천재였다.

여기서 우리가 가야 할 길이 명확히 보이지 않는가? 사자를 넘어 어린아이로 가야 한다는 것이다. 하지만 병든 사자가 바로 어린아이로 넘어가기는 어렵다. 우선 저항을 넘어 건강한 사자부터 되어야 한다. 파인만의 경우는 바로 어린아이로 간 듯 보인다. 물론 그의 자서전에 표현하지 않은 갈등이 있었을지도 모르지만 말이다.

창조하는 일에는
왜 저항이 따르는가?

앞서 말했지만 저항을 가장 많이 만나는 집단은 사자 그룹이다. 사자로 분류될 수 있는 이들은 1인 기업가나 자영업자 혹은 예술가들이다. 이들은 누구의 지시도 받지 않고 스스로 결정하고 자유롭게 살아간다. 하지만 손님들 때문에 의무적으로 가게 문을 열어야만 하는 식당 주인은 아직 완전한 사자가 아닐지 모른다. 고객에게 예속되어 있는 건강한 낙타일 뿐이다.

그런데 예술가는 좀 다르다. 그들은 명백히 사자로 살아가고 저항을 쉽게 만난다. 예술가들이 어떻게 저항과 만나고 싸우는지 살펴보자. 영화 〈300〉의 원작『불의 문』을 쓴 작가 스티븐 프레스필드Steven Pressfield는 『최고의 나를 꺼내라』에서 작가가 글을 쓰지 못하는 이유를 '저항' 때문이라고 말한다. 앞에서 말한 '작가의 장벽'이다. 프레스필드는 자신의 경험을 근거로 글을 쓰지 못하는 저항을 설명한다.

저항은 모든 사람에게서 보편적으로 나타나지만, 특히 예술이나 사업처럼 자기 스스로 결정하고 창조해야 하는 사람에게서 강하게 나타난다. 새로운 작품이나 새로운 사업을 만들어 내려면 늘 자기와의 싸움을 해야 한다. 그 싸움은 사실 외부와의 전쟁이 아닌 자기 마음의 저항과 하는 전쟁이다. 그래서 프레스필드는 "예술가는 전사와 비슷한 운명을 가진 사람들"이라고 말했다. 전사라는 그의 표현은 아주 정확하다. 저항은 나와의 전쟁을 치르는 것과 같기 때문이다.

목숨을 걸지 않은 전사가 없듯 예술가는 매우 치열하게 작업해야 한다. 17년간의 치열한 노력 끝에 소설『혼불』을 완성한 최명희는 앞으로 써야 할 글감만 남겨 놓은 채 쉰한 살에 생을 마감했다. 그녀는 암에 걸려 몇 차례 혼절을 거듭하면서도 원고지 1만 2천 매에 이르는 분량을 집필하고 수정·보완 작업까지 매듭지었다. 뮤지션 서태지는 은퇴 당시 인터뷰에서 "창작의 고통에 죽을 것 같았다. 새로운 음악을 만들 때 뼈를 깎고 살이 녹아내렸다"라며 은퇴 이유를 밝혔다. 이처럼 사자로 제대로 산다는 것은 매일 자신을 뛰어넘으며 죽을 것 같은 고통과 조우해야 하는 일인지도 모른다.

다음 표는 스티븐 프레스필드가 말한 저항에 부딪히는 경우에 대한 이유와 그 과정을 분석한 내용이다. 각각의 저항을 극복하는 방법은 4부에서 상세히 이야기하겠지만, 여기서 간단히 알아 두고 넘어가면 좋겠다.

저항이 일어나는 일들과 그 이유

스티븐 프레스필드가 제시한 저항이 발생하는 영역	저항이 일어나는 이유와 과정
문학, 음악, 미술, 영화, 무용 같은 창조적이지만 습관화되지 않은 예술 활동을 시작하려 할 때	습관화되지 않은 거의 모든 일은 저항을 만날 수 있다. 뇌에서 회로가 변하지 않으면 같은 결과를 낳는다.
별로 수입이 좋지 않은 활동에 참여해야 할 때	돈이라는 욕망이 활동을 일으키는 동기가 되지만, 작은 돈은 그다지 큰 욕구가 아니므로 귀찮은 활동을 하는 불편을 상쇄하지 못한다.
하기 싫은 과목을 공부해야 할 때	하기 싫다는 생각 자체가 매우 높은 장벽이 된다. 왜 하기 싫어하는지 그 이유를 아는 것이 중요하다.
추가로 수입을 얻기 위해 새로운 사업이나 모험을 시작할 때	추가 수입이란 기본 수입이 있다는 것이다. 수입을 위해 사업이나 모험을 한다면 그 수입이 매우 크든지 절박함이 있어야 새로운 일에 대한 두려움을 넘어설 수 있다. 두려움이 추가 수입에 대한 욕망을 넘지 못하므로 저항이 생길 수 있다.
다이어트나 건강을 위해 식이요법 또는 운동을 시작할 때	건강 문제는 오랜 습관이 만들어 낸 것이다. 다이어트는 습관과의 싸움인데 그것을 넘지 못하고 있다.
뭔가 좋지 못한 사고와 행동 패턴을 바꾸려고 할 때	오래 습관화된 일은 뇌와 몸에 이미 익숙한 길이 나 있다. 다른 길을 새로 만들려면 에너지가 많이 든다. 당연히 포기하고 원래의 습관대로 살고 싶다. 다이어트 후 요요 현상이 나타나는 것도 같은 이유다.

다른 사람들을 돕기 위해 사업을 하거나 중요한 책임을 져야 할 때	책임감은 두려움을 만든다. 두려움이 올 때 피하고 싶어지는 것은 당연한 심리다.
관계를 지키기 위해 어려운 시기를 견뎌야 할 때	자신이 참는다고 그 관계가 좋아진다는 보장이 없다. 어려운 시기를 견디는 행위가 바보짓 같다. 포기하고 싶은 마음이 저항이 된다.
자신을 적대시하는 사람들 앞에서 원칙을 지켜야 할 때	적대시하는 사람 앞에서 원칙을 고수한다는 것은 모욕을 견디고 인내를 요하는 일이다. 자존심 상하는 일은 누구든 피하고 싶다. 저항이 발생한다.
즐거움을 포기하고 원칙을 고수하며 성장하기 위해 일하려 할 때	기쁨을 포기하고 미래의 성장을 위해 일한다고 해서 미래가 좋아질 것이라는 보장이 없다. 의심이 시작되면 저항은 강해진다.

가장 중요한 일에
저항이 가장 크다

그렇다면 왜 예술가는 저항을 잘 넘지 못하는 것일까? 그가 하는 일이 창조적이기도 하지만, 자신에게 가장 중요하기 때문이다. 자동차는 주행 중에 구름 저항Rolling Resistance, 공기 저항Air Resistance, 등판 저항Gradiant Resistance이라는 3가지 저항을 만난다.

구름 저항은 자동차가 굴러갈 때 생기는 저항으로, 자동차 타이어가 노면과의 마찰로 생기는 저항이다. 자동차의 무게가 많이 나갈수록 '구름 저항'이 크다. '공기 저항'은 차가 달릴 때 맞서 오는 저항으로, 공기 저항에 의해 연료 소모가 결정된다. 공기 저항에서 가장 기본적인 것이 항력drag이다. 항력이란 유체역학 용어로 어떤 물체가 운동할 때, 그 물체의 운동 방향과 반대 방향으로 작용하는 힘을 말한다. 저항에 포함되는 개념이라 하겠다. 빨리 달릴수록 항력이 크고, 저항도 크다. 만약 시속 50 킬로미터로 달리는 차의 공기 저항이 100이라고 할 때 속도가 2배인 시속 100킬로미터가 된다면 저항 계수는 그 2배인 200이 아니라, 상대 속도의 제곱인 4배가 되어 저항계수는 400이 된다. '등판 저항'은 자동차가 오르막을 오를 때 만나는 저항으로, 경사각이 클수록 저항이 심하다.

자동차 운행에서 발생하는 저항을 우리가 일할 때도 적용할 수 있다. 자동차의 몸체가 크고 차가 빨리 달릴수록, 혹은 평지가 아닌 오르막을 오를 때 저항이 커져 연료가 많이 들고 힘도 더 든다. 이와 유사하게 우리가 어떤 일을 할 때, 중요도와 난이도가 높고 그 일을 하는 데 주어진 시간이 짧을수록 저항이 커진다. 심리적으로 가장 중요하다고 믿고 있는 일에 저항이 큰 것도 이런 이치 때문이다. 나에게 글쓰기가 가장 중요한 일이 되자, 나는 어떻게든 그것을 미루려고 했다.

예술가에게는 자기 작업이 가장 중요하다. 게다가 그 일은 남이 한 것을 편하게 따라가는 것이 아니라 새롭게 무언가를 탄생시켜야 하는 작업이다. 차가 경사각이 높은 산을 오르는 것과 같다. 예술가들이 작업 과정에서 자해하거나 우울증에 빠지고 극단적인 행동을 보이는 것은 이 때문이다. 그러나 반대로 이들은 저항을 이기기 위해서 자신만의 방법을 고안해 내기도 한다.

때로는 너무나 하고 싶고 해야만 하는 일일수록 더 할 수 없는 경우가 있다. 그게 가장 중요하기 때문이다. 이것이 바로 니체가 말한 '용의 명령'이다. 니체는 『차라투스트라는 이렇게 말했다』를 통해 무기력한 낙타가 사자가 된 후 용을 만난다고 경고한 바 있다. 그 용의 이름은 '너는 ~ 할지니'다. 용은 사자에게 '너는 반드시 ~해야 한다'라는 의무를 준다. 그러므로 용이 주는 명령이 사자의 한계가 될 수 있다. 사자를 어린아이로 변하지 못하게 하는 것이 용의 명령이라는 것을 니체는 그의 저서 곳곳에서 말하고 있다.

의무가 되면 저항력은 극심해질 수밖에 없다. 의무라는 저항을 뛰어넘지 못하면 평생 원하는 일을 하지 못한 채 생을 마감할 수 있다. 저항에 막혀 자신의 인생을 제대로 살지 못할 때 우리는 다른 곳에 에너지를 쏟게 된다. 소모적인 논쟁을 하거나, 필요 없는 전화통화를 길게 하고, 댓글에 목숨을 걸고, 습관적으로 수면제나 진통제를 먹고, 술에 의존하고, 심하면 마약을 하고, 게임이나 음란물에 중독된다. 또한 마음의 저항이 육체의 병도 야기해 어깨 결림, 소화불량, 두통, 비만, 암, 신경증 등 온갖 종류의 질병에 점령되고 만다.

그런데 신기한 것은 우리가 진짜 자기 일을 시작하면 중독증이나 병이 사라지기도 한다는 것이다. 나는 글을 쓰지 못한 채 몇 달을 고통받다가 어느 날 노트북을 열고 글을 쓰기 시작했다. 두 시간 정도 글에 집중했을 때 그 오랜 아픔이 사라지는 것을 체험했다. 자신에게 가장 중요한 일에 몰입하면 정신을 혼미하게 만들고 엉뚱한 곳을 기웃거리게 하던 저항이 사라진다. 다른 곳에 쓸 에너지가 없기 때문이다. 이때 비로소 자기 인생을 살기 시작하는 것이다.

최명희의 어록 중에 이런 말이 있다.

나는 원고를 쓸 때 손가락으로 바위를 뚫어 글씨를 새기는 것만 같은 생각이 든다. 그것은 얼마나 어리석고도 간절한 일이랴. 날렵한 끌이나 기능 좋은 쇠붙이를 가지지 못한 나는 그저 온 마음을 사무치게 갈아서 손끝에 모으고 생애를 기울여 한마디 한마디 파 나가는 것이다.

그녀가 예술가로서 만난 자신의 저항을 뛰어넘기 위해 얼마나 치열하게 노력했는지 알 수 있는 대목이다. 또 한 명의 위대한 작가 박경리도 원고지 4만 장 분량의 대작 『토지』를 쓰는 데 25년을 소요했다. 그녀가 작고하기 전 TV 인터뷰에서 했던 말이 기억난다. 그녀는 집에서 나오지 않고 글을 썼는데, 한옥집 벽이 토지 속 인물의 가계도로 가득했다고 한다. 수많은 등장인물을 모두 잊어버리지 않으려고 그들과 함께 생활한 것이다.

이러한 예술가의 정신, 치열함이 작가의 장벽을 넘고, 세상에 없는 새로운 것을 창조하게 하는 원동력이다. 그렇다면 저항에 막혀 있는 우리는 어떻게 해야 할 것인가?

하이퍼그라피아

작가의 장벽이 글을 쓰지 못하는 것이라면, 반대되는 개념도 있다. 그것은 주체 못할 정도로 글을 쓰고 싶어 하는 욕구인데, 의학 용어로는 하이퍼그라피아Hypergraphia라고 부른다. 하이퍼그라피아는 끝없이 글을 쓰는 상태로, 심신을 지치게 만들기 때문에 일종의 정신질환으로 분류되는 증상이다.

하버드 의과대학 교수이자 매사추세츠 종합병원 신경과 의사인 앨리스 플래허티 교수는 하이퍼그라피아와 블록 현상을 연달아 겪은 후, 자신이 겪은 증상에 대해서 연구했다.

그녀는 결혼 후 아들 쌍둥이를 낳았으나 출산 직후 아이들을 잃고 말았다. 출산이 가져다준 산후 조울증으로 그녀는 하이퍼그라피아와 블록 현상을 연거푸 겪게 되었다. 그녀의 설명에 따르면 하이퍼그라피아는 귀의 뒷부분에 존재하는 측두엽에 이상이 생길 때 발생한다. 그리고 마치 조울증 환자가 조증과 우울증을 번갈아 보이듯 창조적인 작가들은 작가의 장벽과 하이퍼그라피아를 번갈아 보이는 경향이 있다고 한다.

그런데 이런 하이퍼그라피아가 뇌에서 일어나는 간질 증상 때문이라는 연구결과가 있다. 뇌전증으로도 불리는 간질은 뇌가 외부 충격이나 종양 등으로 발작이나 경련을 일으키는 증상을 말한다. 간질은 뇌가 일으키는 발작으로, 우리 힘으로 제어할 수 없는 증상이다.

빅토리아 넬슨Victoria Nelson은 작가의 블록 현상을 다룬 책에서 다음과 같이
썼다.

> 미친 듯이 글을 써 내려가는 비상한 작가는 블록 현상에 자주 빠지는
> 작가들에게 경외의 대상이다. 이것은 마치 비만인 사람이 신경성 무식
> 욕증 환자를 부러워하는 것과 같다. 그러나 이들은 말의 홍수 현상이
> 블록 현상의 또 다른 모습이라는 것을 알지 못한다. 안데르센 동화「빨
> 간 구두」에 나오는 주인공이 매력적인 구두를 결국 벗어 버리지 못하는
> 것처럼 강박적으로 글을 쓰는 작가들도 글쓰기를 멈출 수 없다. 사실
> 강박적인 글쓰기는 문학적이고 감정적인 경험에 대한 깊은 요구를 회
> 피해 버리는 한 방식인 것이다.

신경학자들의 연구에 따르면 글을 쓰려는 소통 욕구는 변연계에서 나오는
데, 변연계 연결 구조에 변화가 생기면 측두엽은 외부 자극에 아주 민감해진
다. 이때 환자는 모든 일을 아주 중요하게 여기며 꼼꼼하게 기록으로 남기려
하므로 하이퍼그라피아를 보인다는 것이다.

이처럼 하이퍼그라피아가 뇌의 오작동일 수 있다는 것은 우리가 뇌를 어
떻게 관리해야 하는지에 대해서 중대한 단서를 준다. 아직 뇌과학 분야는 밝
혀진 게 너무나 미미하고 검증된 것이 적어서 억측으로 매도되는 경우도 있
다. 하지만 확실한 것은 뇌에서 파국과 같은 뇌전증이 올 때 우리는 아무것도
못하고 고스란히 그 충격을 몸으로 보여야 한다는 것이다. 이렇게 하이퍼그
라피아나 작가의 장벽을 일으키는 것이 뇌의 현상이라면 그것은 피하기 힘
든 것이 아닌가 생각된다.

그러므로 이런 증상이 나타날 수 있는 우리 자신을 미리 보호하는 메커니

슘을 스스로 만들어 두어야 할 것이다. 뇌를 건강하게 하는 방법은 최근 뇌과학 분야에서 가장 중요한 연구 주제로 대두되고 있다. 쉽게 할 수 있는 방법은 좌·우뇌 밸런스 맞추기, 명상, 걷기와 같은 간단한 운동이다. 우선 걷는 것이 가장 좋다. 하버드 의과대학 존 레이티$^{John Ratey}$ 교수가 『운동화 신은 뇌』에서 말했듯 뇌가 운동화를 신고 있다고 생각해 보자. 우리가 걸으면 뇌가 직접 걷는 것과 같다. 그때 뇌에 신선한 공기가 주입되며 뇌의 회로는 단단해지고 건강해진다. 좌·우뇌 밸런스를 유지하면 심신이 안정되는데, 방법은 여러 가지가 있으나 가장 손쉬운 것은 도리도리를 하듯이 머리를 좌우로 약하게 흔들어 주는 것이다. 약간만 흔들어도 머리가 시원해지고 예민한 사람은 그 시원함이 척추까지 흘러 내려간다는 느낌을 받을 것이다. 그 외에 명상을 꾸준히 하면 뇌의 안정, 뇌 건강과 함께 창의성까지 증진될 수 있다.

나에게도 하이퍼그라피아가 있다. 책을 쓰지 못하는 그 긴 시간 동안에도 일기는 거의 매일 썼고, 습작 노트에 미완성 글을 어떤 날은 30페이지 이상 쓴 적도 있다. 나는 블록 현상과 하이퍼그라피아를 번갈아 겪는다. 다만 머릿속으로 정리된 좋은 글이 없어서 만족하지 못하는 것이 가장 큰 문제다.

나도 지금은 뇌의 건강을 위해 묵상기도와 좌·우뇌 밸런스 맞추기를 하고 있다. 묵상기도는 명상과 같은 효과를 주어 새로운 아이디어들이 떠오르는 데 도움되는 경우가 많고, 좌·우뇌 밸런스 맞추기를 하고 나면 머리가 맑아지는 효과를 본다.

작가의 장벽에 부딪히다

나의 첫 책은 기대 이상의 사랑을 받았다. 특히 전자책은 구글플레이스토어에서 30주간 가까이 1등을 했고, 2013년도 '올해의 도서'로 선정되는 쾌거를 이루었다. 너무나 감사하고 기적 같은 일이었다.

그런데 그런 성과가 두 번째 책을 쓰는 데 상당한 부담이 되었다. 첫 열매의 달콤함에 취해 바닥에서 새로 시작하는 것을 피하고 싶었는지도 모른다. 그러면서 첫 책만큼 내 영혼이 들어간 책을 쓰고 싶었다. 그래서 새 원고가 자꾸 첫 책과 비교되었다. 그러는 동안 아까운 시간이 흘러갔다. 인간의 마음이 얼마나 나약한지 매일 같이 느꼈다. 하지만 그 모든 것이 저항의 횡포라는 것을 알게 되었고, 그때의 경험으로 이 책을 쓸 수 있었다.

선생님은 무려 20여 권의 좋은 책을 썼다. 그분은 늘 말씀하셨다.

"한 아이를 낳고 나면 그 아이는 잊는다. 그리고 다음 아이를 생산하기 위해 애쓴다."

3년의 시간 동안 저항에 휘둘리고 나서야 비로소 그 말이 이해되었다. 한때의 작은 승리나 실패의 경험은 빨리 잊을수록 좋다. 쓰레기를 만들어 낼 수도 있고 초판조차 안 팔릴 수도 있다는 것을 받아들여야 한다.

그럼에도 나는 사람을 도울 책을 계속 써야 한다. 그것이야말로 내가 학교를 나온 진짜 이유, 운명이 내게 가라고 지시한 그 길을 제대로 걷는 것이니까. 3년간 길바닥에 지박령처럼 박제되었던 처절한 화석기와 타마스가 만든 저항기를 겪고 나서야 비로소 새로운 결심을 할 수 있었다. 그것은 낙타의 마음이 아닌 '사자의 새 마음'이었다.

결심은 단 한 가지, 매일 쓰는 것뿐이다. 머릿속으로 얼마나 많은 생각을 하고 연구 노트를 수십 권 채워서 아이디어를 구상해도 글로 쓰지 않으면 모든 것이 헛수고임을 깨달았다. 많은 생각을 하고 기발한 아이디어가 아무리 많아도 글로 써두지 않은 것은 지금 흔적도 없지 않은가? 3년의 화석기를 지나며 뼈아프게 얻은 교훈은 오래전에 선생님이 주신 가르침과 같았다.

"매일 써라, 그냥 써라."

그 가르침을 받아들이고 나는 비로소 변하기 시작했다.

무기력과 저항력

　동물이나 사람이 실험실에서 자신의 힘으로 통제 할 수 없는 전기 충격이나 시끄러운 소음, 절대로 풀리지 않는 문제를 연속해서 받는 등 무기력을 학습하게 되면 마음의 3가지 요소인 동기, 인지, 정서에 손상이 일어난다고 셀리그만은 발표했다. 동기 장애는 어떤 반응을 해봤자 소용없다는 생각에, 무엇을 하고자 하는 마음이 사라지는 것을 말한다. 하고 싶은 것도 없고 뭘 해야 할지, 왜 해야 할지도 모르는 현상으로 나타난다. 인지 장애는 자신의 행동이 좋은 결과를 가져올 수 없다고 왜곡하여 생각하는 것이다. 그래서 '나는 해봤자 소용없어, 나는 할 수 없어' 등 자신감과 자존감이 사라지는 모습을 보인다. 정서 장애는 자신의 반응이 효과 없는 것에 따른 우울증 등이 나타나 기분 나쁜 상태가 지속되는 것이다. 이 3가지가 결합하여 행동 장애를 일으킨다. 행동 장애는 행위를

　　　　　　　　　　　　　　　　　文제는 저항력이다

하다가 말거니 시도하지 않는 형태로 나타난다.

이러한 무기력을 일으키는 가장 큰 원인으로는 외부에서 일어나는 일을 내가 통제하지 못한다고 하는 '통제 불가능'과 내가 사건 발생을 예측할 수 없다는 '예측 불가능'을 들 수 있다. 그렇다면 할 수 있다고 생각하면서도 하지 않는 현상인 '저항'이 무기력과 어떤 연관이 있는지 생각해 보자.

노력이냐
능력이냐

'종로에서 뺨 맞고 한강에서 분풀이한다'는 속담은 진짜일까? 여러 마리의 쥐를 하나의 우리에 넣은 뒤 그중 한 마리에게 전기 충격을 가하자, 전기 충격을 받은 쥐가 이유 없이 옆에 있던 다른 쥐를 공격하는 것이 확인되었다.

이 실험을 학습된 무기력과 연관해서 진행한 것이 있다. 쥐를 세 집단으로 나누어, A 집단에게는 도피할 수 있는 전기 충격을 주고, B 집단에게는 피할 수 없는 전기 충격을 주고, C 집단에게는 아무런 전기 충격도 주지 않았다. 그런 뒤 이 쥐들이 다른 쥐를 공격하는지 보았다.

그 결과 도피할 수 있는 전기 충격을 받은 A 집단이 가장 많이 다른 쥐를 공격했다. 무기력을 경험한 B 집단은 공격행동을 가장 적게 했고, 전기 충격을 전혀 받지 않은 C 집단은 중간 수준의 공격성을 보였다. 이와 유사한 실험이 또 있다.

셀리그만은 강아지 시절에 피할 수 없는 전기 충격을 받았던 개를 관찰했다. 그 개는 다 자란 후에도 전기 충격을 받지 않았거나 도피할 수 있는 전기 충격을 경험한 개들과의 경쟁에서 이기지 못한다는 것을 확인했다. 한 마리의 입만 겨우 들어갈 만한 크기의 먹이통에 사료를 넣어 주고 3마리를 경쟁시켰더니, 무기력을 학습한 개는 그 먹이통에 머리를 집어넣는 경쟁에서 이기지 못했다. 무기력은 방어적인 반응뿐만 아니라 공격적인 반응 주도성까지 저하시키는 것이다.

사실 먹이를 먹는 것은 생존과 직결된 문제다. 그것은 고통을 피하는 게 아니라 즐거움을 누리는 행위다. 그런데도 즐거움을 누리려 하지 않는 것이다. 이것은 사자가 사냥하지 않는 것과 같다. 마땅히 해야 할 일을 하지 못하게 막는 저항이라는 심리를 깊이 들여다보면 이렇듯 오래전에 학습한 무기력이 도사리고 있을 수 있다. 자신에게 능력이 없다고 생각해 공격하지 않고 노력을 포기한 것이다.

반대로 저항력에 막혀 할 일을 하지 못하는 일이 거듭되면 우리는 다시 무기력에 빠질 수 있다. 무기력은 외부의 강한 힘에 의해 만들어지고 저항력은 내부에서 만들어지지만 이 둘은 서로 연동하기도 한다.

어떤 일에 실패했을 때 그 원인이 자기가 아니라 외부에 있다고 생각하는 사람을 '외적 통제자'라고 한다. 이 경우는 자신의 힘으로 할 수 있는 게 없어 무기력에 취약하다. 반면 실패 원인이 자신에게 있다고 생각하는 사람을 '내적 통제자'라고 부르는데, '내적 통제자'는 실패 원인을 두 가지에서 찾는다. 그 원인은 바로 자신의 '노력이 부족'해서, 아니면 '능력이 없어서'이다.

아래 표에서 보듯, 자기 '능력'이 부족해서 실패했다고 생각하는 경우는 상황을 타개할 가능성을 차단하기 때문에 무기력에 빠지기 쉽다. 이는 1차 무기력으로 생각하자. 이런 마음의 태도를 '고착 마인드 세트'라고 한다. 이들은 여건이 허락되어도 일하지 않으려고 한다. 능력이 부족하므로 열심히 해봐야 또 실패할 것이라고 생각하기 때문이다. 이러한 생각이 저항을 불러오고 다시 2차 무기력으로 확산되기도 한다.

반면 자신의 '노력'이 부족해서 실패했다고 생각하는 사람들은 스스로를 격려하며 열심히 노력해서 문제를 해결하려 한다. 이런 마음의 태도를 '성장 마인드 세트'라고 한다. 그런데 이들 중에도 게으름과 회피, 미루기 같은 저항을 하며 노력하지 않는 사람이 있다. 이들은 자신에게 언제든 할 수 있는 능력이 있다고 생각하지만, 실행하는 법이 없다. "내가 노력을 안 해서 그렇지 작정하면 얼마든지 잘 해낼 수 있다"고 입버릇처럼 말하는 사람을 우리는 흔히 본다.

저항과 1차, 2차 무기력의 연관성

원인 무기력 종류	내적 통제자		
	능력이 부족해서 실패	노력이 부족해서 실패	
1차 무기력	1차 무기력 발생	1차 무기력 없음	
저항 발생	저항 있음	노력 안 하는 부류	노력하는 부류
		저항 발생	저항 없음
2차 무기력	2차 무기력 발생	2차 무기력 발생	2차 무기력 없음

저항이 지속되어 행동이 사라지면 자신만만하던 이들의 마음에 의심이 들기 시작한다. 그들은 이제 자신이 할 수 없게 된 것 아닌가 의심하기 시작한다. 할 수 있다고 자신하던 사람이 시도하지 않아서 이제는 할 수 없다는 결론을 내리는 무기력을 2차 무기력이라고 한다. 1차, 2차 무기력은 내가 저항과 연관해서 정리한 심리 개념으로 이 책에서 처음 제시하는 것이다.

1차 무기력과
2차 무기력

1차 무기력과 2차 무기력에 대한 예를 들어 보겠다. 직장인 A와 B가 다니는 회사의 사정이 어려워져 어쩔 수 없이 구조조정을 단행하게 되었다. 1차로 실적이 미진한 직원들을 해고했는데 A도 해당되었다. A는 능력이 부족해서 해고된 것이었다. 그렇게 몸집을 줄여도 회사 사정이 나아지지 않자 결국 회사는 폐업을 하게 되었다. B는 회사의 에이스였지만 자기 능력과 무관하게 어쩔 수 없이 실직자가 되었다.

A는 순전히 능력이 부족해서 해고된 것을 알게 되었다. 이런 경우 1차 무기력이 발생할 수 있다. 운 좋게 새로운 직장에 들어가도 능력 부족이라는 망령이 언제든 되살아날 수 있기 때문이다. 만약 새 직장에서도 능력이 없다는 사실을 재확인하고, 심지어 거기서 해고라도 당한다면 상황은 되돌리기 어려울 만큼 악화된다. 만약 회사를 그만두고 자영업을 하더라도 어차피 소용없다고 생각하는 학습된 무기력이 그를 막아설 수

있다.

그렇게 되면 인생 전반이 흔들리기 시작한다. 건강관리도 소홀해진다. 무기력이 불러온 저항으로 인해 잘 해오던 운동마저 하기 싫어진 것이다. 점점 몸이 나빠져, 이제는 체력적으로 아무것도 할 수 없다고 생각한다. 이런 경우가 2차 무기력이다.

그런데 B의 경우는 좀 다르다. 그는 자기 능력 때문에 해고된 것이 아니므로 무기력하진 않다. 재취업하면 새로운 직장에 적응할 수 있고 무기력이나 저항 따위는 전혀 만나지 않을 것이다. 그러나 그는 재취업하려는 노력을 하지 않는다. 그 이유는 자기 기준 때문이다. 새로운 직장에 들어가 봐야 이전만 못하다는 생각에, 이전 회사의 사장이 재기하여 자신을 불러 주기만 기다린다. 아니면, 이전 거래처에서 자기 능력을 알아주던 사람이 많으니 그들이 자신을 스카우트할 것이라고 막연히 생각한다. 그러면서 자신이 원하면 언제든 취직할 수 있다고 생각한다. 이런 경우가 저항에 해당된다. 할 수 있다고 믿으면서도 실행하지 않는 것이다. 그렇게 2년이 지났다. 하지만 이전 회사의 사장은 재기 불능이고 자신을 스카우트할 사람은 없다는 것을 알게 되었다. 시간이 흘러 나이는 들었고, 이제는 재취업하지 못할 것 같다는 생각이 든다. 자기 능력으로는 아무것도 할 수 없는 것 아닌가 하는 의심까지 든다. 이 경우가 저항이 만들어 낸 2차 무기력이다.

이처럼 무기력은 저항력을 부르고 저항력은 또 무기력을 불러 서로 고리를 이루며 돌고 돈다.

실패의
내성

　　　　　　학습된 무기력은 원래부터 인지적인 특성이 강하다. 즉 '해도 안 되더라'라는 인지적 판단에 따라 더 이상 하려는 시도나 노력을 하지 않기 때문이다. 그런데 사람이 통제할 수 없는 상황에 맞닥뜨린다고 해서 그들 전부가 무기력해지는 것은 아니다. 실험실의 개도 3분의 2는 무기력해지고 3분의 1은 무기력해지지 않았다고 했다.

　일단의 학자들이 카우아이 섬 종단 실험에서 미혼모나 마약·알코올 중독자, 강력 범죄자의 자녀와 같은 가장 열악한 환경에 처한 아이들의 경우도 3분의 1은 무기력해지지 않았다는 것을 밝혀냈다. 일반적인 교육 이론으로 볼 때 그런 최악의 환경에서 성장한 아이는 범죄자, 미혼모, 마약 중독 등 밑바닥 인생을 사는 경우가 대부분이라고 한다. 그러나 방탕한 삶을 살 것이라고 예상되었던 아이의 3분의 1은 좋은 가정에서 자란 아이들처럼 잘 자라나 사회의 중요한 역할을 하고 있었다는 게 카우아이 섬 종단 실험의 보고였다. 이 놀라운 결과에 대해 학자들은 그 아이들에게는 양육 과정에 공통점이 있었다는 잠정적인 결론을 내리고 있다. 즉 잘 성장한 아이들의 경우엔 부모가 아닐지라도 뒤에서 든든하게 받쳐 주는 한 사람의 성인이 있었다는 것이다. 그 대상이 할머니든 이모든 교회 목사든 상관없이 그 아이를 확고하게 지켜 줘서 건강하게 자란 것 같다는 결론을 내렸다.

　나는 그들의 결론에서 뭔가 조금 부족함을 느낀다. 성인 누군가가 든든하게 지켜 준다고 아이가 잘 자란다면 대다수의 건강한 가정에서 부모의 전폭적인 지지를 받고 없는 것 없이 자란 아이는 모두 강인해야 하는데, 그렇지 않기 때문이다. 오히려 다 주어진 아이에게는 학습된 게으름이 작동될 수 있다. 무기력에 빠지지 않은 3분의 1의 아이와 개들의 경우는 누군가가 지지해 준 양육 방식의 결과물이 아니라, 오히려 어려운 환경에서 실패를 극복해 내며 배운 내성이 그들을 강인한 아이와 개로 만들어 준 것 아닐까? 나는 실패의 극복이 더 중요하다고 생각한다.

실패를 통해서도 배울 수 있다는 것을 캐럴 드웩Carol Dweck의 실험으로 한번 생각해 보자. 드웩은 '재귀인 방법'이라는 것으로, 어떤 집단에게 실패를 경험하게 하면서 노력이 부족해서 실패했다는 것을 학습하게 하면 그 아이들이 무기력에서 조금씩 벗어날 수 있다고 했다. 실패의 원인이 능력 부족이 아니라 노력 부족이라는 것을 배운 아이는 강하게 자랄 수 있다는 것이다. 그것은 저항을 만날 때도 동일하게 작동할 수 있다. 그런 아이는 한두 번 저항에 무너지더라도 다시 노력할 것이고 일어날 수 있다. 반면 실패의 원인이 능력 부족이라고 배운 아이는 그 자리에서 멈추고 더 이상 노력하지 않아 저항을 극복하지 못한다는 것이다.

나는 이런 방법을 내 글쓰기에 적용해 보기로 했다. 결국 내가 글을 쓰지 못하는 것은 '능력'이 부족해서가 아니라 '노력'이 부족해서 아니었을까? 나는 글을 써야 한다고 생각만 했지 실제로는 글을 쓰는 데 시간도 노력도 들이지 않고 있다는 사실을 직시했다. 나는 노력하지 않았다. 그러면서 언제든 쉽게 써낼 수 있다는 생각만 했다. 나는 이전처럼 치열하지 않았다. 첫 책을 쓸 때 나는 절박했고 치열했다. 그것은 살아남기 위한 마지막 호흡과도 같은 것이었다. 하지만 지금은 최선을 다해 쓰지도 않으면서 글쓰기에 무능하다고 생각해 버리는, 인지 왜곡에 빠진 것 아닌가? 나는 더 노력해야 했다. 원고기 써지지 않고, 어렵사리 쓴 원고에 만족하지 못한 것이 당연하다는 사실을 이해하자 저항이 만들어 내는 2차 무기력에서 조금씩 자유로워지기 시작했다.

마음의 3가지 본성

저항에 막혀 할 일을 못할 때 우리 마음에서는 전쟁이 일어난다. '해야 한다'는 나와 '하기 싫은' 내가 서로 싸우는 것이다. 이런 전쟁은 마음속 에너지 간의 충돌로 볼 수 있다. 마음이 에너지 흐름으로 움직인다는 개념을 심리학에 도입한 사람은 프로이트였다. 프로이트는 물리학의 에너지 보존의 법칙이 마음에서도 일어난다고 보고, '심적 에너지'라는 개념을 마음에 도입했다. 그런데 마음이 에너지 흐름으로 움직인다는 이론은 프로이트 이전에도 있었다.

인류 역사상 가장 오래된 경전 중 하나인 힌두교의 경전 베다Vedas에서는 자연을 이루는 성질과 인간의 본성을 구나求那 : 덕. 속성라고 하며 이를 3가지로 나누었다. 그 3가지 속성을 3덕三德, 트리구나TriGuna라고 부른다. 트리구나를 산스크리트어로는 타마스Tamas, 라자스Rajas, 사트바Sattva라고 한다.

사트바는 빛의 성질을 가진 에너지로, 상승하는 힘을 가지고 있다. 반면에 타마스는 어둠의 성질을 가진 하강하려는 에너지다. 그 중간 단계인 라자스는 활동성이 강한 에너지를 보유해 상승할 수도 하강할 수도 있는, 다소 혼란스럽지만 강력한 힘을 가진 에너지 상태다. 이 3가지 본성을 우리 책의 주제와 연결시키면, 타마스는 '무기력과 게으름, 저항'을, 라자스는 '높은 에너지'를, 사트바는 '평화'를 의미한다고 볼 수 있다.

신이 혼돈에서 우주를 창조했다는 것처럼, 베다에서도 태초의 인류는 타마스와 같은 상태였다고 본다. 베다는 신이 타마스를 황폐화시키고 빈 자리에 새로운 의지를 채워 넣었다고 한다. 그것은 고통이 극에 달할 때 깨달음을 얻게 되는 우리 마음의 현상으로 이해하면 된다.

황폐한 타마스를 채우는 새로운 의지가 사트바다. 그것은 빛과 선, 그리고 진리들이다. 이렇게 선한 의지인 사트바가 완전히 지배하면 평화가 찾아온다. 하지만 타마스도 자신의 악한 뜻을 관철하기 위해 라자스라는 에너지를 이용한다. 결국 사트바와 타마스는 라자스라는 활동적인 에너지를 서로 차지하기 위해 힘겨루기를 한다. 사트바는 라자스의 움직임을 상승시키려 하고, 타마스는 라자스의 이동 방향을 하락시키려고 한다. 이들 간의 에너지 이동 싸움이 우리 마음을 전쟁터로 만드는 것이다.

이러한 힘겨루기를 하는 동안 우리는 복잡한 생각과 정서가 한꺼번에 나타나 혼란에 빠진다. 그래서 이랬다 저랬다 하는 변덕스러운 생각과 일관성 없는 행동, 감정 기복이 나타날 수 있는 것이다. 그런데 이 3가지 본성은 인간에게만 나타나는 것이 아니라 이 세상을 이루는 자연의 상태를 의미한다. 각각에 대해 조금 더 상세히 알아보자.

타마스　　타마스란 자연의 상태 중 가장 낮은 에너지 단계를 말한다. 또한 어둡고 활동하지 않는 에너지이다. 암질, 비활동성, 흑색으로 불린다. 인간의 인식을 막고 본질을 가려 무지를 만들어 낸다. 그 결과 마음의 본성에서 게으름, 나태함, 저항, 무기력, 우울함 같은 부정적인 사고와 감정이 나타난다. 예를 들면 느림, 소심, 둔함, 침울, 억압, 집착, 탐욕, 공포, 격정, 두려움, 근심, 우울, 과도한 수면, 과거 기억 반추, 잘못된 인간관계에 빠짐, 무지, 편견, 비도덕, 비양심, 미혹, 게으름, 공상, 방탕, 인내심 부족, 자기 통제력 부족, 습관적 탐닉, 소심, 노예 근성, 부정적인 자아 개념, 의존성 등 마음이 만들어 내는 온갖 부정적 심리 상태를 의미한다.

　그리고 매사에 의심을 불러일으켜 진리와 반대되는 오판을 하게 만든다. 따라서 어떤 것도 제대로 이해하지 못하게 되고, 잠자는 사람이나 무감각한 물체처럼 어리석게 살아가도록 한다. 육체에 갇혀 흐리멍텅한 정신으로 자기 직시와 깨달음 없이 어둠 속에서 헤어나지 못한 채 침체, 퇴화, 추락하다가 최후에는 죽음으로 내몰린다. 이것은 한마디로 인간의 의지를 막는 악이다.

라자스　　자연과 마음의 3가지 본성 중 중간 단계인 라자스는 높은 에너지를 의미하며 동질, 운동성, 적색으로 불린다. 타마스는 어둠이라는 낮은 상태로 움직이지 않으려 하는 반면, 라자스는 활동성이 강하다. 라자스의 목표는 단 하나, 움직임이다.

라자스의 활동은 감정을 유발한다. 감정은 선과 악에 다 작용하므로 인간에게는 크든 작든 감정의 기복이 나타난다. 라자스는 상승할 수도 추락할 수도 있다. 양방향으로 움직일 수 있어 양쪽 감정이 다 나타나는 것이다. 그렇게 라자스의 움직임에 따라 상승하면 긍정적인 정서가 커지고 하락하면 욕망, 분노, 허세, 비방, 야만, 시기, 질투 등이 나타난다. 라자스에서는 타마스와 사트바의 성질이 다 나타날 수 있다. 여기서 중요한 것은 라자스가 습관에 영향을 많이 받는다는 것이다. 결국 하던 대로 하려고 하는 관성의 법칙에 따라 저항이 나타난다.

라자스가 활동하면 인간은 내적인 평화에 만족하지 못하고 외부에서 기쁨과 행복을 찾으려고 한다. 감각적인 즐거움을 좇고 탐닉해 불안정한 상태가 된다. 그로 인해 고통과 흥분을 느끼고 에너지를 낭비하며 질병을 얻을 수도 있다. 동시에 라자스는 열정적이다. 활동적이고 공격적이며 화를 잘 내고, 이기적이고 불안하며 신경질적이기도 하다. 또한 감정적 동요, 번뇌와 망상, 걱정, 불안, 욕망, 분노, 불면, 부정적, 비판적, 완고, 독선, 독단, 편협, 왜곡되고 강한 감각적 성욕과 경쟁적인 고집, 독단적, 외향적, 고집쟁이, 오만, 허영, 과신, 속임수와 같은 요소가 나타날 수 있다.

라자스는 사트바의 경지로 상승할 수 있다. 그러나 욕망과 결합하길 좋아해 타마스의 단계로 떨어지기 쉽다. 이렇게 되면 기쁨은 적고 고통은 커진다. 탐식, 폭음, 성에 대한 탐닉과 중독도 처음에는 라자스의 열정적인 성질에서 시작된다. 하지만 과도한 욕망과 결합하면 타마스에 이른다. 따라서 나쁘지 않은 의도로 시작된 행위도 도가 지나치면 인생을 망칠 수 있는 것이다.

문제는 저항력이다

사트바　트리구나에서 가장 높은 단계인 사트바는 빛의 성질인 밝음을 의미한다. 사트바는 인간 정신에도 밝음을 주는데, 그것은 깨달음을 통해 가능하다. 그런데 베다 철학은 그런 깨달음을 이루게 해주는 것이 '이성'이라고 말한다. 즉 알지 못하면 깨닫지 못하고, 깨닫지 못하면 사트바로 가지 못한다는 것이 구나의 기조다.

사트바는 투명하고 순수한 물과 같이 아주 맑은 상태로 명료함, 깨달음, 평안, 만족감, 완전한 행복, 영원한 지복이 온다고 한다. 베다가 말하는 평화의 사트바란 그냥 평화롭다고 느끼거나 말한다고 해서 오는 것이 아니다. 진짜로 진리를 알 수 있어야 깨달음을 얻고 사트바로 가게 된다. 그래서 진리를 이해하는 이성의 역할이 매우 중요하다. 인간이 무지하면 타마스에서 헤매게 된다. 진리를 아는 이성을 가졌을 때 비로소 사트바로 올라가 평화를 찾을 수 있다. 현대 심리학의 관점으로 볼 때 인지의 역할이 매우 중요한 것과도 통하는 부분이다.

사트바는 균형, 영적, 자애, 평화, 이타적 사랑, 기쁨, 헌신, 자비, 이해심, 무집착, 직관적, 대담함, 침묵, 고요, 수용, 긍정적, 신앙심, 평온, 객관적 인식, 도덕적 관용, 비폭력, 진실, 정직, 총명, 청결, 자기 통제적, 인내심, 헌신, 존중 등을 말한다.

베다 사상으로부터, 이성을 확보하는 것이야말로 아직은 불완전한 사자가 어린아이의 평화로 진입하기 위해 필요한 열쇠임을 알 수 있다. 그래서 나는 마음의 수준에서 이성의 객관적 위치를 알기 위해 데이비드 호킨스David Hawkins의 '의식의 지도'를 참고하기로 했다(74쪽 참고). 그가 정의한 의식 수준의 17단계 중 이성의 위치까지 확보하는 것이 사자가 가야 할 목표라고 생각할 수 있다. 즉 우리가 마음을 훈련해 이성을 확보할 수 있을 때 사트바의 평화 상태로 올라갈 준비가 되고 기초 체력이 길러지는 것이다.

마음속에 사트바가 많은 사람은 늘 건강하고 창조적이며 정신적인 힘이 넘친다. 이들의 마음은 평화와 균형을 유지하고 질병을 야기하는 정신적 원인이 차단되므로 질병에서도 자유롭다. 여유가 있기 때문에 타인을 배려할 수 있고, 매사에 깊이 생각하고 노력한다. 이들은 모든 것에서 선을 찾고 구도자처럼 인생을 살아간다. 이처럼 사트바는 건강과 치유를 가능케 하는 원천이다.

성장과 추락이 동시에,
라자스

이처럼 인간의 3가지 본성이 갖는 특징을 통해서 생명체가 궁극적으로 추구하는 상태가 사트바다. 우리가 아무것도 실행하지 못하는 상태에 놓인 것은 마음의 가장 낮은 상태인 타마스 때문이며 타마스로부터 빠져나와 사트바로 올라가는 것이 우리가 평생 훈련하고 추구해야 하는 길임을 이해했을 것이다.

하지만 그런 성장 의지를 막는 것이 저항이다. 다음의 그림처럼 우리 마음은 사트바로 상승하려는 의지를 가지고 있지만, 저항이 그런 마음을 막는다. 타마스로 추락하게 만들거나 타마스에 남아 있게 하는 것이다. 마음이 만들어 내는 온갖 문제를 타마스라고 말한 것을 기억하는가?

저항과 의지는 반대되는 힘이다

특히 저항은 상승 자체를 막는 힘이므로 더욱 위험하다. 우리는 일평생 마음을 타마스에서 사트바로 성장시키는 전쟁을 치러야 하는지도 모른다.

그런 전쟁을 치르는 길을 선각자들은 '구도'라고 했다. 사트바라는 평화의 상태로 올라가기 위해 오늘도 누구는 기도를 하고 누구는 명상을 하고 누구는 운동을 하고 또 누구는 예술작품을 만들거나 책을 읽는다. 그렇게 우리는 높은 곳을 향해 오르려 하는 본능이 있다. 이것은 생명이 가지는 본성이다.

그런데 성장하고 상승하려는 우리 마음은 라자스라는 중간 단계에서 훈련을 받는다. 우리가 매일 자신과의 싸움을 벌이고 감정이 오락가락하고 믿음과 불신 속에서 괴로워하는 것은 라자스에서 에너지가 상승과 추락의 팽팽한 힘겨루기를 하고 있는 탓이다. 그 힘의 균형이 팽팽할수록 전쟁은 치열하다. 의지를 강화해 저항을 이길 수 있게 만드는 것이 이 전쟁을 이기는 전략이다.

여기서 트리구나의 특징을 잘 보면 니체의 정신 수준과 공통점이 많다. 니체는 인간 정신을 3단계, 낙타-사자-어린아이로 분류했다고 앞에서 말했다. 가장 낮은 단계인 낙타는 타마스의 낮은 정신 상태와 흡사하다. 낙타가 타마스를 갖고 있다고 생각할 수 있다. 낙타가 가진 무기력, 절망, 우울, 회피 등이 타마스에서 나온 것이기 때문이다.

중간 단계인 사자에 이르면 하고자 하는 힘이 있다. 그래서 라자스의 활동성 높은 에너지가 사자의 특징이라고 할 수 있겠다. 그런데 사자가 아직 완전하지 못한 것은 용의 명령이 의무가 되어 막기 때문이다. 용의 명령에 사자는 저항하고, 그로 인해 아직 사자는 자유롭지 못하다. 사자에게는 하고 싶은 모든 것을 할 수 있는 힘이 있으므로 위로 올라갈 수도 있으나 자칫 회피, 미루기, 게으름 같은 저항을 보이며 아래로 추락할 수도 있다.

마지막으로 니체가 말한 어린아이 단계는 사트바로 연결시킬 수 있다. 이때는 평화나 기쁨, 사랑, 행복이 특징이다. 우리가 저항을 이기고 가야 할 단계다. 그런데 베다는 이런 트리구나 위에 브라흐만이 있다고 했다. 브라흐만은 인도 신화에서 최고의 신이다. '자라난다', '팽창한다', '늘어난다'는 뜻을 지닌 산스크리트어에서 유래한 말로, 힌두교에서 우주의 근본 원리 또는 근본 실재를 가리키는데, 일반적으로 '절대자'로 번역된다. 베다에서는 기도와 명상으로 브라흐만에 이르는 해탈을 한다고 했다. 그러므로 브라흐만은 완전한 깨달음의 단계다. 그것은 니체가 말한 초인과 연결할 수 있겠다. 이들의 관계를 표로 나타내면 다음과 같다.

베다의 인간 본성과 니체의 정신 수준

베다의 인간 본성	니체의 정신 수준
브라흐만	초인
사트바	어린아이
라자스	사자
타마스	낙타

최근에 사자로 살아가려는 사람이 늘어나고 있다. 원하는 것을 언제든 할 수 있는데 무슨 걱정인가 싶을 것이다. 하지만 자연과 인간의 본성인 트리구나에서 보았듯이, 우리는 그 어떤 단계에 있든 어려움을 만날 수 있다. 특히 사자로 살아갈 때는 라자스의 에너지가 언제든 상승이 아닌 추락으로 연결될 수 있다.

이것을 조울증 상태로 볼 수 있다. 사트바의 강력한 힘에 끌려 상승하고자 할 때는 조증 상태이고, 타마스의 추락을 경험할 때는 우울증 상태에 있는 것이다. 물론 모든 조증이 긍정적이라고만은 할 수 없다. 조울증이 심한 사람은 우울증일 때 생각한 것을 조증에서 실행하는 경우가 있다. 예를 들어 우울증 상태에서 계획한 자살을 조증 상태에서 실행하거나, 조용하던 남자가 조증 상태에서 폭력적인 모습을 보인다. 그래서 조울증이 우울증보다 더 위험하다고 보는 경향이 있다. 하지만 약간의 조증은 에너지 넘치게 일할 수 있는 좋은 상태이고 라자스가 사트바로 오르는 것은 바로 그런 상태에 가깝다.

이렇게 우리가 사자로 살 때 완전히 자유롭지 못한 것은 라자스가 언제든 타마스와 결탁할 수 있기 때문이다. 그러므로 우리는 낙타 단계인 타마스를 극복하고 사자 단계인 라자스를 지나 어린아이 단계인 사트바로 가지 않으면 안 된다. 사자의 단계는 어린아이 단계로 가는 노력을 해야 하는 곳이지 머무르는 단계가 아니다. 라자스에서 성장하려는 노력을 하지 않으면 언제든 타마스에 빠지고 만다.

두 개의 성장점

베다 사상에서 라자스가 사트바로 올라가는 데 가장 중요한 도구가 '이성'이라고 했다. 이성은 참과 거짓, 선과 악을 식별하고 아름다움과 추함을 구별하는 능력을 의미한다. 이성은 진리를 이해하는 능력으로, 인간에게만 부여된, 인간을 인간답게 하는 지력이다.

그래서 세네카^{Seneca}는 '인간은 이성적 동물'이라고 했다. 데카르트^{René Descartes}는 모든 사람들이 태어날 때부터 평등하게 갖고 있는 이성 능력을 '양식' 또는 '자연의 빛'으로 표현했다. 칸트^{Immanuel Kant}는 본능이나 감성적인 욕망에서 나오는 행동과 반대로 의무에 의해 결정되는 행위를 '이성'이라고 했다. 베다 사상에서는 이 이성이 라자스에서 사트바로 올라가는 기준이다. 결국 인간이 평화를 갖기 위해서는 지혜로워야 한다는 것이다.

우리는 '이성'이라는 단계가 의식 수준의 어디쯤인지 정확히 알아 둘 필요가 있겠다. 전작 『문제는 무기력이다』에서 마음의 상태를 객관적으로 알기 위해 사용한 데이비드 호킨스 박사의 의식 지도를 다시 보려고 한다. 정신의 단계를 세분화한 미국 정신진화 전문가 데이비드 호킨스 박사는 인간의 의식 수준을 17단계로 나누어 각 단계를 수치화한 가설을 발표했다. 그는 운동역학Kinesiology에서 빌려 온 기술을 수십 년간 사람들에게 적용한 결과를 저서『의식 혁명』에서 제시했다.

다음 페이지의 표를 보자. 호킨스는 인간 의식 수준의 상대적 위치를 나타내는 의식의 지도를 만들었다. 그는 의식 수준을 17단계로 나눌 수 있고, 각 단계마다 20에서 1000까지의 수치를 줄 수 있다고 했다. 우리는 수치의 절댓값에는 신경 쓰지 말고 마음의 상대적 위치만 이해하면 된다.

당신의 의식 수준은 어디쯤인가? 한 국가를 이끄는 국가원수의 의식 수준과 알코올 중독에 찌든 노숙자의 의식 수준이 다르다는 것은 짐작할 수 있을 것이다. 그들은 의식이 다르므로 다르게 살아왔고, 앞으로도 다르게 살아갈 것이다. 그래서 마음이 모든 것을 결정한다고 말할 수 있다. 하지만 우리는 그들의 차이를 정확히 알기 어렵다.

아이들이 죽어 갈 것을 알면서도 침몰하는 배에서 탈출한 세월호 선장과 고장난 헬기를 인적이 드문 곳으로 추락시키려고 탈출을 포기한 헬기 조종사의 죽음은 전혀 다른 의식 수준을 보여 준다. 이 두 캡틴의 의식을 어떻게 설명할 수 있을까? 한 사람은 선장 도리도 못 하는 나쁜 사람, 한 사람은 남을 위해 희생한 의로운 시민이라고 단순하게 설명해야 할까? 이 부분을 조금 더 구체적으로 알아볼 필요가 있다.

더 욕심을 부리자면 사자의 정신 수준이 어디쯤인지도 궁금하다. 또한 내적 전쟁을 일으키는 라자스 단계는 어느 정도이며 사트바로 갈 수 있다는 이성의 단계는 어디인지 정확히 알고 싶다. 그 답을 호킨스의 연구에서 찾을 수 있다. 데이비드 호킨스의 대담한 의식 수준 전개는 마음의 수준 사이에 대한 흥미로운 단서를 준다.

의식 수준별로 나타나는 트리구나와 니체의 정신 단계

단계	대수의 수치	의식 수준	니체의 정신 단계		베다의 구나	
1	700~1000	깨달음	초인		브라흐만	
2	600	평화	어린아이		사트바	
3	540	기쁨				
4	500	사랑				
5	400	이성	사자	건강한 사자 (저항 극복)	상승 중인 라자스	라자스
6	350	포용				
7	310	자발성				
8	250	중용				
9	200	용기				
10	175	자존심		병든 사자 (저항 발생)	추락하는 라자스	
11	150	분노				
12	125	욕망				
13	100	두려움	낙타		타마스	
14	75	슬픔				
15	50	무기력				
16	30	죄의식				
17	20	수치심				

문제는 저항력이다

표에서, 의식 수준 옆에 니체의 정신 단계와 트리구나가 표시되어 있다. 그것을 호킨스의 의식 수준과 연결 지어 생각해 보자. 낮은 수준의 에너지인 타마스가 나타나는 범위는 니체의 낙타 범위와 일치한다. 의식 지도에서 보면 가장 아래의 수치심(20) 단계부터 두려움(100)까지가 이 범위에 속한다. 욕망(125)부터는 사자의 경지로 분류된다. 하지만 사자라고 해서 다 같지 않다. 저항에 막힌 사자는 욕망과 분노와 자존심에 휘둘린다. 병든 사자라고 할 수 있다. 이때 사자의 라자스가 타마스를 향해 추락하기도 한다. 그러다가 용기(200)를 가지면 비교적 건강한 사자가 된다. 저항을 이겨 내고 사자의 라자스는 사트바로 향한다. 모든 저항을 이기고 완전한 초원의 왕인 사자가 된다면 이성(400)까지 획득할 수 있다. 이성에서 사트바가 시작된다는 베다 사상이 적용된다. 아직 어린아이는 아니지만 사트바로 갈 수는 있다.

니체는 『차라투스트라는 이렇게 말했다』에서 "사랑이 있을 때 우리 각자의 어린아이가 잉태된다"라고 했다. 사랑이 기반되어야 어린아이의 경지에 이를 수 있음은 니체 철학의 핵심이다. 그래서 나는 호킨스의 사랑(500) 상태를 어린아이가 되는 최초 지점으로 보기로 했다. 수치심에서 두려움까지를 낙타, 욕망부터 이성까지를 사자, 사랑에서 평화까지를 어린아이의 단계로 본다. 사자는 저항에 막히느냐 아니냐에 따라 병든 사자와 건강한 사자로 분류한다. 가장 고차원 단계인 깨달음은 니체가 말하는 초인의 단계다. 베다 철학에서는 브라흐만의 단계이고, 인간이 거의 신과 같은 존재가 되는 경지이므로 도달하기 매우 힘든 상태다.

그런데 데이비드 호킨스는 마음의 수준에 두 개의 성장점이 있다고 했다. '용기'와 '사랑'이 바로 그것이다. 표를 보면 사랑은 어린아이가 되는 지점이자 사트바가 활동하는 영역이다. 그리고 용기에서 건강한 사자, 즉 신싸 사자가 탄생한다. 이는 라자스의 혼돈이 추락이 아닌 상승하는 방향으로 전환되는 지점이기도 하다. 이렇게 호킨스의 성장점을 니체 사상과 베다 철학과 연결 지어 생각할 수 있다. 여기에 욕망(125) 또한 숨어 있는 성장점으로 볼 수 있다. 인간은 욕망에 따라 움직이기 시작하기 때문이다. 욕망이 없는 인간은 아무것도 하지 않는다. 낙타가 낙타이길 거부하는 최초의 동기는 변하고 싶다는 욕망이다.

마음의 상태에 대해서는 여전히 논란이 많고 정답을 아는 사람도 없다. 하지만 마음의 개념을 호킨스처럼 체계화한 사례가 없으므로 그의 공헌은 의미가 있다. 호킨스의 17단계 하나하나는 결코 만만하지 않다. 또한 의식의 사다리를 오르는 것은 쉬운 일이 아니다. 그것이 얼마나 어려운지 많은 선각자가 경고한다. 또한 어렵게 상승해도 한순간에 추락할 수 있다.

저항력이란 이 의식 수준이 상승하려는 것을 막는 힘이다. 내가 3년 동안 화석처럼 있었던 것은 라자스가 사트바로 상승하고 싶으나 저항에 막혀 상승하지 못해서였다. 나를 타마스 상태에 묶어 두려는 에너지 간의 전쟁 때문이었다. 그래서 라자스가 만드는 온갖 감정적인 고통이 나타나고 게으름이나 미루기, 회피에서 벗어나지 못했다. 그럼에도 나는 상승을 위한 노력을 포기하지 않았다. 그 길이 내가 살아남을 수 있는 유일한 길이었기 때문이다.

삶의 본능,
죽음의 본능

앞에서 보았듯이 라자스는 사트바도 탐내고 타마스도 탐낸다. 양쪽에서 라자스를 차지하려는 싸움이 전쟁이 되고 우리는 마음대로 하지 못하는 자신 때문에 괴로운 것이다. 그런데 상승과 추락하려는 두 개의 힘은 프로이트가 에로스^{Eros}나 리비도^{Libido}라고 칭한 '삶의 본능'과 타나토스^{Thanatos}로 설명한 '죽음의 본능'과 매우 흡사하다.

1920년 프로이트는 인간의 본능에 에로스와 타나토스가 있다고 했다. 에로스는 삶의 본능, 타나토스는 죽음의 본능을 나타낸다. 일반적으로 성적 욕망인 리비도로 설명되는 에로스는 사실 깊은 차원의 '삶의 본능'이다. 삶의 의지이고 악착같이 살아내려는 욕망이다. 성적 욕망은 생존과 종족을 번식하고자 하는 동물적인 본능에서 유래되었다. 라자스가 사트바로 상승하려는 에너지 활동성과 흡사하다. 반면, 죽음의 본능인 타나토스는 라자스를 타마스가 아래로 끌어내리는 것과 비슷하다. 그 전쟁을 직접 겪는 내 마음은 '자아'다. 그 전쟁 때문에 괴로운 것은 나의 '초자아'가 '본능'들 간의 전쟁을 막지 못한다고 '자아'를 혼내기 때문이다.

우리가 잘 살아가려면 '죽음의 본능'이 아닌 '삶의 본능'에 이끌려야 한다. 삶의 본능은 살아가려는 삶의 의지를 만든다. 그러므로 저항을 이길 힘은 의지에서 비롯된다고 볼 수 있다. 우리는 의지로 생명을 유지하고 살아갈 수 있다. 반면에 타나토스는 '죽음의 본능'을 말한다. 힘겨운 삶을 포기하고 싶은 욕망이다. 이것 때문에 삶을 파괴하고 포기하기도

한다. 이것은 저항을 닮아 있다.

인간 속에 내재되어 있는 삶의 본능과 죽음의 본능은 서로 힘겨루기를 하고 있다고 프로이트는 말했다. 그것은 마치 사트바로 올라가려는 힘과 타마스로 끌어내리려는 힘이 팽팽한 힘겨루기를 하고 있는 것과 비슷하다. 그리고 그것은 곧 의지와 저항의 싸움으로 이해될 수 있다.

이것이 내가 경험했던 마음의 전쟁이다. 내게는 하고 싶고 해야 한다는 마음이 있었다. 그러나 한편으로는 하기 싫고 미루고 싶고 집어 치우고 싶은 욕망도 있었다. 문제는 행동하지 않고 버티면서도 해야 한다는 생각을 한 번도 버린 적이 없다는 것이다. 그래서 더욱더 괴로웠다.

내적 전쟁 중에 그냥 포기하거나 끝내고 싶다는 생각이 드는 것은 우리 속 죽음의 본능이 마음을 강하게 장악했기 때문이다. 저항에 막힌 경우다. 반면 우리의 에로스는 살고 싶고 절대 포기하지 않으려 한다. 아직 '삶의 의지'가 남아 있기 때문이다. 그러나 어쩔 수 없이 포기하려고 하는 아이러니는 타나토스가 강해서다.

그 강력한 죽음의 본능을 이기기 위해 우리는 교육받고 책을 읽고 기도나 명상을 하고, 여행을 다니고 운동도 한다. 결국 행복하고 평화롭게 사는 삶이란 에로스와 타나토스의 화해, 트리구나들 간의 힘겨루기가 멈춰진 상태, 내 의지가 저항을 이긴 상태를 말하는 것이다.

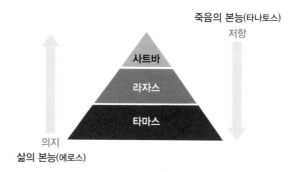

두 가지 본능의 역할

　내적 전쟁이 일어나면 마음의 고통이 상당히 심하다. 타마스의 크기만큼 저항의 크기가 결정되므로 누구나 자기 자신을 넘기가 가장 힘들다. 해야 할 일을 하려는 나와 그것에 반항하는 내가 서로 싸우는 것을 지켜볼 수밖에 없는 나는 누구인가? 그 전쟁의 최대 희생자는 바로 나 자신이다.

취미가 일이 되면 고통스럽다

나는 사춘기 시절부터 글쓰기를 좋아했다. 그래서 책을 쓰는 일이 쉬울 것이라고 생각했다. 그러나 직업으로 책을 쓰기 시작하면서 글 쓰는 게 힘들어졌다. 몇 주, 심하게는 몇 달 동안 전혀 쓰지 못할 때도 있었다. 그럴 때는 정말 미쳐 버릴 것만 같았다.

어찌할 바를 몰라 에너지를 다른 곳으로 발산했다. 친구에게 전화해서 수다를 떨고, 잠시 후 다른 친구와 몇 시간씩 메신저로 얘기하고, SNS에 글을 올리거나 댓글을 달았다. 어떤 날은 종일 인터넷의 세계를 헤매고 다녔다. 글을 쓰지 못하는 시간에 운동을 하거나 다른 생산적인 일을 하면 될 것 같지만 그 역시 하지 못했다. 일해야 한다는 생각 때문에 쉴 수가 없었다. 그렇게 좋아하는데 글을 쓰지 못하다니 이해가 되지 않았다.

왜 이토록 심하게 저항했던 것일까? 희미한 영감이 구체적인 모습으로 현실화될 때까지 오랜 시간 동안 정신을 한곳에 집중시켜야 한다. 그 과정에서 우리는 매우 심각한 내적 혼란과 고통을 겪는다. 내 경우에는 그런 혼란 기간에 아주 강한 저항이 일어났다. 책의 주제를 정리하고 명확하게 표현하기 위해서는 혼란과 고통이 일어날 수밖에 없다는 것을 안 것은 오랜 시간이 지난 후였다.

교수 시절에는 책 쓰는 것이 취미이자 자아실현의 한 수단이었다. 그때는 직업이 아니므로 저항이 없었다. 하기 싫으면 안 하면 되고, 누구도 내게 책을 쓰라고 강요하지 않아 글 쓰는 것이 즐거웠다. 심지어 연구하기 싫을 때는 글쓰기가 훌륭한 휴식이자 도피처였다.

그런데 학교 밖으로 나와 글쓰기가 첫 번째 일이 되고부터는 예전과 비교할 수 없이 어려워졌다. 나는 게으르고 생각이 정리되지 않아서 글을 쓰지 못한다고 생각했다. 나 스스로 글을 쓰라고 강요해 저항이 생긴다는 것을 한참 지나서야 알았다.

나의 증상은 가장 중요한 일에서 나타나는 심리적 저항이었다. 이 저항과 싸워서 이기려면 어떻게 해야 하나 고민하다가 무용가 트와일라 타프Twyla Tharp가 했던 방법을 기억해 냈다. 무용가인 그녀는 아침에 일어나면 택시를 타고 무조건 연습장에 갔다. 연습하려는 마음과 하기 싫은 마음이 서로 전쟁을 일으키는 것을 피하기 위해서였다. 택시가 연습장에 도착하면 그녀는 곧바로 옷을 갈아입고 연습에 들어갔다.

저항이 나를 막아서는 그 치열한 전쟁을 끝내기 위해 그녀를 따라 하기로 결정했다. 돌아가신 스승님도 새벽에 일어나면 무조건 글을 쓰신다고 하셨다. 나도 이들을 따라서 새벽에 일어나면 무조건 서재로 가는 습관을 들였다. 서재는 내 연구실이자 놀이터였다. 그래서 글 쓰는 일을 하지 않더라도 그곳에서 종일 놀 수 있었다. 하지만 저항을 이기기 위해서는 그런 방식으로 하면 안 된다는 생각이 들었다. 이것저것 섞어서는 안 된다.

서재 밖으로 나가든지 서재에서는 글만 쓰든지 선택해야 했다. 나는 후자를 택했다. 새벽에 일어나 서재로 가서 무조건 노트북의 전원을 켰다. 쓰고 싶은 말이 있든 없든 무조건 노트북을 열었다. 그리고 쓰레기가 될지도 모를 글을 쓰기 시작했다. 그렇게 해서 나는 다시 글을 쓰게 되었다. 저녁에 작업이 끝나면 노트북을 닫지 않았다. 노트북을 닫아 두면 그것을 여는 데 며칠,

심하게는 몇 달이 걸린다는 것을 배웠기 때문이다. 책상 앞 중간에 노트북을 두고 항상 열어 놓았다. 전원 키만 누르면 켜지도록 코드도 뽑지 않았다.

본격적으로 책을 쓰기 전에는 이런 일이 없었다. 글 쓰는 것이 취미였을 때는 느끼지 못했던 저항이 직업이 되고 나자 나타난 것이다. 직업이 되고 가장 중요한 일이 되자 취미였던 것이 쳐다보기도 싫어진 것이다. 또한 책을 읽다가 글 쓰는 작업으로 넘어오는 일도 힘들었다.

그래서 나는 일어나면 맨 먼저 노트북을 켜고 쓰는 일을 가장 먼저 시작하기로 했다. 먼저 책을 읽기 시작한 날은 단 한 줄도 쓰지 못하고 뭔가 찜찜한 가운데 하루를 끝내는 반복 학습이 알려 준 가르침이었다. 쓰레기 같은 글이라도 써야만 계속 쓸 수 있다는 것을 알았다. 정말이지 시작이 반이었다. 시작만 할 수 있다면 반 이상 성공하는 것이었다. 아침에 쓰기 시작하면 밤까지도 글을 쓸 수 있었다. 드디어 쓰는 일에 몰입하게 된 것이다.

마음의 저항을 달래고 피해 가면서 내 일을 해내는 것, 그것이 내가 승리하는 길임을 알게 되었다. 나의 일을 할 수 있는 곳에 구원이 있다는 것을 나는 쉰이 넘어서 겨우 알았다. 좀 더 빨리 알았더라면 내 삶은 더 아름다웠으리라. 그러나 지금이라도 알았다는 게 다행인지 모른다. 내가 배운 것을 딸에게 틈틈이 말해 주고 있으니 말이다. 중3인 딸은 벌써 무기력과 저항력의 무서움을 알고 있다. 얼마나 다행인가? 딸에게 물려줄 확고한 정신적 유산을 배워 가는 것만으로도 감사한 일일지 모른다.

PART 2

우리는 왜
자신에게 저항할까?

"자신에게 명령하지 못하는 사람은 남의 명령을 들을 수밖에 없다."
— 니체

저항의 심리

학습된 게으름

　　　　학습된 무기력뿐 아니라 학습된 게으름이란 것도 있다. 개 실험을 통해 학습된 무기력을 규명했던 셀리그만은 학습된 게으름이 일어나는 현상도 밝혀냈다. 실험 과정은 다음과 같다. 먼저 굶주린 쥐들이 들어 있는 사육 상자의 지붕에 구멍을 뚫는다. 그리고 쥐의 반응과 상관없이 '하늘에서 떨어지듯이' 먹이를 넣어 준다. 그런 뒤 쥐들을 다른 방으로 이동시킨다. 그곳에는 지렛대가 있는데, 지렛대를 누르면 먹이가 나온다.

　실험 결과, 하늘에서 떨어지는 먹이를 많이 먹은 쥐일수록 새로운 환경에서 지렛대를 눌러 먹이를 먹어야 하는 학습을 잘하지 못했다. 어떤 쥐들은 지렛대를 전혀 누르지 않고 하루 종일 앉아서 하늘에서 먹이가 떨어지기만을 기다렸다고 셀리그만은 보고했다. 셀리그만은 이 실험을 '버린 자식spoiled brat 실험' 또는 '혜택 받은 비둘기The pigeon in a welfare state' 실험이라고 불렀다. 그리고 이런 현상을 '학습된 게으름Learned Laziness', '섭식적 무기력Appetitive Helplessness'이라고 설명했다.

빈민 구호 대상자 중 쉽게 구제만 받은 사람은 더 이상 노력하려는 의지 없이, 무료 급식소에서 밥을 먹고 쉼터에서 공짜 잠을 자는 생활에 안주하는 경우가 있다. 이러한 현상이 '학습된 게으름' 때문일 수 있다는 것이다. 쉽게 얻었던 어제의 경험이 오늘의 노력을 막아 버리는 것이다. 너무 쉽게 획득하면 우리는 게으르게 된다. 그것이 저항으로 나타나는 것이다.

비슷한 사례를 하나 더 보자. 심리학자 앤버그L. A. Engberg와 한센G. Hansen이 실시한 실험으로, 셀리그만이 말한 '혜택 받은 비둘기 실험'이다. 우선 사전 실험에서 굶주린 비둘기를 세 집단으로 나눈다. A 집단의 비둘기에게는 먹이를 얻어먹으려면 페달에 뛰어올라야 한다는 것을 학습시킨다. B 집단은 '혜택 받은' 집단이다. B 집단에게는 아무 노력을 하지 않아도 A와 같은 양의 먹이를 준다. 앞에서 본 쥐들처럼 이들에게는 게으름을 학습시키는 것이 목적이다. 그리고 C 집단에게는 먹이를 주지 않았다.

이후, 세 집단의 비둘기들에게 자동조성 과제를 준다. 자동조성autoshaping은 '무조건 반응'이라고도 하는데, 유기체가 특별한 학습을 하지 않았음에도 불구하고 특정 상황에서 어떠한 행동을 곧바로 하는 현상,

즉 본능적인 반응을 말한다.

자동조성은 학습심리학자 브라운Paul Brown과 젠킨스Herbert Jenkins가 1968년도에 처음 시행한 실험에서 밝혀진 현상이다. 이들은 원반형 판에 주기적으로 빛이 들어오도록 장치해 놓은 실험 상자에 비둘기를 넣었다. 상자 안에서는 몇 초간 불이 들어오다가 그 불이 꺼지면 자동으로 먹이가 떨어졌다. 따라서 비둘기는 먹이를 받기 위해 아무런 행동을 하지 않아도 되었다. 그런데 비둘기는 이상하게도 그 원반을 쪼아 대기 시작했다. 이들은 판에 불을 켜두고 비둘기에게 먹이를 주는 행위를 계속해 주면, 비둘기들이 불 켜진 판을 쪼아 대는 반응을 보인다는 사실을 관찰해냈고 그것을 자동조성이라 불렀다. 이들이 이 현상을 '학습'이라 하지 않고 '자동조성'이라고 부른 것은 비둘기가 판을 쪼는 것은 학습에 의한 것이 아니라 먹이를 쪼아 먹는 습성이 자동적으로 나타난 것이기 때문이다. 이들에 의하면 비둘기가 불 켜진 판을 쪼는 반응을 보인 것은 먹이를 쪼아 먹는 행동이 판을 쪼는 반응으로 전이된 것에 불과하지, 비둘기가 먹이를 얻어먹기 위해 자발적으로 조작한 행위를 한 것은 아니라고 했다. 그래서 이 행위가 학습이 아니라 자동적으로 만들어졌다는 의미로 자동조성이라 부른 것이다.

앤버그와 한센이 자동조성 과제를 먼저 준 것은 학습된 것을 알아내려는 게 아니라 비둘기들의 본성을 먼저 알아내려는 시도였다는 것이 실험의 중요 포인트다. 자동조성 과제는 본성에서 나타나기 때문에 학습된 게으름이 본성에 어떤 영향을 주는지 알기 위해 자동조성 과제를 먼저 준 것이다. 그런데 사전실험에서 페달을 눌러 먹이를 스스로 얻어먹은 A

집단 비둘기들이 자동조성 과제도 가장 빨리 수행했다. 그다음은 아무 것도 주지 않은 통제 집단인 C 집단이었다. 쥐들과 마찬가지로 게으름을 학습시킨 혜택 받은 B 집단이 가장 느리게 반응했다. 예상할 만한 결과 다. 앤버그와 한센은 〈사이언스〉지에 실린 그들의 논문에서 B 집단을 '무기력 집단' 혹은 '학습된 게으름 집단'이라고 불렀다.

2차 실험이 또 시행되었다. 비둘기들에게 자동조성, 즉 판을 쪼면 먹 이를 얻을 수 있다는 학습을 시켜 준 것이다. 비둘기들은 불이 켜진 판을 쪼아서 먹이를 얻어먹는 것을 학습했다. 이 2차 실험에서도 사전 실험에 서 페달을 밟아야 했던 A 집단이 가장 빨리 학습했고, 그다음은 아무것 도 주지 않은 C 집단이었으며, 게으름을 학습시킨 혜택 받은 B 집단의 학습이 가장 느렸다.

그들은 이후에 반대 상황도 만들었다. 이번에는 판을 쪼지 않아야 먹 이를 주는 것을 학습시켰다. 판을 쪼지 않는 것은 본성과 반대 현상이므 로 학습이 아니면 나타나지 않는 반응이다. 판을 쪼지 말아야 하는 상황 에서도 결과는 같았다. 결국 한번 게으름을 배우게 된 비둘기들은 본성 을 보이는 것도 가장 느리고, 먹이를 먹는 학습도 가장 느리다는 것이 거 듭 증명된 것이다.

재미있지만 무서운 실험이다. 인간도 마찬가지일 수 있기 때문이다. 쉽게 가질 수 있었던 사람은 노력하지 않으려 한다. 쉽게 얻는 것이 결코 축복이 아니다. 노력해서 힘들게 얻은 것이 진짜 내 것이다. 요행에 기대 는 것이 습관이 되면 인생을 망칠 수 있다.

저항을 위한
저항

　　　　　　　단순히 저항을 위해 저항하는 것처럼 보이는 것 중에 무기력을 피하기 위한 저항도 있다. 학자들은 "유기체는 자기 주변에서 일어나는 사건들을 지배하려는 욕구를 가진다"라고 주장해왔다. 동기 심리학자 화이트^{R. W. White}는 이 지배 욕구가 자신의 능력을 증명하기 위해 일어나며 다른 욕구들보다 더 우선한다고 말했다. 인간과 동물의 생활에서 지배 욕구가 성, 굶주림, 목마름의 욕구보다도 더 중요하다는 것이다.

　행동 심리학자 카바나우^{J. L. Kavanau}는 〈사이언스〉지에 실린 논문에서 야생동물은 무엇을 자신이 지배하지 못하고 강요당할 때 그것에 저항하려는 욕구가 짝짓기나 먹는 것과 같은 생존의 본능보다 더 중요하다고 말했다. 그는 흰 발 들쥐를 잡아서 실험실에 가둔 뒤, 이후 그 쥐들이 오직 실험 조작에 저항하는 데 모든 시간과 정력을 낭비한다는 사실을 밝혀냈다. 들쥐들은 실험자가 실험 상자에 불을 켜두면 그 불을 끄기 위해 힘을 썼고, 실험자가 불을 꺼버리면 불을 켜기 위해 애썼다. 쥐들은 단순히 저항을 위해 저항했다.

　왜 들쥐는 이유 없이 실험 상황에 계속 저항하는 것일까? 이 현상에 대해 셀리그만은 다음과 같이 말한다.

　능력에의 욕구나 외적 강제에 저항하려는 욕구는 바로 다름 아닌 무기력을 회피하려는 욕구다.

또한 셀리그만은 "무기력해지면 공포와 우울증이 유발되기 때문에 무기력을 회피하려는 이런 행동을 통해 불쾌한 정서 유발을 막고자 하는 것"이라고 덧붙였다.

셀리그만의 주장을 어떻게 해석해야 할까? 처한 상황에서 아무것도 하지 않으면 스스로가 무능력하다고 생각되어 공포와 우울증에 빠진다. 그래서 무기력한 그 상황을 벗어나기 위해 저항한다.

이와 관련한 인간의 지배 욕구는 스스로에게 내리는 명령에서도 예외 없이 발휘된다. 아무리 이로운 명령일지라도 일단 저항부터 하고 볼 때가 있다. 예를 들어 '공부를 열심히 하자', '건강을 위해서 운동하자'처럼 반드시 수행해야 할 일을 스스로에게 명령한다. 그러고는 저항한다. 이런 모순의 배경에 무기력을 회피하고자 하는 심리가 있는 것이다. 우리는 전혀 의식하지 못하지만 자신의 명령에 불복종하고 저항함으로써 지배 욕구를 충족시키려는 무의식의 의도가 숨어 있을지도 모른다.

그런데 자신이 무기력하지 않고 '능력 있음'을 증명하려고 이처럼 저항하지만, 이 저항이 다시 2차 무기력을 불러올 수 있음은 알지 못한다. 무능의 이중고처럼 무기력을 피하기 위해 만든 저항이 다시 무기력을 가져오는 악순환의 고리를 만들어 낸다.

내면의 힘이 강한 사람일수록 명령과 저항을 동시에 하고 저항의 강도도 더 강하다. 성격이 강하고 경쟁심이 많은 사람이 자주 자신과의 전쟁을 벌이는 것을 주변에서 쉽게 찾아볼 수 있다. 스스로에게 명령하고는 동시에 그 명령에 불복종하고 저항한다.

이런 모순이 사자에게 나타나는 것은 사자가 힘을 가지고 있기 때문이다. 주인에게 순종하기 바쁜 낙타는 스스로에게 명령을 할 수도 없고 저항할 여력도 없다. 반면에 사자는 힘이 있으므로 명령하는 동시에 저항할 수 있다. 사자가 되었다고 생각하는 사람일수록 저항이 심한 이유는 이 때문이다.

사자는 무의식적으로, 자신이 내린 명령에 저항한다. 해야 할 글쓰기를 피하고 오늘 할 운동을 내일로 슬쩍 미룬다. 하지만 아무것도 하지 않는 무기력한 상태가 두렵기도 하다. 그래서 독서나 요리 같은 다른 일로 도피한다. 정력과 시간을 엉뚱한 데 쓰면서 자신이 유능하다고 착각한다. 이 역시 '능력 발휘 욕구'에 휘둘리는 증거인지도 모른다. 실험자에게 반항하며 불을 켰다가 또 불을 끄려고 애쓰는 들쥐와 자신의 명령에 저항하면서 다른 일로 도피하는 우리의 모습은 이렇게 닮아 있다.

기억된 정보의 저항

예전에 실패했던 기억이 있으면 시간이 지난 뒤에도 안 된다고 생각하는 경향이 있다. 이런 생각 때문에 학습된 무기력이 나타난다. 어제는 안 되었지만 오늘은 될 수도 있다. 그런데 그렇게 생각하지 못하는 이유는 무엇일까? 이전의 기억이 간섭하기 때문이다. 이것을 순행간섭Proactive Interference이라고 한다.

순행간섭이란 '예전에 학습한 것이 새로 학습하는 것을 방해하는 현상'을 말한다. 과거에 학습이나 입력 과정을 거쳐 이미 저장되어 있던 학습정보 또는 기억정보가 새로운 정보를 학습하거나 입력하는 인지활동을 간섭하는 것이다. 즉 기존 정보가 새 정보의 입력을 저항하는 것으로 볼 수 있나. 일반적으로 선입건과 같다고 여기면 된다.

그 반대를 역행간섭Retroactive Interference이라고 하는데, '나중에 학습한 정보가 이전에 학습한 정보를 방해하는 것'을 말한다. 새로 학습하거나 입력된 정보가 과거에 학습 또는 입력 과정을 거쳐 저장되어 있던 기억정보나 기억자료의 회상 능력을 간섭하는 현상을 말한다. 순행간섭과 역행간섭은 우리의 기억이 온전히 회상되지 않고 일부를 망각함으로써 성립되는 이론이다. 정보의 인출을 저항하는 메커니즘의 일종이다.

순행간섭은 초두효과Primary Effect라는 심리적 효과를 일으키는 원리다. 마음속에 들어온 정보 중 순서상 제일 먼저 입력된 정보가 나중에 입력된 정보보다 큰 영향을 주는 것을 말한다. 사람과의 만남에서 첫인상이 강하게 작동하는 것은 초두효과 때문이다. 처음에 입력된 첫인상이라는 정보가 두 번째, 세 번째 만나면서 들어오는 새로운 정보보다 더 강하게 작용하는 것이다. 순행간섭처럼 기존 정보가 새 정보의 입력과 인출을 저항하게 만든다.

반면에 역행간섭은 최신효과Recency Effect라는 심리적 효과를 만들어 낸다. 가장 최근에 입력된 정보가 과거에 누적된 정보의 인출을 막는 것이다. 매사에 끝이 좋아야 한다는 말이 있다. 마지막 모습이 그 사람에 대한 평가로 남는 경우가 많다. 예를 들어 직장에서 상사에게 열 번 잘하다가도 마지막 한 번 실수를 하면 그동안 잘한 것은 온데간데없어지고, 가혹한 비평을 받는 억울한 일이 생기곤 한다. 최신 정보가 이전 정보보다

효력이 더 강하게 작동하면서 이전 정보의 회상에 저항하는 것이다. 이 것은 사람과의 관계에서 첫인상과 끝인상, 둘 다 중요하다는 말로 설명 되는 두 개의 심리 현상이다. 이처럼 마음속의 정보는 저항에 의해 공정 하게 인출되지 않기도 한다.

셀리그만은 순행간섭의 쉬운 예를 들고 있다. 셀리그만의 아내 케리 셀리그만Kerry Seligman을 결혼 후에도 수년 동안 결혼 전 이름인 케리 뮐러 Kerry Mueller라고 부르는 사람들이 있다고 한다. 오랫동안 그렇게 불러 왔기 때문에, 그녀가 결혼 후 남편 성씨를 따라서 케리 셀리그만으로 바뀐 사 실을 쉽게 잊어버리는 것이다. 물론 결혼 후에 그녀를 만난 사람들은 케 리 셀리그만이라고 실수 없이 부른다.

우리도 이와 유사한 경험을 얼마나 많이 하는가? '해도 안 되더라'라 는 기억이 깊이 각인되어 있을 때는 한두 번 성공한 것으로 그 기억을 지 우지 못한다. 기억은 반대 정보를 수십 차례 지속적으로 받아야만 조금 씩 변한다. 기억이란 뇌의 여러 곳에 정보가 새겨진 것이므로 기억이 변 하려면 뇌의 구조가 바뀌어야 하기 때문에 시간이 많이 걸릴 수 있다.

20년간 직장생활을 하던 사람이 자기 사업을 시작할 때, 곧바로 자영 업자의 마인드로 바뀌기는 어렵다. 직장생활하던 때의 사고방식이 끊임 없이 치고 올라올 것이다. 자영업자로서의 치열함이 부족하고 젊은 날부 터 자영업으로 잔뼈가 굵은 경쟁자를 뛰어넘지 못하면 사업을 접을 수밖 에 없다.

이렇듯 저항력으로 나타나는 많은 현상 중에는 이전의 성공이나 실패 경험이 무의식에 숨어서 컨트롤하는 것일 수 있으니 주의하기 바란다.

너무 쉽게 성공한 경험은 게으름으로 이어질 수 있고, 실패한 경험은 미루기나 회피로 나타날 수 있다. 인생에서 공짜는 없다. 모든 것은 기억에 남는다. 그래서 변화가 그토록 어려운지도 모른다.

내 경우에도, 사자가 되었지만 낙타의 기억을 다 지우지 못한 것은 당연한 일이었다. 25년간 학교에서 월급을 받았던 기억을 어떻게 단숨에 지우고 전업 작가처럼 살 수 있단 말인가? 그러므로 3년간의 저항은 당연한 수순이었는지 모른다. 따라서 내가 무능력하거나 지혜롭지 못해서가 아니라, 기억이 만드는 저항은 누구에게나 나타날 수 있는 자연의 법칙이므로 그 저항을 당연한 것이라고 믿기로 했다.

변화에 저항하다

저항력은 아무 때나 아무 곳에서나 작동하는 것이 아니다. 중요한 일을 할 때 나타나고, 그중에서도 제일 중요한 일에 가장 크게 나타난다. 중요하지 않은 일은 저항할 이유가 없다.

무엇인가를 한다는 것은 원래 상태에서의 변화를 의미한다. 저항이란 그 변화에 대한 거부이므로 가장 큰 변화가 일어나야 할 때 가장 강한 저항력이 나타난다. 이러한 현상은 물리적 법칙으로 설명할 수 있다.

뉴턴의 3가지 운동 법칙 가운데 하나인 '작용-반작용의 법칙'이 마음의 움직임에도 영향을 준다. '작용-반작용의 법칙'이란 모든 작용에 대해서 방향이 반대이고 크기가 같은 반작용이 따른다는 법칙이다. 여기서 항상 '방향이 반대이고 크기가 같다'는 것에 주의해야 한다. 마음에도 작용-반작용 법칙이 작동한다면, 하고자 하는 나의 마음과 크기가 동일한 반대의 힘이 작용한다고 볼 수 있다. 그 반대의 힘이 바로 저항력이다. 즉 작용은 하고자 하는 마음인 '의지'이고, 반작용은 그 의지를 반대하는 힘인 '저항'이 된다.

　그렇다면 마음에서 저항이 발생하는 심리적 기제와 이유는 어떻게 설명할 수 있을까? 심리학과 경영학, 철학 등에서 공통적으로 이야기하는, 변화에 저항하는 이유가 있다. 먼저 변화 경영 전문가들이 정리한 저항하는 이유 3가지를 보면 다음과 같다.

1 변화가 불이익을 줄까 봐 두렵다

사람들이 변화하지 않으려는 것은 그 변화가 혹시 자신에게 불이익을 줄까 봐 두려워서다. 변화한다는 것은 좋게 변하든 나쁘게 변하든 현재 상태가 파괴되어야 한다는 것을 전제한다. 현 상태가 파괴된다는 것은 지금 가지고 있는 기득권이 보호받지 못하고 박탈당할 수도 있다는 의미이다. 변화하면 지금 누리는 자유가 제한받을지도 모르고, 근무조건이 악화될지도 모르며, 생활환경이 훨씬 나빠질 수도 있다. 게다가 더 많이 일하면서도 급여는 줄어들지 모르고, 운이 나쁘면 새 직장에 적응하지 못해 해고될지도 모른다.

　변화는 현재를 버려야 하는 희생을 강요한다. 그래서 우리는 자신도 모르게 변화에 저항하는 것이다. 그러나 이런 두려움이나 불안은 인지의 왜곡과 부정 정서가 협력하여 만드는 착각이다. 해야 할 일을 미루는 것이 사실은 두려움과 불안 때문일 수 있음을 알고만 있어도 저항의 정체를 알아차리는 데 도움이 된다.

2 변화가 습관을 건드린다

우리의 일상은 여러 가지 익숙한 습관들로 이루어져 있다. 그리고 이 습관들은 복잡하게 연결되어 있다. 일부가 변하면 나머지들도 영향을 받고 갈등을 일으킨다. 변화는 우리가 이미 만들어 둔 습관의 일부 혹은 전부를 깨뜨려 그동안 지켜 온 균형을 망가뜨린다. 이 때문에 변화는 포기되거나 중단되고 혁명은 실패한다. 다이어트를 하고 싶지만 친구와 함께 도넛을 먹는 즐거운 시간이 사라질 것이고 남편과 함께 맥주와 치킨을 먹으며 드라마를 볼 때 누리던 친밀한 행복감도 없어질 것이다. 그게 싫은 것이다. 다이어트하는 동안 우리는 먹는 것만 줄이는 것이 아니라 많은 즐거움도 함께 포기해야 한다. 그렇기 때문에 다이어트라는 변화가 싫어져 중도에 포기하게 된다.

이런 현상에 대해 변화관리 전문가인 존 P. 코터^{John P. Kotter}는 『기업이 원하는 변화의 리더』에서 다음과 같이 이야기한다.

우리는 이미 수십 가지의 상호 연관된 습관들을 가지고 있고, 이것들이 모여서 스타일을 형성해 놓았다. 우리의 습관 중 하나를 바꾸었다고 가정하자. 그러면 수많은 기존 다른 습관들이 우리에게 압력을 가하고 결국 우리는 옛날로 되돌아가 버린다. 그러므로 우리에게 필요한 것은 모든 습관을 한꺼번에 바꾸는 것이다.

습관이 만들어 내는 저항은 행동 단계에서 매우 강력하게 작용한다. 그래서 하루 종일 다이어트를 한다며 굶고는 저녁에 무심코 과자 한 봉지를 다 먹어 치운다. 또한 몇 주간의 다이어트 후에 옛 습관을 버리지 못해 바로 폭식을 하기도 한다. 결국 코터의 충고대로 모든 것이 한꺼번에 바뀌어야 변화에 성공할 확률이 높아진다.

예를 들어 집에서 다이어트를 하는 것보다는 단식원에 들어가면 성공 확률이 더 높아진다. 단식원에서는 모든 것이 낯설기 때문에 이전의 습관이 작동할 틈이 적어 성공적인 다이어트를 할 수 있다. 물론 단식원을 나와 집으로 돌아오면 곧바로 폭식을 할 가능성도 있지만 말이다.

변화란 이렇게 어렵다. 마음에서 일어나는 변화도 마찬가지다. 마음도 하나만 변하면 지속되기 어렵다. 코터의 말처럼 전체가 함께 변해야 그 변화가 지속될 수 있다.

3 변화해야 할 이유가 없다

배가 가라앉고 있다면 답은 하나다. 빨리 구명조끼를 입고 빠져나오는 것이다. 가라앉고 있지만 안전해 보인다든지, 천천히 나가도 되겠지 생각하면 늦다. 선실에 그냥 앉아 있다간 어느 순간 수압에 의해 문이 더 이상 열리지 않을지도 모른다. 변화도 마찬가지다. 이런저런 핑계로 변화를 미루면 실행하기 어려워진다. 침몰하는 배에 있는 것과 같은 절박한 마음이 될 때 변화가 가능하다. 자신이 왜 배에서 빠져나가야 하는지, 왜 지금 나가야 하는지, 어디로 가야 할지 확실히 알지 못하면 우리는 결코 차갑고 위험한 바다로 뛰어들지 않는다. 인간이란 그런 존재다. 변화를 위한 확실한 이유와 동기가 있어야 한다.

문제는 저항력이다

이와 같은 3가지 이유로부터 우리가 왜 변화에 실패했는지 알 수 있다. 마음을 정확히 알지 못하면 수없이 많은 핑계를 만들어 내며 행동을 막아서는 저항에 휘둘릴 수밖에 없다. 습관과 기득권이 이미 만들어 둔 기존 체계가 깨지는 것을 거부하며 원래로 되돌아가라고 끝없이 유혹하고 협박하기 때문이다. 반대로 생각하면 저항 없이 쉽게 이루어지는 변화는 가짜다. 자신을 속이는 기만이다. 변화경영 사상가인 고故 구본형도 변화에는 반드시 저항이 따른다고 했다.

저항이 없는 변화치고 근본적인 것은 없다. 저항은 변화에 매우 자연스러운 반응이다. 저항이 없다는 것은 변화 자체가 껍데기뿐이거나 철저하게 실행되고 있지 않다는 것이다.

우리에게 저항이 일어나고 있다는 것은 우리가 진짜 변화를 위한 노력을 하고 있다는 증거다. 오랫동안 나는 저항을 변화를 막는 원흉이자 당장 깨부숴야 할 적이라고 생각했다. 그러나 저항이 있다는 것이 내가 근원적인 변화를 시도하는 증거라는 생각이 들자 다소 안심되었다. 저항이 따르기 때문에 변화가 어렵다는 사실만 알고 있어도 상당한 위로가 되지 않는가? 이제 '일주일 만에 쉽게 변신하기', '3주 만에 30년 습관 고치기' 따위의 슬로건이 작동하지 않았던 이유도 알 수 있을 것이다. 그렇게 쉬운 변화는 없다.

익숙한 것이
편하다

우리는 인지 일관성을 유지하기 위해 변화에 저항한다. 그 이유는 무엇일까? 익숙한 것에서 떠나기 싫어서다. 익숙한 것은 사실 편하다. 익숙한 것이 편한 이유는 인지 방식 때문이다. 그것은 뇌가 만드는 결과다. 뇌는 습관적으로 같은 회로에서 같은 결과를 만들어 낸다. 뇌가 다른 결과를 만들려면 뇌 회로가 변해야 하는데, 그러려면 많은 노력과 시간이 필요하다. 그래서 하던 대로 하려는 것이다. 그것이 인지 방식의 일관성으로 나타난다. 인지 방식의 일관성이 유지될 때 우리는 편안하다.

마틴 셀리그만은 우리가 인지 일관성을 유지하려는 이유에 대해서 "인지적 일관성을 유지하면 사건을 통제할 수 있고 미래를 예측할 수 있다는 믿음을 주고 무기력감을 줄여 주기 때문"이라고 정리했다. 통제하지 못하고 예측하지 못하면 무기력감을 준다. 따라서 자신이 이미 알고 있는 방식대로 모든 것이 계속 유지된다고 생각하면 무기력에 빠지지 않을 수 있기 때문에 인지 일관성을 유지하려고 한다는 설명이다. 즉 무기력에 빠지지 않기 위해 변화에 저항한다는 것이다. 앞에서도 얘기했지만 무기력에 빠지지 않기 위해 저항하다니, 아이러니한 현상 아닌가? 그런 저항이 나중에 또 무기력을 일으킬 수 있으니 말이다.

이와 비슷한 학설 중에 심리학자 스완^{W. B. Swann}이 제안한 '자기검증 모델'이라는 것이 있다. 자기검증 모델이란 '사람들이 자신에 대해 갖는 생각이 긍정이든 부정이든 상관없이, 이미 가진 자기 개념을 계속 유지

문제는 저항력이다

하고 검증하기 위해 그와 비슷한 추가 정보를 찾는 것'을 말한다. 자신이 똑똑하다고 생각하는 사람은 계속 그 생각을 유지하기 위한 긍정 정보만 찾아 입력하고, 자신이 모자란다고 생각하는 사람은 그 생각과 일치하는 부정 정보를 계속 찾는 실수를 범한다는 것이다.

이런 식으로 자신에게 맞는 것은 받아들이고 맞지 않는 것은 거부한다. 만성 우울증을 가진 사람의 경우, 우울이라는 부정적인 정서에 오랫동안 익숙해져 있어 우울에서 벗어나기를 원하면서도 사실은 변화에 저항한다. 하던 대로 그냥 계속 유지하려고 한다. 새로운 것이 들어올 때 뇌와 인지에서 추가로 정보 처리를 더 해야 하는 부담 때문이다.

앞서 말했다시피 인간의 뇌는 편한 것을 추구한다. 이미 만들어져 있는 회로가 그대로 작동되길 선호하는 것이다. 그게 습관이다. 또한 우리의 마음은 스스로 판단해야 하는 정보 처리의 부담을 줄이기 위해 전문가의 의견을 그대로 따르거나 친구의 판단을 그냥 접수하는 경우도 있다. 자신이 직접 정보를 처리하는 노력을 하기 싫은 것이다. 알던 식으로 계속하는 게 편하고 남과 비슷하게 결정하고 익숙한 것을 좋아한다.

사회 심리학자 프리츠 하이더Fritz Heider가 발표한 '인지 균형'이라는 것도 이와 흡사하다. 인지 균형이란 '우리가 가진 믿음 체계를 계속 유지하며 내적 일관성을 가지려고 한다'는 이론이다. 인지 균형 역시 인지 일관성과 같은 결과를 보인다. 이런 인지 균형으로 인해 자기검증 모델이 확고해져 인지 저항이 나타나고, 우리는 변화에 강하게 저항한다.

변화에 저항하는
16가지 이유

따라서 우리는 편하고 익숙한 것을 좋아하는 뇌에 맞서 의식적으로라도 변화를 받아들이려는 노력을 해야 한다. 변화 앞에서 우리가 어떤 방식으로 저항하는지 알아 두면 변화를 받아들이기가 훨씬 쉬워질 것이다. 다음은 경영윤리 학자 제임스 오툴James O'Toole이 설명하는 '변화에 저항하는 이유'다. 크고 작은 변화 앞에서 저항하며 행동을 미루지 않았는지 스스로 돌아보자.

1 인간은 항상성을 유지하려 한다. 인간은 태어날 때부터 체내에 안정을 유지하려는 경향을 가지고 있다. 변화는 항상성을 무너뜨리므로 안전한 상태가 아니다. 그래서 변하지 않고 현재 그대로 머무르려는 것이다.

2 변화해야 할 정당한 이유가 없다. 이미 존재하는 상황은 나름대로 심리적 정당화 과정을 거친 것이다. 변화가 일어나면 또다시 정당화시키는 작업을 해야 하므로 부담스러워서 변화에 저항한다.

3 변화한다고 해도 성공의 여부가 불확실하면 변화를 거부한다. 변화하려면 막대한 노력과 힘이 들어 간다. 그렇게 투자해도 변화가 성공한다는 보장이 없기 때문에 하고 싶지 않은 것이다.

4 지금 현재에 만족한다. 그러나 사실은 만족하는 것이 아니라 변화가

가져올지 모르는 상대적 불만족을 두려워해 만족한다고 자신을 속이고 있는지도 모른다.

5 적당한 시기가 아니라고 생각하며 변화에 저항한다. 아직 조건이 무르익지 않았으니 모든 조건이 완전해질 때까지 기다리려고 한다. 하지만 실제로는 그저 시작을 미루고 있는 경우가 많다. 인간이란 미룰 수 있을 때까지 미루는 존재다. 그러다가 골든타임을 놓치면 너무 늦어져 변화가 소용없어질지도 모른다.

6 변화는 환영하지만 원치 않은 결과를 만들까 봐 두려워서 저항한다. 모르는 것에 대한 두려움과 불안이 변화에 저항하게 한다.

7 현재 가진 기득권을 유지하려고 한다. 변화가 다른 사람에게는 기회일지 모르지만 내게는 오히려 가진 것을 잃게 만드는 일일지도 모른다. 살면서 아무것도 가지고 있지 않은 사람은 없다. 그게 무엇이든 내가 이미 가진 것을 잃어버릴지 모른다는 불안 때문에 확실해지기 전까지 변화에 참여하지 않고 관망하려 한다.

8 변화할 자신이 없어서 저항한다. 새로운 도전을 할 만큼 자신이 없어서 거부하는 것이다.

9 변화가 주는 쇼크가 싫어서 거부한다. 변화 자체에 압도당해 두려워한

다. 변화의 내용이나 방향뿐만 아니라, 너무 빠른 변화의 속도도 사람을 압도할 수 있다. 그 속도를 따라갈 수 없다고 느껴 포기하는지도 모른다.

10 헛된 노력이 될지 모른다고 생각해 저항한다. 알맹이는 변하지 않고 껍데기만 변할 수도 있는데, 왜 그런 헛된 짓을 해야 하는가 하는 생각이 든다. 이것은 개혁에 실패한 후 나타나는 증상일 수 있다. 반복된 실패는 사람이나 조직을 점점 냉소적으로 만들어 새로운 변화에 저항하게 한다.

11 무엇을 어떻게 변화시켜야 할지 몰라서 저항한다. 변화 방법을 제대로 몰라서 변화하지 못하는 것이다.

12 자기를 고집한다. 변화한다는 것은 기존의 자신이 잘못되었다는 것을 인정하는 것이다. 그러나 자신이 잘못되었다는 것을 인정할 수 없다. 자기애가 강한 사람이 이런 저항을 많이 한다.

13 멀리 보지 않고 현재의 안락만 추구해 변화에 저항한다. 사람은 편안하고 좋아하는 것은 바꾸지 않으려고 한다. 변화가 결국엔 이익이 된다는 사실을 몰라 우선 편한 것만 추구하는 것이다.

14 사회적 동질성을 유지하기 위해 변화를 거부한다. 사회적 동질성이란 집단이 공동으로 가지는 환상 같은 것으로, 사상이나 관점이 같은 집단이나 동호회 등에서 자주 보이는 현상이다. 자기 생각이 아니라 집단 전

체가 이미 합의한 의미로 모든 것을 해석하려 한다. 특정 종교나 정치집단 등에서 자주 볼 수 있다.

15 자신은 변화하지 않아도 되는 예외라고 생각한다. 다른 사람은 변화가 필요하지만 자신은 괜찮다고 위로한다.

16 습관이 되어 버려 변하지 못한다. 관성의 법칙에 따라, 습관은 계속 유지되려고 한다.

성장을 막는
8가지 장벽

변화에 유연하게 적응할 줄 아는 능력이 중요한 이유는, 인간은 누구나 크고 작은 변화를 통해서 성장하기 때문이다. 변화가 없는 사람은 성장이 없다고 봐도 좋다. 그러나 성장에는 노력과 아픔이 따른다. 성장은 결코 쉽게 얻을 수 있는 것이 아니다. 리더십의 대가 존 맥스웰John Maxwell은 인간이 성장할 때 부딪히기 쉬운 장벽을 다음 8가지로 분류했다. 이것이 우리의 성장을 막는 저항이 될 수 있음을 기억하자.

1 추측의 장벽　일이나 사건이 저절로 해결될 것이라고 생각한다. 마술 같은 해법으로 일이 저절로 해결될 것이라고 믿으면서 아무 일도 하지 않는다. 자신의 일을 '어떻게 되겠지, 뭐'라는 식으로 얼렁뚱땅 넘어가려

하고, 다른 사람에게도 그렇게 말하면서 상황을 회피하려고 한다. 그러나 우연히 이루어지는 일은 없다. 모든 것은 우리가 움직이는 만큼 이루어진다.

2 지식의 장벽　어떻게 해야 할지 몰라 시도조차 하지 않는다. 이 경우는 경험 부족이나 기술 부족이 원인일 수 있다. 실제로 기초 지식이 없고 공부 방법을 몰라서 공부를 하지 않는 경우도 있다. 그렇게 공부를 할 수 없으니 게임이나 다른 곳으로 도피하는 것이다. 너무 어려운 프로젝트를 만난 직장인의 경우, 그 일을 할 수 없을 것 같은 심리적 저항 때문에 그 일을 할 필요가 없다든가 왜 이런 것을 시키는지 모르겠다는 식의 불평을 한다.

3 시간의 장벽　아직은 때가 아니라고 생각해 미루고 또 미룬다. 완전한 능력이 생기기 전까지는 하지 않으려고 한다. 모든 준비가 완벽하게 되기를 기다리지만 그런 때는 오지 않는다. 그리고 모든 것이 갖추어져도 또 다른 이유로 미룰지 모른다.

4 실수의 장벽　'실수하면 어쩌지' 하며 불안해한다. 자신의 능력을 믿지 못하는 사람에게 자주 나타나는 저항이다. 실수하지 않을 거라고 보장할 수 있는 일은 없다. 가장 성공하고 싶은 일에서 실수가 없으리라고 기대해선 안 된다. 모든 일에서 실수를 할 수밖에 없다고 생각하자. 그러면 시도하기가 한결 쉬워진다.

5 완벽의 장벽　　일을 시작하기 전에 최상의 방법을 찾아야 한다고 생각한다. 완벽주의 성향을 가진 사람들이 저지르는 미루기나 회피의 이유가된다. 완벽한 상황이 되기를 기다리지만 시간의 장벽처럼 완전한 상황이나 완전한 때는 오지 않을 수 있다.

6 영감의 장벽　　'일할 기분이 아니야. 뭔가 찜찜해'라고 생각한다. 특히예술을 하는 사람이 자주 겪는 저항이다. 완전한 영감이 떠오르면 작업하겠다고 미루지만, 실제로 최고의 성과를 내는 사람은 그냥 하는 사람이다. 영감은 없지만 그냥 하다 보면 영감이 떠오를 수 있다. 아이디어가없어도 프로젝트 기획안을 쓰는 중에 한 번도 생각한 적 없는 창의적인아이디어가 떠오를 수도 있다. 창의성이 만들어지는 원리 중에 그렇게무심히 일하다가 나타나는 경우도 있다.

7 비교의 장벽　　다른 사람이 나보다 더 잘하는 것 같아 우울하며 하고 싶지 않다는 이유로 저항한다. 비교는 결국 자존심의 문제다. 자존심의 다른 얼굴은 열등감이다. 남보다 잘하는 것처럼 보이면 자존심은 힘을 얻지만, 더 잘하는 동료와 비교되면 열등감으로 변질된다. 그러므로 남과비교하는 것은 언젠가 열등해지고 패배할 수밖에 없는 전략이다.

　어제의 자신과 경쟁해야 성장할 수 있다. 어제의 나와 경쟁해서 이기면 다행이고, 진다고 하더라도 어제의 '나'도 자신이므로 열등감을 느낄이유가 없다. 다만 발전하지 못한 자신을 채찍질할 근거는 된다. 그러므로 비교는 자신하고만 하는 것이 좋다.

8 기대의 장벽　　쉬울 줄 알았는데 생각보다 어려워서 좌절한다. 잘할 수 있다고 자신감에 차 있었는데, 실제로 일하려고 보니 작업량이나 난이도가 생각보다 높아 좌절한 적이 없는가? 누구나 이런 경험이 있을 것이다.

　존 맥스웰이 말한 이 8가지 장벽을 우리는 너무나 자주 만난다. 이렇게 마음의 저항은 일상에서 여러 모습으로 나타나 우리의 변화와 성장을 막는다. 앞에서도 말했지만, 저항이 무서운 것은 우리로 하여금 궁극적으로 아무것도 하지 않게 만들기 때문이다.

자기훼방을 하는
10가지 이유

　　　　　세계적인 탈출 마술가 제임스 랜디James Randi는 초능력을 과학적으로 증명할 수 있는 사람에게 100만 달러를 지불하겠다고 선언했다. 상금을 노린 수천 명의 사람이 초능력을 증명하려고 했다. 수많은 도전자를 만난 랜디는 그 증명을 시도했던 사람들이 정확히 두 부류라고 말했다. 사기꾼과 사기꾼 아닌 부류로 구분된다는 것이다. 사기꾼은 남을 속이면 100만 달러의 상금을 탈 수 있다고 생각해 접근한 사람들이다. 이들은 자기들이 사기꾼이라는 사실을 알고 있다. 그런데 사기꾼이 아닌 부류는 자신에게 초능력이 있다고 실제로 믿는다. 이들은 최선을 다해 자기 능력을 증명하려 하지만 실패한다. 그러면서 자신이 실패한 사실을 끝내 믿지 않는다. 스스로를 속이고 속는 사람이다.

　　　　　　　　　　　　　　　　　　　　　　　문제는 저항력이다

인지치료 전문가 리언^{Rian M. McMullin}은 이런 사람들을 가리켜 자신을 훼방하는 사람^{Self-Sabotage}, 즉 '사보타주'라고 했다. 리언은 환자들 중에 이런 사람들을 두고, "자기훼방자들은 여러 가지 전략으로 자기를 훼방하는데, 숙제를 안 하거나 약속시간을 어기거나 이런저런 핑계를 대고 불만을 토로하며 교사와 상담가를 힘들게 한다"라고 했다.

또한 리언에 따르면, 사보타주 중에는 머리가 좋은 사람이 많다. 똑똑한 사람들이 왜 어리석게 자기훼방을 할까? 똑똑할수록 자기훼방을 많이 하는 이유는 무의식적으로 저항이 자기에게 유리하다고 생각하기 때문이라는 게 리언의 설명이다. 우리도 무의식적으로, 변하지 않는 것이 더 유리하다고 생각하기 때문에 저항하고 있는지도 모른다. 리언이 제시한 자기훼방 10가지 이유를 참고해 보자.

1 2차 소득이 있다고 생각한다

학교에서 친구와 어울리는 것이 힘든 아이가 있다. 아이는 학교에 가는 것이 정말 싫다. 몸이 아프면 학교에 가지 않아도 된다고 생각하면서 잠이 든다. 다음 날 아침에 아이는 진짜 배가 아파 응급실에 실려 갔다. 병원에서는 특별한 이유 없이 그냥 며칠 쉬면 좋아질 신경성 통증이라고 한다.

등교해서 얻는 것이 1차 소득이라면 학교에 가지 않아서 얻는 것은 2차 소득이다. 그렇게 아이는 자신도 모르는 사이, 학교에 안 가면 보기 싫은 친구를 안 본다는 중요한 2차 소득에 흔들려 등교 대신 병원으로 가는 전략을 택하며 저항한 것이다.

이처럼 우리가 변화에 실패하는 것은 변화하지 않을 때 뭔가 다른 이익이 있다고 무의식적으로 생각하기 때문이다. 변화하면 1차 이익을 얻고 변화하지 않아도 2차 이익을 얻는다. 이렇게 생삭하면 굳이 힘들게 변화할 이유가 없다. 알고 보면 인간은 속기 쉬운 어리석은 고등 동물이다.

2 사회적 지지 Social support**를 잃지 않으려고 한다**

똑똑한 사람 중에서 현재 자기 모습에 매우 만족하는 사람들이 취하는 전략이다. 그들은 "내가 만약 변하면 사람들이 나를 좋아하지 않을 거야"라고 생각해 변화에 저항한다. 그들은 현재의 자기 모습을 사람들이 좋아한다고 믿어 그 모습을 계속 유지하려고 한다. 특히 의존성 성향인 사람들이 이런 이유로 저항하는 경우가 많다.

3 자기 가치관에 위배 Value contradiction**된다**

인간은 누구나 자신만의 가치관을 가지고 있다. 그리고 그 가치 체계에서 볼 때 현재의 모습, 변화되지 않는 모습에 더 높은 가치가 있다는 생각이 들면 변화에 저항한다. 굳이 힘들게 변화해서 가치를 떨어뜨릴 이유가 없기 때문에 변화 자체를 거부하는 것이다.

나는 교수직을 그만두고 나와서 1인 기업가로 변화해야 했다. 그런데 나를 홍보하는 것이 마치 나를 파는 것 같아 미루고 또 미뤘다. 내 가치 체계 속에는 교수보다 장사꾼이 더 낮은 위치에 있어, 굳이 내 가치를 떨어뜨릴 이유가 없다는 생각으로 저항했던 것이다. 그것을 파악하는 데 상당히 오랜 시간이 걸렸다.

이처럼 우리도 모르는 사이 무의식이 우리의 변화를 막고 있을지 모른다. 변화하면 자기 가치가 떨어진다는 생각이 자리 잡고 있는 한 변화는 절대 일어나지 않는다. 그러므로 자기가 만든 가치 체계에 잘못된 부분은 없는지 직시할 필요가 있다.

4 일관성이 좋다고 생각한다

예로부터 사람은 일관성 있는 것이 변덕스러운 것보다 좋다는 인식이 널리 퍼져 있다. 그래서 똑똑한 사람들은 내부 일관성Internal consistency을 유지하기 위해 변화에 저항한다. 사실 변하지 않는 것이 더 편하기도 하다. 앞에서 말했듯이 오래되어 습관이 된 하나의 행동에는 수많은 일이 연관되어 있다. 그래서 하나를 변화시키면 그와 연관된 많은 부분이 함께 변하게 된다. 더 나은 직장으로 옮기고 싶지만 생각에 그치는 이유도 현 직장에서 습관이 되어 버린 인간관계와 업무 스타일 등 모든 것이 일관되게 유지되길 바라기 때문일지도 모른다.

5 자기와의 경쟁심Competitive이 강하다

특별히 경쟁 심리가 강한 사람의 경우 저항이 강하다. 이런 사람들은 직장 상사가 시키는 일에 그와 경쟁하듯 저항한다. '누구도 나를 어떻게 하지 못하게 하겠어. 나는 나야. 누가 나를 건드려?'라는 식으로 타인과 경쟁하면서 현재를 고수하려고 한다. 그런데 그런 경쟁심이 자기 자신에게도 적용될 수 있다. 그래서 해야 한다고 생각하는 자기에게 스스로 경쟁하듯 반항한다. 능력 있는 사람들 중에 경쟁심이 강한 사람이 이런 식의 저항을 보이는 경우가 많다.

6 의존성Dependency이 작동한다

자신을 도와주는 사람이나 상황에 의존하기 위해서 변하지 않으려는 경우도 있다. 의존할 대상이 있으면 심리적 위안을 준다. 그런데 자신이 변화하거나 성장해 버리면 더 이상 그 사람에게 의존하지 못할 수도 있으므로 위험한 일이라고 판단한다. 자신이 변해 버리면 더 이상 그들의 보호를 받을 수 없다고 생각해 현 상태를 계속 유지하려는 것이다.

7 마법 같은 치유Magical cure를 바란다

어느 날 로또가 당첨되듯 기적 같은 사건이 생겨 한 번에 변화할 것이라고 생각하는 사람도 있다. 이들은 어렵고 힘든 변화 과정을 따르지 않으려 한다. 하지만 그런 마법은 일어나지 않는다. 변화는 가장 밑바닥부터 처절히 실행할 때 이루어지는, 시도한 만큼 주는 정직한 열매다.

8 부정Denial을 위해 부정한다

똑똑한 사람들은 단순히 부정하기 위해서 부정하는 경우가 있다. 의사가 환자에게 주의사항을 열심히 설명한다. 환자는 "선생님, 무슨 말인지 다 알아들었어요"라고 말한다. 그는 정말 다 이해했을까? 이때 실제로는 잘 모르면서 단순히 반항하고 싶어서 저항하는 경우도 있다는 것이다. 앞에서 나온, 불을 켜주면 불을 끄려고 노력하고 불을 꺼주면 다시 불을 켜려고 애쓰던 실험실 쥐와 비슷하다. 그런 쥐들처럼 단순히 반항하기 위해 모르면서도 안다고 하는 것이다. 이와 반대로 어떤 설명에도 "무슨 말인지 하나도 모르겠어요"라고 말하는 사람도 비슷한 이유다. 정말 몰라서 그러는 것이 아니라, 이미 잘 알고 있지만 부정을 위해 부정하는 것이다. 이런 현상이 직장과 가정에서 얼마나 자주 발생하는지 모른다. 변화해야 하지만 단순히 거부하기 위해 변화를 거절하는 것이다.

9 행동으로 직접 훼방 Behavioral sabotage**한다**

교육시간에 늦게 오고, 약속을 갑자기 취소하거나 미루고, 중요한 숙제를 해오지 않는 식으로 저항한다. 그처럼 자신의 의무에는 저항하면서 전화로 문제를 단번에 해결하려 하거나 교육 효과가 없다고 타인에게 불평하고, 교사와 상담자를 자주 바꾸는 등 실제적인 행동으로 자신의 치유나 성장에 저항한다. 저항하는 사람들의 행동에는 일관성이 없다. 이들의 행동에는 일관된 방향이 없고 즉흥적인 경우가 많다. 위기가 오면 갑자기 어떤 행동을 하다가 그 위기가 사라지면 곧바로 하던 행위를 중지해 버리기도 한다.

10 동기 Motivation**가 없다**

다른 전문가들도 말했듯 변화해야 할 이유가 없기 때문에 변화에 저항한다. 강력한 동기가 없으므로 필요를 느끼지도 않고, 변화하지 않고 그대로 살아도 만족한다.

이처럼 변화를 거부하는 데는 여러 가지 심리적 요인이 있다. 두려움 때문일 수도 있고 지금이 더 즐겁기 때문일 수도 있다. 변화보다 저항에 더 많은 에너지를 쓴다는 것은 저항이 더 달콤하고 유익하다고 생각하기 때문이다. 자기훼방이 사라지지 않는다면 이들은 절대 변하지 못한다. 변화를 시도하지만 저항에 막혀 원래의 모습으로 되돌아갈 것이다. 리언은 "저항하는 내담자의 훼방을 먼저 찾은 다음 그것이 다시 나타나지 못하게 해야 비로소 변화가 시작된다"라고 말한다.

자기를 망치는 좋은 생각 1

하루에도 몇 번씩 떠올리는 생각 중에서 우리가 생각하지도 못하는 사이 저항으로 작용해 행동을 막는 비합리적인 사고가 아주 많다. 앨버트 엘리스 Albert Ellis 박사는 저서, 『합리적 정서행동 치료』에서 '자기를 망치는 좋은 생각'이라는 이름으로 15가지 비합리적인 사고를 소개했다. 그럴듯해 보이지만 이런 생각이 오류가 되어 변화하고 행동하는 것을 방해한다. 혹시 당신도 다음과 같이 생각할 때가 있는가?

1 불쾌한 상황과 문제는 계속 피하다 보면 언젠가 없어진다.

2 내가 변화시킬 수 있는 것은 없다. 내 삶은 외부 상황과 타인에 의해 통제되고 있다.

3 모험하지 마라. 인생에 운이란 없다.

4 모든 사람이 나를 인정해 주어야 한다. 그렇게 되도록 만들어야 한다.

5 실패나 거절을 당하는 것은 최악이다. 그런 끔찍한 일을 도저히 견뎌 낼 수 없다.

6 모든 일을 100% 완벽하게 해야 한다. 완벽하지 못하면 비난받아 마땅하다.

7 삶은 반드시 탈 없이 공정하게 돌아가야 한다. 그렇지 않으면 참기 힘들다.

8 모든 일은 그냥 둬도 잘될 것이다.

9 굳이 애써 노력할 것 없다.

10 지금의 내 행동을 정당화시킬 이유는 얼마든지 있다.

11 단지 ~만 하면(if only)이라고 말하라. 그리고 아무것도 하지 마라.

12 과거에 꾸물거리고 실패하고 일을 망쳤기 때문에 앞으로 달라질 게 없을 것이다.

13 다음과 같이 믿어라.
  · 나는 너무 늙었다.
  · 너무 어려운 일이다.
  · 나는 그렇게 살아가도록 되어 있다.
  · 세상일은 그냥 둬도 굴러갈 것이다.
  · 나는 너무 약해서(어리석어서, 무기력해서) 혼자 힘으로는 달라지기 어렵다.

14 그럴듯한 이유를 붙여라.
  · 내일 시작할 것이다.
  · 지원군이 제때 나타나 줄 것이다.
  · 놓쳐 버린 즐거움은 결코 다시 찾을 수 없다.

15 문제에 대해 깊이 생각하다 보면 영감이 떠오를 때가 있을 것이다.
  영감이 떠오를 때를 기다려라. 그 전에는 어떤 행동도 해서는 안 된다.

어떤가? 이 15가지를 꼼꼼히 보면 우리가 자주 하는 변명이자 도피처임을 알 수 있다. 이런 생각 때문에 우리는 행동과 결단, 변화에 저항하는 것이다.

자기를 망치는 좋은 생각 2

다음은 번스^{Davids D. Burns} 박사가 말하는 10가지 왜곡된 인지 방식의 유형이다. 이와 유사한 생각을 자주 하지 않았는지 반성할 필요가 있다. 왜곡된 생각은 인지의 저항으로 작용하며 변화를 막아선다.

1 전부가 아니면 전무라는 생각 – 사물을 흑백으로만 본다.

2 지나친 일반화 – 조금이라도 부정적인 일은 무조건 실패라고 생각한다.

3 색안경 끼고 보기 – 부정적인 면만 강조하고 긍정적인 면은 무시한다.

4 장점 깎아내리기 – 자신의 성취나 장점을 중요하지 않다고 생각한다.

5 속단하기 – 명확한 증거 없이 부정적으로 결론을 내린다.
  • 독심술 : 사람들이 자신을 나쁘게 본다고 생각한다.
  • 점쟁이 예언 : 앞으로 일이 나쁜 쪽으로 변해 갈 것이라고 예측한다.

6 과장 또는 축소하기 – 사물을 부풀리거나 중요한 것을 축소해 버린다.

7 감정적 추론 – 느낌으로 판단한다. "내가 바보같이 느껴지므로 나는 바보다."

8 당위적 진술 – 자신이나 사람들에게 "~해야 한다" 혹은 "~해서는 안 된다"라는 말을 사용하며 판단하고 비판한다.

9 이름 붙이기 – "나는 실수했다"라고 하지 않고, "나는 바보다" 혹은 "나는 실패자다"라는 등 단정적으로 말한다.

10 비난하기 – 자신이 전적으로 책임질 일이 아닌데도 자신을 비난하고, 다른 사람에게도 과도하게 책임을 물려 한다.

저항의 모델

**프로이트의
저항**

　　프로이트의 저항을 알기 위해서는 그가 만든 정신의 요소를 이해해야 한다. 다음을 생각해 보자. 정신이라는 커다란 운동장이 있다. 밤이고 어두워서 운동장을 볼 수 없다. 어두운 곳을 보기 위해서는 손전등이 필요하다. 어두운 곳에 손전등을 비추면 그곳만 보인다. 넓은 운동장 중 불빛을 비출 때 보이는 부분이 '의식'이다. 손전등은 언제, 어느 곳이든 비출 수 있고, 빛이 비치는 곳은 의식이 될 수 있다.

　빛이 비추지 않는 바깥의 넓은 영역은 '전의식'이다. 빛이 없으니 캄캄해 보이지 않는다. 하지만 손전등을 돌리기만 하면 언제든 환해진다. 전의식은 당연히 의식보다 넓다. 그런데 운동장 한가운데 신문지가 한 장

펼쳐져 있다고 하자. 그곳에 손전등을 비춰도 신문지 아랫부분은 가려져서 보이지 않는다. 볼 수 없는 영역, 그 부분이 '무의식'이다. 아무리 의식화해서 알아내려고 해도 알 수 없는, 감춰진 부분이다. 신문지를 치워야만 볼 수 있다.

이제 손전등을 생각해 보자. 손전등을 누가 가지고 있을까? 손전등이 뿜는 빛의 밝기와 배터리의 동력은 어느 정도인가? 그리고 손전등이 운동장의 어느 영역을 비출지는 누가 결정하는가? 이런 역할을 하는 것이 원초아id, 자아ego, 초자아superego다.

손전등의 성능과 배터리의 용량은 원초아라고 하는 이드에서 온다. 우리가 본능이라고 알고 있는 영역이다. 동력이 강한 배터리가 오래가듯 원초아, 즉 본능의 힘이 강한 사람이 오랫동안 집중하고 의식화할 수 있다. 그러므로 원초아가 강한 사람은 삶의 본능과 동시에 죽음의 본능이 강해, 의지와 저항 모두 강하게 나타난다. 재능이 많은 천재들의 인생을 보면 그들의 마음속에서 일어나는 내적 전쟁이 매우 살벌하다. 본능이 강한 사람은 저항도 크다.

손전등을 가지고 넓은 운동장 중 어느 곳을 비출지 결정하는 것은 초자아다. 초자아의 지시에 따라 빛을 비출 곳이 선택된다. 때로는 더 이상 비추지 말라고 지시하는 것도 초자아다. 초자아는 '자아이상'과 '양심'으로 이루어져 있다. 자아이상은 우리가 선망하는 것, 해야 할 좋은 일을 말한다. 반대로 양심은 해서는 안 되는 것이 들어 있는 장소이다. 그러므로 초자아는 자아이상과 양심에 따라 해야 할 일과 해서는 안 되는 일이라는 기준을 가지고 있고, 그에 따라 '비출 곳'과 '비추지 말아야 할 곳'

을 결정한다.

그렇다면 자아의 역할은 무엇인가? 자아가 손전등을 들고 있다고 생각하면 된다. 손전등을 들고 있는 손이 자아다. 자아는 초자아의 지시에 따라 움직이고, 손전등의 스위치를 켜기도 하고 *끄기*도 한다. 자아는 배터리가 부족하면 충전하는 기능도 한다. 만약 자아가 강한 힘을 가지고 있다면 초자아에게 휘둘리지 않을 것이다. 건강한 자아가 있을 때 저항과 억압을 넘어설 수 있다.

무의식의 반격

저항이 일어나는 이유를 알려면 무의식의 작용을 알아야 하므로 프로이트의 이론을 좀 더 알아보자. 의식consciousness은 심리학 밖에서도 많이 사용되는 용어지만, 프로이트가 말한 의식은 '인간이 주의attention하고 사고하며 알고 있는 부분'으로, '우리가 인식하는 모든 것'을 의미한다. 의식이란 순간순간 우리가 생각하고 인식하는 모든 것이다.

그런데 우리는 인식하고 사고하는 의식이 마음의 전부라고 생각하는 경우가 많다. 그것은 사실이 아니다. 인간이 알 수 있고 볼 수 있는 것은 극히 일부분에 불과하다. 알 수 없는 더 큰 영역이 있다. 마음뿐 아니라 소리나 빛도 인간의 오감이 감지하는 수준을 벗어나는 것은 보지도 듣지도 못한다. 그런데 프로이트는 외부 세계에서 들어오는 '감각 정보'뿐 아니라 과거로부터 기억해 내는 '회상 정보'도 우리의 인식에 영향을 준다

문제는 저항력이다

고 했다. 한 번 본 적 있는 것을 더 잘 이해하는 것은 그런 이유에서다.

예를 들어 사과만 본 적 있는 사람은 사과 형상의 양초를 보여 줄 때 사과라고 대답하겠지만 이미 그런 양초를 본 적 있는 사람은 그것이 실제 사과가 아니라 정교한 빨간 사과 모양의 향초라는 사실을 단번에 알 것이다. 결국 인간은 아는 만큼 볼 수 있다. 이렇듯 우리가 알지 못하는 것, 혹은 알고 있던 것이 모두 우리의 눈과 귀와 생각을 막는 저항으로 작용할 수 있음을 이해하자.

인간의 정신에는 인식할 수 있는 부분인 의식뿐만 아니라 우리가 알지 못하는 뭔가 숨어 있는 부분이 있다. 숨어 있는 영역이 앞에서 말한 무의식unconsciousness과 전의식preconsciousness이다. 전의식은 의식과 무의식 중간에 있는 영역이다. 의식하던 것이 무의식으로 가기 전에 거치는 영역이다. 따라서 평소에는 생각하지 않지만 원할 때는 언제든지 생각해 낼 수 있다. 예를 들면 어제 먹은 식사 메뉴나 대학 졸업식 날 있었던 에피소드, 신혼여행의 추억 같은 것들이 전의식에 해당된다.

무의식은 우리가 기억하지 못하고 알지 못하는 정신의 부분을 말한다. 억압된 사고와 감정, 소원, 상징, 단절된 기억 등이 들어 있는 장소이다. 물론 억압된 모든 것이 들어 있는 곳이지만 무의식 전체가 억압된 내용들로 구성되어 있는 것은 아니다. 무의식은 알지 못하는 사이에 우리 행위에 영향을 미친다. 저항이 작동하는 힘의 원천이 무의식에 있는 경우가 많다. 앞에서(29쪽) 프로이트가 말한 것처럼 자신도 모르는 사이에 저항하는 것이다.

그런데 여기에 중요한 점이 있다. 프로이트가 "우리가 환자에게 '저항'이라는 것을 일깨워 주고 그것을 예상할 수 있게 해준다면 그것만으로도 노노 성공한 셈이다"라고 한 부분이다. 환자가 자신의 문제기 저항에 있다는 것을 알고, 또 저항이 일어날 것을 미리 알 수 있다면, 그것만으로도 문제 해결에 성공한 것이다.

사실 이 책은 그 문장에서 힘을 얻어 시작되었다고 해도 과언이 아니다. 나처럼 마음속에 무슨 일이 일어나고 있는지 모르고 시간만 허비하는 사람들이 많다면, 그래서 그것을 알려 주는 것만으로도 도움이 된다면 의미가 있다고 생각했다.

인지-행동-정서 치료자들이 말하는 저항

프로이트가 정신 분석에서 '저항의 개념'을 최초로 제시했지만, 현대의 인지·행동·정서 치료에서도 저항은 자주 거론된다. 심리학에서 정의하는 저항의 모습은 우리가 일상에서 만나는 저항과 흡사하다. 제일 먼저, 인지·행동·정서 치료자들이 말하는 저항에 대해서 살펴보자.

1 엘리스의 저항 - 역기능 사고 앞에서 본 '자기를 망치는 15가지 좋은 생각'을 제시한 정서행동 치료자 엘리스는 인간의 생각에는 합리적인 것도 있지만 비합리적인 것들도 있다고 말했다. 그는 비합리적인 사고를 '역기

능적인 사고'라고 불렀는데, 저항은 이러한 비합리적이고 왜곡된 생각에서 비롯된다. '자기를 망치는 15가지 좋은 생각'은 그런 비합리적 믿음이 만들어 내는 결과다. 모두 저항을 일으킬 수 있다. 우리가 절대적이라고 생각하는 것이나 당연하다고 믿는 것들이 저항을 만든다고 그는 말한다.

당연하다고 믿고 있는 동안에는 변화나 발전이 없다. 또한 좌절을 견디는 힘이 약한 사람이나 비현실적인 기대감을 가진 사람이 저항을 잘 만들어 내고 저항을 이기지 못한다. 어떤 것을 비이성적으로 믿을 때, 그것이 저항으로 나타나는 경우를 흔히 볼 수 있다.

자신의 능력과 무관하게 과대망상을 하는 사람을 자주 보지 않는가? 자신이 대통령이 될 것이라 믿고 있는 60대 후반의 무직자를 만난 적이 있다. 그는 운명이 자신에게 대권을 준다고 믿고 있었다. 히틀러는 자신이 독일을 구원하라고 신이 보낸 사람이라고 믿었다. 이런 현상은 앞에서 본 사보타주, 즉 자기훼방자가 실제로 자신에게 초능력이 있다고 과신하던 모습과 유사하다. 우리에게도 이런 비합리적인 믿음이 얼마나 많은지 모른다.

그런 생각이 저항을 만들기 때문에 엘리스는 변하려면 저항을 만드는 그런 '비합리적인 생각'을 버려야 한다고 말한다. 그러나 환상에 젖은 그들은 포기하라는 충고를 절대 듣지 않는다. 오히려 충고하는 사람을 진리도 모르는 불쌍한 존재, 대박 비밀을 알지 못하는 나약한 사람이라고 측은해한다. 상태가 조금 나아진 사람은 스스로 그곳에서 빠져나오려 하지만 저항 때문에 벗어나지 못하기도 한다. 엘리스는 잘못된 생각을 포기하지 않는 한 저항을 넘지 못한다고 주장했다.

이런 극단적인 예와 우리의 일상은 관련이 없는 것 같지만 그렇지 않다. 우리가 사실이라고 믿고 있는 것 중에 사실이 아닌 것이 너무나 많지만 우리는 거기에 쉽게 속는다.

'나는 신이다'라는 생각이 비합리적인 것을 단번에 알 수 있다. 그런데 반대로 '나는 가치 없는 사람이야'라는 믿음이 비합리적이라고는 생각하지 않는다. 특히 겸손의 미덕을 강조하는 동양권에서는 자신을 가치 없다고 생각하는 것이 크게 잘못되지 않은 겸손한 태도라고 평가된다. 우리는 전자는 정상이 아니라고 생각하면서 후자에겐 관대하다.

겸손으로 위장한 비합리적인 사고가 저항이 되어 우리가 더 이상 발전하지 못하는 장애물로 작용한다는 것을 알아야 한다. 그래서 현실을 직시하고 진실을 인식하는 것이 인지에서 가장 중요하다.

2 번스의 저항 – 완벽주의　　번스는 저항의 예를 여러 가지로 설명한다. 마음이 자동적으로 생각해 버리는 '자동적 사고', 자신은 결국 실패할 거라는 '점쟁이 예언', 아무것도 할 수 없다는 '흑백 논리', 여기서 더 나아진다고 하더라도 별 볼일 없을 거라는 식의 '긍정 평가 무시', 나는 패배자인데 왜 나를 성가시게 하는 거야?라는 식의 '이름 붙이기' 등이 변화에 저항하는 예라고 했다. 또한 치료를 원하면서 과제를 해오지 않는 것도 명백한 '저항'이라고 했다.

이런 저항을 하는 이유로 번스는 '완벽주의'를 들었다. 자신이 한 일은 동료나 상사에게 칭찬을 받아야 한다고 생각하며 '모든 것이 완벽해야 한다'는 완벽주의 사고가 시도 자체를 막는다는 것이다. 완벽이란 이루기 힘들다. 그래서 완벽을 바라는 사람은 시도조차 하지 않고 포기해 버린다. 해봤자 완벽하지 않기 때문이다.

칭찬을 바랐지만 칭찬해 주는 사람이 없을 때 일하기 싫어지는 것도 비슷한 저항이다. 영어를 완벽하게 하지 못하므로 아예 입을 다무는 학생, 1등이 되지 못할 것 같아 사내 기획안 응모에 포기하는 회사원, 운동해 봤자 88사이즈가 44사이즈로 되는 것은 불가능하므로 포기하는 다이어터 등의 예에서 완벽주의가 저항으로 활동하는 것을 볼 수 있다. 완벽하게 해야 한다는 생각 때문에 시도조차 하지 않는 것이다. 이런 이유로 재능이 싹을 틔우지 못하고 죽는 경우가 얼마나 많은지 모른다.

3 벡의 저항 - 부적응적 스키마   인지치료의 창시자 에런 벡^{Aron Beck}은 스키마^{schema}가 저항을 만든다고 했다. 스키마는 세상과 자신을 보는 방식에 대한 마음의 기준, 즉 마음의 틀이다. 엘리스의 비합리적 사고처럼 왜곡된 스키마인 '부적응적 스키마' 역시 저항을 만들어 낸다.

부적응^{maladjustment}이라는 용어에 대해 먼저 알아 두자. 어떤 행동이 적응적이라는 것은 그 행위가 특정 목적을 잘 성취할 수 있게 해주는 것을 말한다. 따라서 적응적인 행동이란 '그 행동이 그 사람의 생존을 도와주는가?' '그 행동이 그 사람의 만족감을 높이고 행복을 증진시키는가?'라는 질문을 충족할 때를 말한다. 이것에 반^反한다면 '부적응적인 행동'이라고 할 수 있다.

그런데 로렌츠바이크^{Franz Rosenzweig}는 부적응적인 것에 대해 조금 더 상세히 설명한다. 일반적으로 부적응이라는 신호나 증상은 4가지로 정리될 수 있다. 첫째, 근심 걱정이 많아져 불안·공포·우울·죄책감 등의 증상을 보인다. 이런 상태에서는 생활이 위축되고, 문제에 성공적으로 대처하기가 힘들어신나. 둘째, 신체적인 질병으로 니타난다. 특히 궤양, 고혈압, 신경증, 식욕 부진, 기관지 천식 등이 적응 곤란으로 발병될 수 있다. 셋째, 사회적 기준으로 볼 때 이상한 행동을 한다. 인간은 사회적으로 정해진 규정에 따라 행동하지 못할 때 그가 생활하는 사회나 타인과의 성공적인 접촉이 불가능해져 사회적으로 고립된다. 넷째, 인격이 붕괴되고, 사회적 적응이 거의 불가능한 정신 상태를 보인다. 흔히 망상과 환각 증세를 보이며, 기괴한 언행과 사고를 하고, 자기 통제력을 상실해 현실을 거의 감지하지 못한다. 이러한 4가지 유형의 부적응성을 스키마로 만들어 가지고 있을 때 '부적응 스키마'라고 말할 수 있다.

벡은 마음의 장애를 가진 사람은 보편적으로 불안이나 우울 같은 첫 번째 유형의 부적응 스키마를 가졌다고 했다. 어린 시절부터 잘못 만들어진 부적응 스키마 때문에 만성적인 인격 장애가 일어난다. 프로이트는 잘못 만들어진 초자아가 저항을 만든다고 보았는데, 그것이 에런 벡이 말하는 부적응 스키마로 작동할 수 있다.

'무기력과 버림받음'이라는 스키마를 지닌 의존적인 사람이 있다고 하자. 그는 다른 사람과 관계가 좋을 때는 무난하게 행동하지만, 관계가 무너지면 무력감과 버림받음 스키마가 작동하면서 저항을 만든다. 벡은 의존적인 사람은 독립적인 상황과 고독한 환경을 견디지 못하므로 계속 누군가에게 의존하려고 하며 독립에 저항한다고 보았다. 그래서 의존적인 사람은 새로운 업무를 맡는 것을 피하고 다른 지역으로 이사하거나,

직업을 바꾸는 것에도 여러 가지 핑계를 대며 피하려 한다. 또한 의존적인 사람은 상대와의 관계를 유지하기 위해 자신의 진짜 의견을 숨기고 아부를 하거나, 호감을 주려는 과도한 행위를 통해 의존성을 유지하려고 한다. 이 모든 것이 버림받는 것을 두려워하는 마음의 저항이다.

미해결 과제의 위험

저항에 막혀 할 일을 하지 못하면 마치 꼭 해야 할 숙제를 하지 못한 것처럼 굉장히 기분 나쁘고 찜찜하다. 시간이 지나면 정도가 지나쳐 고통스럽기까지 하다. 그러다가 일을 시작하면 고통이 줄어든다. 이런 현상은 시험 기간에 공부를 하지 않고 놀면서 힘들다고 푸념하는 중학생 딸에게서도 보이고, 해야 할 일을 하지 못하는 나에게서도 보인다.

이런 현상은 왜 일어나는 것일까? 게슈탈트 심리학자 펄스Fritz Perls의 이론에서 그 이유를 알 수 있다. 펄스는 완결하지 못한 문제를 '미해결 과제unfinished business'라고 했다. 그는 '하고 싶어도 할 수 없고, 말하고 싶어도 할 수 없었던 것들이 마음에 걸려 미해결 과제로 남는다고 여겼다. 그리고 "미해결 과제가 남을 때 원망, 분노, 고통, 불안, 죄의식 같은 감정의 억압이 생긴다"고 했다.

게다가 펄스는 그런 미해결 과제가 많아지고, 욕구 해소에 실패하면 심리적·신체적 장애까지 나타난다고 보았다. 무기력해서 하지 못할 때

나, 저항에 걸려 넘어질 때, 그래서 한계로 남을 때 그것은 모두 미해결 과제가 된다.

20년 전에 박사 과정을 수료했으나 결혼 때문에 학위를 포기한 지인이 있다. 그는 지금도 박사 학위만 생각하면 우울하다고 했다. 20년 동안 두어 번 마무리할 기회가 있었으나 자신 없어 포기했던 것이다. 지도 교수는 지금이라도 마무리하라고 하지만, 용기가 없어서 다시 시작하지 못하는 자신의 나약함을 푸념하곤 한다. 어디에서 '박사'라는 말만 들어도 마음 한구석이 뻥 뚫리는 느낌을 받는다고 했다.

성균관대학교에서 연구교수로 근무할 당시 만난 학생에게서, 나는 저항을 넘어서는 강인한 마음의 모델을 보았다. 그는 내가 관리하던 연구팀에 있었는데, 지도교수와 연구 내용이 맞지 않아서 갈등하고 있었다. 이미 박사 과정 4학기를 끝낸 상황이었지만 그는 과감히 자퇴를 결정했다. 그리고 곧바로 더 수준 높은 다른 학교 대학원에 입학했다.

대학원 과정을 수료해 본 사람이라면 알겠지만 지도교수의 의견을 따르지 않는 것, 4학기나 마치고 자퇴하는 것 모두 굉장히 어려운 일이다. 그간의 노력과 수고를 다 버리는 것이니 말이다. 하지만 그는 저항에 굴복하지 않았고, 장기적으로 볼 때 훨씬 좋은 결과를 얻을 수 있는 선택을 했으며 미해결 과제를 남기지 않았다.

미해결 과제란 저항이라는 벽 앞에서 포기하고 쓸쓸히 돌아서는 모습과 흡사하다. 그 낭패감, 미련, 절망, 우울, 자책 등이 바로 저항과의 전쟁에서 패배한 결과이고, 미해결 과제가 주는 부담이며, 패잔병이 느끼는 수치심일 수 있다. 인생에서 저항을 넘지 못하면 실패를 하나 누적하는 결과를 낳는다. 자기 저항을 반드시 이겨야 하는 이유이기도 하다. 미해결 과제는 언제든 마음의 질병으로 남을 수 있음을 기억하자.

우상 프로이트를 넘어선 펄스 이야기

왜 우리는 하지 못한 것, 할 수 없는 것, 넘지 못하는 것 때문에 마음이 아픈 것일까? 그런 것쯤은 무시할 법도 한데, 돌덩어리에 눌린 듯 가슴이 답답하고 머릿속이 실타래마냥 엉키는 이유는 도대체 무엇일까?

프리츠 펄스라고 불린 프레더릭 S. 펄스^{Frederick S. Perls}는 대표적인 게슈탈트 심리학자다. 원래 펄스는 프로이트를 흠모한 정신분석가였다. 그런데 마흔세 살 되던 1936년에 체코슬로바키아에서 열린 정신분석 연차대회에서 발표한 논문과 아이디어가 정통 정신분석학자들로부터 무시당했다. 그는 학자로서 수치와 모멸을 느꼈다. 게다가 우상이었던 프로이트를 어렵게 만나 흥분에 차서 "당신을 만나러 남아프리카에서 왔어요"라고 했지만, 프로이트의 대답은 "그래서 언제 돌아갈 거요?"였다. 그 일을 계기로 그는 평범한 정신분석가^{Psychoanalyst}에서 벗어나, 새로운 정신 치료법을 만들었다. 그렇게 탄생된 것이 게슈탈트 심리학 이론이다.

우리는 여기서 강력한 저항을 넘어선 한 인간을 만날 수 있다. 펄스는 그 모욕적인 사건을 계기로 "프로이트라는 거대한 산맥에 의해 억압되어 있던 정신분석학에 대한 의심과 불안이 모두 명확히 떠올랐다"라고 회상했다. 그리고 이전에 갖고 있던 신념을 버렸다. 심리적 장벽인 저항을 넘어선 것일까? 그러자 갑자기 자신을 지배해 오던 모든 압박으로부터 자유로워지는 경험을 했다. 이제 펄스는 자신 이외의 그 어떤 외부 자원에도 의존하지 않겠다며 "나 자신의 실존에 대한 모든 책임을 내가 지겠다"라고 결심했다.

프로이트에 묶여 있던 낙타에서 사자로 변한 것이다. 이후 펄스는 게슈탈트 심리학을 발전시키며 점차 어린아이의 특징인 자유로움을 갖게 되었다. 이렇게 펄스의 체험에서 만들어진 '실존에 대한 책임'이 게슈탈트 심리학의 핵심 이론이다. 모든 책임이 자신에게 있다는 깊은 자각이 전제되어야 강인한 사람이 될 수 있다는 것이 게슈탈트 심리학의 주장이다.

만약 당신이 자극적인 문구나 힐링을 주려는 위로에도 변화되지 못한 경험이 있다면 이 말을 더욱 기억해야 할 것이다. 모든 책임은 당신이 져야 한다. 그 어떤 위로나 격려도 그대로 다 믿지 마라. 당신이 끌고 가야 한다. 신도 인간에게 자유 의지를 주었다. 그래서 신에게 기도는 하더라도 최종 선택은 인간이 하는 것이다. 다만 기도하면서 지혜로울 수 있는 최선책을 찾아 나가는 것이다. 인생은 자신이 선택한 것들의 결과다. 그 선택이 주는 의무와 열매는 오롯이 자신의 것이다.

저항력에 막히기 쉬운 성격

저항이나 무기력이 발생하는 타마스는 인간의 본성 중 하나이므로, 그런 증상은 누구에게나 조금씩 있다. 그런데 이런 특징을 유독 잘 보이는 성격이 있다. 성격은 유전자와 아동기의 양육 배경, 교육이나 성장 환경 등의 영향으로 결정되는데, 저항력을 만드는 성격이 몇 가지 있다. 당신에게 이런 성향이 있다면 저항이나 회피, 미루기 등에 취약할 수 있다.

성격장애의
10가지 분류

미국정신의학회가 2000년에 발표한 「정신질환 진단 및 통계 편람DSM」 제4판에서는 인간의 성격에 문제가 있는 경우를 크게 세 그룹으로 나누며 이것을 10가지 성격장애로 세분한다.

A 그룹으로 분류되는 성격은 '사회적으로 고립된 모습'을 보이며, 일반적으로 좀 이상하고 기묘한 느낌을 준다. A 그룹에 포함되는 성격으로는 편집성 성격장애Paranoid Personality Disorder, 분열형 성격장애Schizotypal Personality Disorder, 분열성 성격장애Schizoid Personality Disorder가 있다. B 그룹으로 분류되는 성격은 감정적이고, 극적이며, 다소 변덕스러운 증상들을 나타낸다. 여기에는 히스테리성 성격장애Histrionic Personality Disorder, 반사회적 성격장애Antisocial Personality Disorder, 경계선 성격장애Borderline Personality Disorder, 자기애성 성격장애Narcissistic Personality Disorder가 있다. C 그룹은 불안, 두려움, 근심을 잘 보이는 특성을 가졌는데, 강박성 성격장애Obsessive-Compulsive Personality Disorder, 의존성 성격장애Dependent Personality Disorder, 회피성 성격장애Avoidant Personality Disorder가 있다.

DSM-IV가 분류한 이 10가지 성격장애는 극단적인 성격의 장애를 말하는 것으로, 병원 진료를 받아야 할 정도의 사람이라고 생각할 수 있다. 하지만 프로이트가 마음은 양의 차이이지 질의 차이가 아니라고 한 것을 기억하자. 우리 마음에도 이런 특징들이 정도의 차이는 있지만 조금씩 있을 수 있다. 따라서 이 중 어떤 특징이 강하게 나타나면 타인이 보기에도 성격이 유별나고 자신도 괴로운 것이다.

이 성격 중에 저항에 취약한 성격이 있다. 당신에게 그런 성격이 있음을 미리 안다면 저항 현상을 자연스럽게 받아들이고 그것에 대응할 방법을 찾을 수 있을지도 모른다. 10가지 성격 특징 중에서 저항에 굴복할 가능성이 큰 성격은 4가지이다.

마음의 장벽에 막히기 쉬운
4가지 성격

　　　　　　　　우리 아이는 학원 숙제를 왜 미리 하지 않고, 학원 가기 직전에 급하게 할까? 나는 누가 일을 시키면 왜 화가 나고 하기 싫을까? 남편은 양말을 거실에 던지는 습관을 그렇게 말해도 왜 고치지 못할까? 이런 사소한 현상도 타마스가 만드는 것이지만 좀 심각한 저항도 있다. 의정활동 보고서를 제때 제출하지 않아 재선에 위기를 맞은 국회의원, 업적 자료를 내지 않아 승진에서 누락된 대학교수, 논문 실적 미비로 졸업이 5년째 연기된 박사 과정 학생, 이들은 자신에게 가장 중요한 일을 미루어 인생에서 엄청난 위기를 맞기도 한다.

　이들은 왜 이러는 것일까? 앞에서 살펴본 대로 부적응 스키마나 불합리한 믿음 때문일 수도 있다. 그런데 원래 성격 특징 때문에 저항하고 회피하는 경우도 있다.

　번스 박사는 완벽주의자가 저항을 잘 한다고 했다. 완벽주의자는 강박증을 가지고 있고, 강박증 성격은 저항에 취약하다. 또한 자만심을 잘 느끼는 자기애가 강한 사람도 저항을 잘 보인다. 의존성 역시 자신이 의존하던 대상에게서 떨어지지 않기 위해 변화에 저항하기 쉽다. 미루기나 회피는 회피성 성격을 가진 사람이 잘 보인다. 무기력, 게으름, 미루기, 회피 같은 저항은 전부 같은 뿌리인 타마스에서 오는 마음 상태로 서로 연결되어 있다. 그래서 하나의 성격에서 무기력도 보이고 저항도 보일 수 있다. 의존성과 강박성의 경우가 그렇다.

　이렇게 의존성, 강박성, 회피성, 자기애성이 미루기, 회피, 게으름 등

　　　　　　　　　　　　　　　　　　　　　　　　문제는 저항력이다

저항의 성향을 잘 보이는 성격이다.

이런 성향의 사람이 숙제에 저항하는 과정이 어떻게 일어나는지 설명할 것이다. 사실 숙제를 하지 않고 저항하거나 회피하는 것에는 매우 중요한 의미가 있다. 의사나 치료자, 교사에게 간다는 것은 그가 어떤 고통을 안고 있고, 그 문제를 고치길 원하며, 변화나 발전을 필요로 한다는 의미다. 그러면서도 그들이 내주는 숙제를 안 한다니, 얼마나 아이러니한 일인가. 타마스는 바로 이런 것이다. 타마스는 고착되어 움직이지 않으려는 힘이다. 의지는 변화를 원하지만 마음속 타마스들이 그 의지를 막는다. 아무리 결심해도 변하지 않게 하는 타마스가 성격적인 특성에서 오기도 한다.

다음을 보고 당신 속에 그런 성격이 있는지 체크해 보자.

1 자기애성 성격 – "세상에서 내가 최고이므로 그런 일 따위는 안 해"

자기애성은 자신이 매우 독특하고 남보다 우월하다고 여기는 마음이다. 그래서 주어지는 숙제도 우월한 자기에게 '걸맞은' 훌륭한 것이어야 한다고 생각한다. 치료자가 내준 숙제가 좀 평이하거나 수준이 낮다고 여겨지면 숙제 자체를 우습게 본다. "이거 시원찮은 숙제네, 좀 더 수준 있고 전문화되고 정교한 접근이 요구되는 문제를 내줘야지"라며 숙제를 미루고 회피하거나 대놓고 반항한다. 이들은 사실 현재 상태에서 새로운 모습으로 변화하는 것이 싫은 것이다. 변화라는 것은 현재의 자기가 부족하다는 것을 나타내는 증거라고 생각하기 때문이다. 자신은 지금도 충분히 완벽하고 훌륭하므로 변화할 필요가 없다고 생각해 변화에 저항하는 성격 특성이 자기애성이다.

사실 자기애성은 누구나 다 가지고 있다. 자신을 타인으로부터 보호하기 위해 자아가 강하게 작동할 때 자기애성이 활동하게 된다. 그러나 극단적으로 자기애가 강한 사람이 있다. 이런 극단적 '자기애'에 대해 미국정신의학회의 DSM-IV는 자기애성 성격장애라고 분류했다.

이런 심각한 자기애성 성격장애는 칭찬만 듣고 싶어 하고, 세상에서 자신이 최고라는 사실을 인정받기를 끝없이 요구한다. 그들은 외모, 몸매, 두뇌, 재능, 노래, 운동 등 모든 면에서 칭찬받기를 원한다. 그래서 그들은 자신의 어떤 면을 과장하거나 특권의식을 지닌 경우도 있고 오만한 태도를 보이기도 한다. 이런 성격을 심리학에서는 '과대자아'라고 한다. 이들은 자기 환상을 가지고 있다. 타인에게서 칭찬을 바라지만 자신에게 몰두해 있으므로 타인을 공감하는 능력이 부족해 감정이입이 어렵다. 상대에 대한 배려 없이 오직 자기를 특별하고 최고로 대해 주기만 바란다. 이런 특징들에서 자만심이 만들어진다. 그런 자만심 때문에 해야 할 일을 미루고 회피하는 것이다.

다음은 자기애성에 대한 DSM-IV의 진단 기준인데, 해당되는 것이 있는지 체크해 보자. 진단에서는 9문항 중 5개 이상이면 자기애성 성격장애로 분류한다.

자기애성 성격장애 진단법

1 나는 재능이 특별하므로 지금은 아직 업적이 없지만 최고로 인정받아야 한다.

2 앞으로 무한한 성공, 권력, 총명함, 아름다움, 이상적인 사랑이 내게 올 것이다.

3 나는 남보다 특별하고 독특해서 특별하거나 높은 지위에 있는 사람들만이 나를
이해할 수 있다. 따라서 나는 그들하고만 어울려야 한다.

4 나는 특별하므로 남들과 다른 좀 과도한 정도의 칭찬을 해줘야 한다.

5 나는 특별한 대우를 받아야 하고, 남들은 내가 원하는 대로 해줘야 한다.

6 나의 목적을 달성하기 위해 타인을 이용한다.

7 나는 타인의 감정이나 욕구가 인정되지도 않고 잘 느껴지지도 않는다.

8 자주 타인들을 시기한다. 남들도 나를 질투하고 있다고 생각한다.

9 내가 거만하고 오만한 행동이나 태도를 보인다고 사람들이 말한다.

2 의존성 성격 – "내가 달라지면 그가 떠날지 몰라. 그러니 나는 변하면 안 돼"

누군가에게 의존해야 안정되는 성격이 의존성이다. 이들은 의존 대상에게 버림받는 것을 매우 두려워한다. 그리고 자신이 의존하는 이들의 행동을 예측할 수 없으므로 예측 불가능에 의한 무기력을 느끼기 쉽다. 또한 의존 대상에게서 버림받는 것을 두려워하는 마음이 현재 상태의 변화를 거부하게 한다.

심지어 변하지 않기 위해 자신을 발전시키는 숙제조차 하지 않으려고 한다. 만약 숙제를 잘해서 치료가 성공하거나 자신의 모습이 변해 버리면 자신이 의존하던 그 대상이 떠날지 모른다는 두려움이 무의식 속에 작동해 숙제에 저항하는 것이다. 즉 의존성이 변화를 막기 위해 숙제하

지 않도록 조종하는 것이다. 이런 이유로 의존성 성격의 사람에게 자신의 생각을 적어 보라고 하면 그들은 거절한다. 그러면서 "내 생각을 아시면 선생님이 저한테 실망하실 거예요" 혹은 "내 생각을 변화시킨다고 남편과 좋은 관계를 유지할 수 있나요?"라는 식으로 답변한다. 의존하는 그 대상에게 계속 의존하기 위해 현 상태에서 변하지 않고 계속 남아 있으려 하므로 저항하거나 회피하고 미루는 것이다.

의존성 성격장애는 혼자서는 살 수 없으므로 사람이나 어떤 사상, 돈이나 직업 등에 의존하려고 한다. 자신이 의존하는 것이 계속 유지되는 한 걱정 없다고 생각한다. 따라서 자기 욕구를 상대에게 맞추려 하고, 삶의 중요한 책임조차 타인에게 미루며, 타인을 과도하게 의존하고 그로부터 보호받으려 한다. 그래서 직장을 옮긴다거나 결혼을 할지 말지 등과 같은 아주 중요한 결정조차 타인과 상의하며 그에게 결정해 달라고 무의식이 조종하기도 한다. 스스로 혼자서는 설 수 없다고 생각해 그렇게 행동하는 것이다. 매번 결정을 어려워하며 친구나 스승에게 의논하는 배경에 의존성이 있을 수 있으므로 주의해서 살펴봐야 한다.

사실 모든 인간은 원래 의존적이었다. 유기체가 다른 개체에게 의존하고 애착을 가지는 것은 엄마의 젖으로 길러지는 모든 포유류에게서 공통적으로 나타나는 현상이기 때문이다. 그러나 성장한 후에도 극단적 의존을 하는 것은 문제다.

극단적 의존에 대해 DSM-IV의 진단은 의존성 성격장애라고 분류했다. 의존성 성격장애는 보살핌과 돌봄을 받으려는 과도한 욕구로 인해 그 대상에게 복종하고 매달리는 행동과, 그 대상과 분리될까 봐 두려워하는 양상과 이별 공포를 만든다. 의존성은 기본적으로 자신이 아닌 다른 존재에 중요성을 두기 때문에 무기력에도 취약하지만 회피, 게으름도 잘 보인다. 의존성 성격인 사람은 의존을 위해 변화에 저항하는 경향이 강하다. 앞에서도 말했지만 지금 자신은 무언가에 의존해서 살아가고 있는데, 그런 자기가 변한다면 의존하던 대상으로부터 떨어져 나올지 모른다는 불안이 변화를 거부하는 양상으로 나타난다.

이미 직장을 그만둔 후에도 무의식은 여전히 이전 직장에 다니는 것처럼 생각하는 경우가 있다. 다시 직장으로 돌아가려는 마음이 드는 것도 그가 그 직업에 지나치게 의존하기 때문일 수 있다.

나도 그런 이유였던 것 같다. 하지만 사자로 살아가면서도 낙타 시절에 의존하던 주인에 대한 기억을 잊지 못한다면 그는 사냥을 할 수 없다. 우리가 독립된 개체로 자유롭게 살아가기 위해 가장 먼저 버려야 하는 성격 특성이 바로 의존성일지 모른다.

다음은 의존성에 대한 DSM-IV 진단 기준이다. 해당되는 것이 있는지 체크해 보자. DSM-IV의 진단에서는 이 8문항 중 5개 이상이 해당되면 의존성 성격장애로 분류한다. 그러나 5개 이하라 하더라도 약간의 의존성은 모두가 가지고 있으므로, 의존성이 가져오는 무기력이나 저항에 자유로울 수는 없다.

의존성 성격장애 진단법

1 다른 사람의 조언이나 확인이 없으면 매일매일 결정을 내리기 어렵다.

2 자기 인생의 중요한 영역까지도 대신 책임져 줄 수 있는 타인이 필요하다.

3 상대의 지지와 승인을 상실할까 봐 두려워서 그의 의견에 반대하지 못한다.

4 스스로 어떤 일을 시작하거나 수행하기가 어렵다.

5 타인의 보살핌과 지지를 얻기 위하여 불쾌한 일까지도 자청해서 한다.

6 스스로 잘해 나갈 수 없다는 두려움으로 인해 혼자 있으면 불편하거나
   무력해진다.

7 어떤 친밀한 관계가 끝났을 때 보살핌과 지지를 얻기 위해 곧바로 다른
   관계를 찾는다.

8 스스로 자신을 돌봐야 하는 상황에 처할지도 모른다는 두려움이 늘 있다.

3 강박성 성격 – "실수하면 안 되니까 시작하지 않을 거야"

강박증은 완벽주의자에게 나타나기 쉬운 증상이다. 이들이 행동을 주저
하는 이유는 완벽하지 않으면 할 만한 가치가 없다고 믿기 때문이다. 그
런 이유로 완벽주의를 가진 사람은 새로운 시도를 잘 하지 않는다고 번
스 박사는 말한다. 앞에서 살펴본 대로 번스는 저항의 중요한 이유로 완
벽주의를 들었다. 완벽주의자들은 숙제를 완벽하게 하기 위해 치료자에
게 자주 전화하기도 하고, 숙제를 재확인하기도 하며, 완전한 결과를 만
들려고 노력한다. 그러면서도 완벽하게 정답을 내놓지 못하면 실패했다
는 생각에 아예 과제를 하지 않고 회피하려는 성향도 크다. 완벽하게 하
지 못할 바에는 하지 않는 게 낫다고 생각하기 때문이다. 시도하지 않으

니 당연히 정체된다.

강박증을 가진 사람들은 지나치게 완벽주의적이므로 세부적인 것들에 집착하고 모든 것을 잘하려고 하는 과도한 성취 지향성을 보인다. 이들은 목적이나 목표 이외에 에너지를 쓰는 것에 인색할 수 있다. 그래서 쉬지 못한다. 쉬지 못하고 일하지 못하는 아이러니를 보인다. 나 역시 그랬다. 글을 써야 한다고 생각하면서도 저항에 막혀 일하지 못한 그 시간 동안 나는 단 한 순간도 마음 편히 쉬지 못했다. 내게도 완벽주의와 강박증 성향이 많기 때문이다. 강박성의 좋은 점은 정리 정돈을 잘하고, 인내심이 강하며, 철저하다는 것이다. 하지만 잘하기 위해 미루는 것이 오히려 우유부단해 보이게 하고, 감정 표현에 인색한 느낌을 주기도 한다.

강박성은 뭔가를 잘해야 한다고 강박적으로 사고하는 사람에게서 나타난다. 보통은 서구 사회와 남성에게서 많이 나타나지만 최근에는 성취 지향적인 일하는 여성에게서도 나타난다. 에런 벡은 강박성 성격장애를 가진 사람은 완벽주의적이고 독단적이고 반추를 잘하고 도덕적이고 융통성이 없고 우유부단하고 정서적·인지적으로 외부와 차단되어 있다고 말한다.

이들은 책임감이 강하고 최선을 다하려고 한다. 하지만 일을 제대로 수행했는지 혹시 잘못하지는 않았는지 계속 생각하므로 쉽게 불안해진다. 그 때문에 어떤 일을 과감하게 시작하지 못하고 미루거나 꾸물거리는 양상을 보인다. 이러한 양상은 미루기, 회피와 같은 저항으로 나타난다. 강박증을 가진 사람은 자신이 다 통제해야 직성이 풀리지만, 모두 통제하는 것은 불가능하다. 그것을 알게 되면 결국 통제 불가능으로 인한 무기력을 느끼기 쉽다. 여기에 만성적인 불안을 느끼고 심해지면 공황장애로 발전할 수도 있다고 에런 벡은 경고한다.

　다음은 강박성 성격장애에 대한 DSM-IV의 진단 기준이다. 본인이 몇 개 정도 해당되는지 체크해 보자. 다음 8항목 중 4개 이상이면 강박성으로 진단한다.

강박성 성격장애 진단법

1　사소한 세부 사항 규칙, 목록, 순서, 시간 계획이나 형식에 집착해 일의 큰 흐름을 잃어버리는 일이 많다.

2　완벽주의 성향 때문에 일을 완수하는 데 방해를 받는다. 즉 자신의 엄격한 기준에 맞지 않기 때문에 계획을 완성하지 못한다.

3　휴식이나 여가 활동, 친구와 우정을 나눌 시간도 없이 일과 생산성에 몰두한다. 경제적인 이유만으로 일에 몰두하는 것은 아니다.

4　도덕, 윤리, 또는 가치 문제에서 지나치게 양심적이고 고지식하며 융통성이 없다. 문화적·종교적 배경만으로 설명되지 않는 뭔가가 내게 있는 것 같다.

5　추억이나 감정적인 이유조차 없는 오래되어 쓸모를 다한 물건도 잘 버리지 못한다.

6　타인이 자신의 방식을 그대로 따르지 않을 경우, 그에게 일을 맡기거나 같이 일하는 것을 꺼린다.

7　자신과 타인 모두에게 돈을 쓰는 데 인색하다. 돈은 미래의 재난에 대비해서 축적해야 하는 것으로 생각한다.

8　사고가 경직되어 있고 완고한 편이다.

문제는 저항력이다

4 회피성 성격 – "나는 상처받기 싫어, 그러니까 아무것도 안 할 거야"

회피 성향의 사람들은 상처받는 것을 두려워한다. 이들은 새로운 것을 시작할 때 불안해하고 두려워한다. 자존감이 낮거나 수치심, 자아 의심, 소외감을 많이 느끼는 사람 중에 회피 성향이 많다. 이들이 숙제를 하지 않는 것은 해봐야 남들보다 잘하지 못할 것이기 때문이다. 그래서 아예 하지 않으려고 한다. 차라리 하지 않고 버티면 자신의 무능력이 드러나지 않으므로 회피 전략을 취하는 것이다. 수동적인 저항의 대표적인 형태다.

DSM-IV에서는 다음 7항목 중 4개 이상이면 회피성으로 진단한다.

회피성 성격장애 진단법

1 비판이나 비난, 거절, 인정받지 못할 것에 대한 두려움 때문에 타인과 접촉해야 하는 직업 활동을 피하고 싶다.

2 나를 좋아한다는 확신이 들지 않는 사람과는 관계하고 싶지 않다.

3 창피를 당하거나 조롱을 받을까 봐 두려워서 친밀한 사람들 외의 인간관계는 피하려 한다.

4 사회적인 활동에서 비판받거나 거절당하는 데 집착하는 경향이 있다.

5 인간관계가 부적절할 수 있으므로 대인관계 형성을 억제한다.

6 자신이 사회적으로 부적절하고 매력도 별로 없어 타인에 비해 열등한 사람이라고 느낀다.

7 당황스러워하는 것을 남에게 들킬까 봐 익숙하지 않은 새로운 일에는 관여하고 싶지 않고 개인적으로 위험을 감수하는 일도 하고 싶지 않다. 그런 일은 하기 싫지만 마지못해서 하는 경우가 흔하다.

회피성 성격장애는 이렇게 상처받는 것을 두려워해 시도하지 않으려는 성향을 말한다. 이들은 미루고 회피하며 수동적으로 저항한다. 다른 사람과 만나는 깃조차 불안하고 두려워서 사회적 관계를 만드는 것도 회피한다. 따라서 사회 적응에 어려움을 나타내며 사회적 활동이 억제되어 있고, 타인과의 관계에 부적절감을 느끼며, 타인이 자신을 부정적으로 평가할 때 매우 과민하게 반응한다. 학교나 직장에서 아웃사이더로 행동하는 경우가 많다.

아동기에 만들어진 타마스

어린 시절의 양육 방식이
평생을 지배한다

그렇다면 이런 성격들은 언제 만들어지는가? 유전적인 성향도 크지만 아동기의 양육 방식 때문에 이런 성격이 형성된 경우가 많다. 그리고 아동기에 만들어진 성격은 평생 동안 변하지 않고 유지되는 경우가 많다. 성격의 변화에 관한 연구는 한 사람의 일생을 관찰해야 하므로 비용이나 노력이 엄청나게 든다. 그렇다 보니 진행이 쉽지 않아 보고된 결과도 많지 않다. 대신 자신의 성격을 스스로 평가하는 것은 가능하다. 또한 가족이나 친구처럼 오래 가까이서 지켜본 사람들을 통해 성격의 변화를 살펴볼 수 있다.

그처럼 관심 있게 관찰해 보면 사람들의 성격이 거의 변하지 않고 유지되는 경우가 많다는 것을 알 수 있다. 실제로 나는 나 자신과 가까운 친구들을 보면서 성격이란 것이 대체로 변하지 않고 지속되며 인간을 지배한다는 것을 조금 이해하게 되었다.

이 글을 쓰는 중에 많은 죽음을 접했다. 스승과 친구와 후배가 죽었다. 그들의 죽음을 통해 나와 친구들의 삶을 회고해 보게 되었다. 과거를 잘 알 수 없는 사람은 제외하고, 내가 수십 년 이상 지켜본 친구들만 선택해 그들의 인생을 생각해 보았다. 지인들의 인생 50년 정도를 생각해 보니 외부로 비춰진 객관적 자료로만 판단하는 것이긴 해도, 잘살아 가는 친구들이 대부분이었다. 어릴 적 가정 형편이나 성적에 상관없이 성격이 밝고 좋았던 아이들은 그 모습을 유지하며 자기 일에서 성취를 이루어 가고 있었다.

어릴 때 부모가 친척이나 지역 사회에 헌신하는 가정에서 자란 친구들은 중년이 된 지금 다른 사람을 돕고 있는 경우가 많았고, 그렇게 사는 것을 당연하게 여겼다. 이들은 어떤 식으로든 사회에 기여하는 것을 인생의 최종 목표로 두었다. 아름답게 살아가는 친구에게서 자극과 감동을 받았다. 그런데 어린 시절에 가정이 불행해 성격이 어두웠던 친구들은 성인이 되어서도 불행한 경우가 많았다. 실직의 어려움에서 헤어나지 못하거나 이미 암이나 심장마비 등으로 사망했다는 소식을 듣기도 했다. 심지어 정신질환을 앓고 있는 친구도 있었고, 아버지가 다른 아이를 셋이나 두었지만 한 번도 결혼하지 않은 호적상 미혼인 친구도 있었다. 연락이 두절된 친구들도 많았는데, 그들은 어릴 때도 소극적이거나 친구와 잘 어울리지 않던 친구들이었다. 이처럼 지인들을 통해 중년에도 어릴 때와 거의 비슷한 모습으로 살아가는 것을 확인할 수 있었다.

아동기의 영향이 평생을 지배한다는 연구에 대해서 오랫동안 알고 있었지만 그것은 책 속에 나오는 것에 불과한, 살아 있는 나의 이야기가 아니어서 실감이 덜했다. 그런데 지인들의 인생은 막연한 이야기가 아니라 살아 있는 생생한 사례였다. 나는 어떤 아이였을까? 내가 어떤 사람이었을지 두려웠다. 어쩌면 나의 무기력이나 저항도 결국 내 성격에서 유래된 것일지 모른다는 생각을 비로소 하기 시작했다. 그렇다면 이제라도 성격을 고쳐 나가야 한다는 것이 내게 주어진 과제였다.

당신은 어떤가? 어릴 때부터 좋은 성격이라는 평가를 받았는가? 아니면 좀 외톨이였고 우울했는가? 당신의 아동기에 무슨 일이 있었는지 모르지만 아동기의 양육 방식이 성격과 마음의 특성에 지대한 영향을 주는 것은 분명하다. 다음을 보면서 어린 시절을 한번 회상해 보자.

내재과거아가
만들어 내는 저항력

아동기의 영향이 성인기에도 지속된다는 연구 중에 미실다인W. H. Missildine 박사의 내재과거아Innerchild가 있다. 미국 오하이오 주립대학교 의과대학 교수이며 정신과 전문의인 미실다인 박사는 환자들을 진료하는 동안 어린이들에게서 정서적인 문제들을 발견했다. 그리고 이 문제점들의 상당수가 자신의 어린 시절을 이해하지 못하고 어떻게 다루어야 할지 모르는 성인들에게서도 그대로 나타난다는 사실을 알아냈다.

미실다인은 말썽을 일으키는 고질적인 어린 시절을 '내재과거아'라고 불렀다. 내재과거아는 성인 속에 있는, 아동기에 만들어진 아이 특성이라고 할 수 있다.

그런데 내재과거아 중에는 타마스인 무기력, 저항 등을 잘 일으키는 특성이 있다. 미실다인은 내재과거아를 완벽주의, 강압, 유약, 과보호, 심기증心氣症, 징벌, 방치, 거부로 분류한다. 간단히 요약하면 다음과 같다.

• **완벽주의 : 물질적, 지적, 사회적 성취를 향해 한없이 너무 진지하게 몰두한다.**
⇨ 당신이 더 잘하려고 노심초사한다면 부모의 완벽주의 영향일 수 있다.

• **강압 : 빈둥거리기, 공상, 늑장부리기, 기타 반항을 많이 보인다.**
⇨ 당신이 우물쭈물하는 태도를 버릴 수 없다면 강압적인 부모의 영향이 지금도 있는 것이다.

• **유약 : 충동적인 행위, 발끈하는 기질, 다른 사람들의 권리에 대한 존중심이 결여되어 있다.**
⇨ 당신이 타인에게 요구만 하는 충동적인 사람이라면 유약한 부모가 해 주던 것을 지금도 요구하고 있는 것이다.

• **과보호 : 권태감, 끈기 부족, 노력을 기울이기 어렵다.**
⇨ 당신이 매사에 쉽게 따분해하고 인내심이 부족하다면 과보호해 주던 부모의 영향력을 지금도 벗지 못하고 있는 것이다.

문제는 저항력이다

· 심기증 : 지나친 건강염려증으로 활동하기 힘들다는 구실을 만든다.

⇨ 당신이 항상 자신의 건강 문제를 걱정한다면 부모의 심기증이 영향을 미쳤을 수 있다.

· 징벌 : 내게 해를 준 사람을 보복하고자 하는 정의감이나 복수심이 강하다.

⇨ 당신이 계속해서 과거사에 대해 보복하고자 한다면 부모의 징벌주의가 영향을 주고 있는 것이다.

· 방치 : 불안해하고 고독하며 다른 사람에게 친근함을 느끼기 어렵다.

⇨ 당신이 어딘가에 소속할 수 없다고 생각한다면 부모가 방치했을 가능성이 크다.

· 거부 : 다른 사람과 자신에게 받아들여지지 않는다고 느낀다.

⇨ 당신이 애써 자신을 고립시키려 한다면 양육자가 거부하던 방식을 아직도 자신에게 하고 있는 것으로 볼 수 있다.

이들 중에서 완벽주의, 강압, 과보호, 방치, 심기증이 특히 저항의 타마스를 잘 보인다고 할 수 있다. 좀 더 자세히 살펴보자.

1 완벽주의　　　앞서 여러 전문가들이 저항의 요인으로 지적한 대표적 특성이다. 완벽주의 부모는 항상 더 잘하라고 아이를 닦달했을 가능성이 있다. 그 아이는 성인이 된 후 스스로 그런 부모가 되어 자기를 몰아간

다. 그 결과 자기 기준을 만족하지 못해 무기력해지기도 하고, 강박성 성향에서 보았던 것처럼 완벽한 결과가 아니면 실패라고 생각해 시도도 하지 않은 채 미루고 회피하는 경향을 보일 수도 있다.

2 강압　부모가 강압적으로 양육한 아이는 실수하거나 시키는 대로 하지 않으면 부모에게 혼나기 때문에 소극적으로 반항하는 전략을 택한다. 그래서 이들은 성인이 되어서도 적극적으로, 곧바로 행동하지 못한다. 강하게 적극적으로 저항하지 않는 대신 빈둥거리거나 공상하기, 늑장부리기와 같은 소극적인 저항을 하는 경우가 많다.

3 과보호　부모가 과보호한 아이는 자주 따분함을 호소하고, 일에 열의가 생기지 않아 참여하는 활동에 깊은 관심을 기울이지 않는 성향으로 발전한다. 그래서 타인들은 대체로 만족해 하는 일도 곧잘 하기 싫어하고 불평이 많다. 이들은 부모가 다 해줬기 때문에 스스로 목표를 세우기 어려워하고, 목표가 있다고 해도 그 목표를 향해 전진하기 힘들어하는 표류형 인간이 될 수 있다. 따라서 부모를 대신할 누군가에게 의존하려는 성향을 보인다. 과보호된 아이는 학습된 게으름을 보일 가능성이 많다.

4 방치　부모가 일을 하거나 질병 등으로 방치되었거나 소외를 겪은 아이는 성인이 되었을 때 소속감을 잘 느끼지 못한다. 그래서 사람과의 관계를 어려워하고 뭔가 함께하는 일은 시도하지 않으려 한다. 혼자 고립되는 게 편하므로 공동 작업을 회피하는 경향이 있다.

　문제는 저항력이다

5 심기증　　심기증은 건강염려증과 비슷하다. 아픔, 통증, 질병에 대한 과도한 생각으로 인해 아무것도 할 수 없는 증세를 말한다. 심기증 부모를 둔 아이는 대물림되는 성향이 있는데, 찰스 다윈Charles Darwin이 대표적이다. 이들은 병 때문에 힘든 일을 피한다. 스스로 자신은 약해서 할 수 없다고 생각해, 질병과 고통을 핑계로 할 일을 미루거나 피하는 경향을 보인다.

지금이라도 마음속의
아픈 아이를 안아 주자

　　　　　　　　아동기의 영향은 평생 동안 우리를 지배할 수 있다. 그렇다면 어린 시절에 불행했던 사람은 어찌할 것인가? 나 역시 부모님의 양육 방식에 지금도 영향을 받고 있다. 아버지는 강압적이었고 엄마는 완벽주의 성향이 강했다. 모든 부모가 그러하듯 두 분은 최선을 다해 나를 키웠다. 하지만 두 분의 성향이 나에게 무기력과 미루기, 회피 같은 저항을 만들게 한 것인지도 모른다. 물론 부모님의 성향이 나쁘게만 작용했다는 것은 아니다. 어머니는 늘 더 잘하라고 하셨기에 나는 노력을 멈추지 않는 성격이 되었고, 내게 닥친 무기력과 저항의 불행도 스스로 해결하려고 노력할 수 있었다. 그리고 강압적인 아버지의 영향으로 나는 타마스를 보이기는 하지만, 나쁜 길로 가지 않으려 하고, 정확한 것을 좋아하며, 불의와 타협하지 않는 성격이 되었는지 모른다. 그러나 그런 성향이 사회 생활을 어렵게 만들기도 했다.

이렇게 모든 것에는 빛과 어둠이 있다. 그래서 우리는 자신을 정확히 알고 있어야 한다. 자신에게 있는 성향은 늘 선으로도 악으로도 작용할 수 있으니, 스스로 그것을 조절하는 방법을 알아 두는 것이 좋을 것이다.

부모가 되어도 여전히 우리는 매우 부족하다. 부모라면 누구든 자신의 아이를 잘 키우고 싶어 할 것이다. 그럼에도 자신의 한계 때문에 딱 자기만큼의 아이를 만들어 낸다. 나는 무기력과 우울증으로 인해 딸에게 건강하고 아름다운 어린 시절을 만들어 주지 못했다. 아이에게 정말 미안하다. 내 아이를 어떻게 도와야 할 것인가? 이것은 나의 가장 중요한 숙제가 되었다. 딸에게 물려줄 정신적 유산을 만들어 내는 것이 엄마로서 내게 가장 중요한 일이 되었다. 잘 양육하지 못해 미안한 마음을 딸은 알고 있을까? 어쩌면 이 책은 인생의 어느 날 저항에 막히고 한계에 떨며 울고 있을지 모를 내 딸에게 미리 주는 장문의 편지이자 정신적 유산일지도 모른다.

혹시 당신도 어린 시절에 어두운 일을 경험했는가? 살면서 너무 강한 타마스를 만나 어쩌지 못하고 괴로움에 떨고 있지는 않은가? 그렇다면 그대로 가지 마라. 그 모든 것을 넘어갈 힘부터 기르기 바란다. 당신 속의 아이를 당신이 안아 주는 새 부모가 되어 보는 것이다. 우리는 아이의 좋은 부모가 되는 것에는 큰 신경을 쓰지만, 자기 자신의 부모가 된다는 생각은 하지 못한다. 그러나 완전하지 못한 부모가 남긴 상처를 평생 안고 살 수는 없다. 이제 스스로의 부모가 되어 자신을 치유해 보자. 이를 위해 마음의 힘을 기르는 것이다. 마음의 힘이 생기면 자신의 모든 것을 받아들이고, 자신의 새 아이를 잉태할 수 있다. 자신에게 좋은 부모가 되어 자기를 완전히 받아들일 수 있을 때, 니체가 말한 아모르 파티가 될 수 있기 때문이다. 그렇게 인생을 혁명할 수 있다.

찰스 다윈 가문의 심기증 내력

여기서 잠깐 찰스 다윈 가문의 심기증 내력을 보면서, 양육과 유전이 어떻게 우리를 지배할 수 있는지 생각해 보자. 지적 능력, 사회적 지위, 경제적 안정 등이 마음을 강인하게 만들어 주지는 못한다는 사례를 우리는 영국의 유명한 생물학자 찰스 다윈의 가계를 통해 알 수 있다. 찰스 다윈의 가문은 가족 구성원 모두가 유전학 연구 대상이었다. 가문 내에서 부모의 심기증이 다음 세대에 어떻게 전해지는지 보여 주는 매우 귀중한 연구가 있었던 가문이다.

다윈은 진화론에 관한 뛰어난 연구로 19세기 가장 선두적인 과학자 중 한 명이었지만 심기증 증세로 고통받았다고 전해지고 있다. 이 가문의 심기증 유전성은 더글러스 허블 박사가 영국의 의학 잡지 『란세트Lancet』에 기고한 일련의 기사에 잘 정리되어 있다. 허블 박사는 일기, 편지, 자서전, 가문의 전기에서 자료를 모아 심기증의 병적 태도에 대해 밝혔는데, 그에 따르면 다윈 가문은 명확히 심기증이 유전되었다. 자세한 내용은 다음과 같다.

찰스 다윈의 아버지 로버트 다윈은 부유한 의사로 자애롭지만 강압적인 태도로 아들들을 대했다. 그는 두 아들인 찰스와 에라스무스를 의사로 만들기 위해 에든버러 의과대학에 보냈다. 두 아들은 본인들의 의지와 무관하게 아버지의 욕망에 따라 강압적으로 보내졌던 것이다. 그 후 어머니가 죽자 그들은 큰 충격을 받았다. 이후 이들 형제는 의학 공부를 끝내고 의사 자격증을 취득했지만, 둘 다 의사가 되지 않았다. 허블 박사는 "그들의 아버지 로버트가 그들에게 심어 주고자 했던 의학 지식이 오히려 그들을 꾸준히 노력하지 못하는 사람으로 만들었다"라고 했다. 에라스무스는 졸업 후 조용히 독신 생활에 묻혀 버렸다. 가문의 편견에 대해 밝히는 글에서 찰스 다윈은 에라스무스를 두고 "그는 어릴 때부터 허약했고, 힘을 쓰지 못했다"라고 말했다. 그러나 사실 에라스무스는 건강이 그렇게 나쁘지 않았다. 그는 일흔두 살까지 살았다.

의사를 포기한 다윈의 호기심 많고 사려 깊은 심성은 지질학 공부와 자연 연구로 뛰어들게 했다. 그는 이때부터 자신의 심장이 약하다고 생각하게 되었다. 도자기로 부를 축적한 상류층 가문의 엠마 웨지우드와 결혼한 후 그는 유명한 비글호 항해에서 수집해 온 표본 연구에 전념했다. 그러다 아내가 임신하자 다윈도 병을 앓게 되었다. 찰스는 불면증, 복통 강박 증세를 호소했는데, 자리에 누워 2년간 아무것도 하지 않고 지내기도 했다. 그는 만사를 귀찮아했다. 아내는 깊은 이해심으로 남편을 돌보아야 했다. 허블 박사는 "이들은 결혼 생활 초기에 이미 일생에 걸친 역할이 결정되었다. 다윈은 사회 활동이 불가능한 병약자이고, 아내는 완벽한 간호사이자 주치의였다"라고 했다. 어찌 되었든 그는 아내의 간호를 받으며 과학 연구와 건강 회복에만 전념했다.

다윈의 심기증은 숄로 대변된다. 그는 건강 상태가 좋을 때도 늘 숄을 두르고 다녔다. 찰스는 건강해 보였지만 숄을 벗지 않았고, 항상 불면증과 위통을 호소하고 속이 언짢고 나른하고 피로하다고 호소하며 어떤 모임에도 나가지 않았다. 그러면서도 열 명이나 되는 자녀를 두었다. 건강에 진짜 문제는 없었던 것 같다. 열 명의 자녀 중 일곱 명만 성년기까지 살았다. 찰스의 아들들도 아버지만큼 특출한 생을 살았다. 특히 네 번째 아들은 유전학자로 왕립

지질학회 회장을 지냈다. 그런데 다윈의 심기증은 자녀들에게 대물림되어, 일곱 남매 중 다섯 자녀가 가문의 상징이었던 '숄'을 아버지처럼 죽기 전까지 두르고 지냈다고 한다.

하지만 찰스 다윈은 자신의 심기증을 잘 활용한 것 같다. 그는 자신의 욕망에 따라 심기증을 이용했다. 즉 하기 싫은 일을 피하기 위해 곧잘 병을 핑계 댄 것이다. 이 점에 대해 제이 테퍼맨 박사는 저서인 『생물학 및 의학에의 전망』을 통해 "찰스 다윈은 병을 자신의 중요한 문제에 전념하기 위해 필요로 하는 일종의 특권을 보장받는 수단으로 이용했다. 그는 위원회 모임에 참석하지 않았고, 잔디를 깎거나 접시를 닦는 등의 집안일은 물론 학부모 모임에도 가지 않았다. 여러 기록에 의하면 그는 하루에 두세 시간 연구했다. 하지만 그가 깨어 있는 나머지 시간들을 종의 기원에 관한 문제들을 숙고하면서 보내지 않았다고는 믿기 어렵다"라고 말했다.

만약 다윈이 병을 이용해 자신이 정말 하고 싶은 일에만 몰두했다면, 그로서는 자신의 마음을 잘 사용한 것이다. 고칠 수 없다면 안고 가야 하고, 안고 갈 때는 사랑해야 한다. 그것이 운명을 사랑하는 '아모르 파티Amor Fati'이다. 자기 운명을 사랑할 때 자신만의 아이가 잉태되고 태어나 열매를 맺는 것이다. 다윈은 진화론을 낳았다. 그는 심기증을 잘 이용했고, 그런 집중이 진화론이라는 열매를 만들어 낸 것인지도 모른다.

딸에게

세빈아, 네가 벌써 열여섯 살이 되었구나. 나는 네게 늘 미안하다.

더 많이 사랑해 주지 못한 것 같고, 더 많이 격려해 주지 못한 것 같아 엄마는 네가 늘 안쓰럽다. 어린 시절엔 엄마의 무기력증 때문에 잘 돌봐 주지 못했고, 사춘기를 보내는 10대 중반에도 저항에 막혀 좋은 엄마가 되어 주지 못했구나. 미안하다. 그러나 너를 위해 늘 기도한다는 것을 알고 있으리라 믿는다.

중학교 3학년, 어느덧 너의 길을 찾을 때가 다가온 모양이다. 그림 그리고 싶다는 이야기를 오래 나눈 바 있지만, 드디어 너의 진로로 결정한 것을 축복한다.

따로 그림을 배워 본 적이 없음에도 학교에서 종종 상을 받아 오는 것을 보면서, 네가 왜 그렇게 그림을 그리고 싶어 했는지 알 수 있었다. 재능이 공명하고 있기에 너도 모르게 자꾸 그림에 이끌렸겠지. 그래서 엄마도 오래 고민한 끝에, 너의 선택을 지원하기로 결정했단다. 중3이라 시기적으로는 좀 늦은 것 같아 걱정이지만, 지금이라도 네가 원하는 길을 간다니 엄마는 너를 응원하고 후원하는 데 모든 힘을 쏟으려고 한다. 그러니 이제 너는 세상으로 나가, 마음껏 그림을 그리렴. 그러다가 힘들면 언제나 집으로 돌아와 모든 것을 내려놓고 쉬어도 된다. 네가 어떤 아이든 엄마는 늘 네 편이고, 네가 무슨 일을 하든 너를 지원해 줄 테니 엄마를 믿고 출발하길 바란다.

열여섯 살에 그림 공부를 시작하려니 다소 늦었다고 여겨질지도 모르지만 걱정할 것 없다. 미국에 살았던 모세스 할머니라는 국민 화가는 원래 그림을 배워 본 적도 없는 농가의 주부였단다. 그 할머니는 자수 놓기를 좋아했는데 관절염이 와서 바늘을 잡을 수 없게 되자, 대신 붓을 들고 그림을 그리기 시작했단다. 그때 할머니의 나이가 몇 살이었는지 아니? 놀라지 마라. 일흔여섯 살이었다. 이미 인생을 정리할 나이에 한 번도 배운 적 없는 그림을 시작해 25년간 그림을 그리고 백한 살에 돌아가셨다. 뉴욕 주지사 넬슨 록펠러가 모세스 할머니의 백 살 생일날을 '모세스 할머니의 날'로 선포했고, 트루먼 대통령은 여성 프레스클럽 상을 수여했단다. 그리고 미국 국민화가로 불리다가 돌아가셨지. 놀랍지 않니? 그러니 너도 늦었다고 생각할 필요가 없어.

하지만 세빈아, 그림을 그린다면 죽을 때까지 매일 그린다고 생각해야 한다. 물론 살면서 하기 싫고 뭔가에 막힌 듯 할 수 없거나 하지 못하는 시기가 올지도 모른다.

인생이란 절대 마음먹은 대로 다 되지 않더구나. 가도 가도 끝이 없는 사막 같을 수도 있고, 네 힘으로는 절대로 오를 수 없는 성벽이 앞에 버티고 있는 것처럼 느껴질 때도 있을 것이며, 망망대해에 홀로 표류하는 느낌이 들 때도 있을지 모른다. 특히 자유롭게 살아가는 예술가는 저항이라는 장벽을 만나기 쉽단다. 하지만 저항이라는 그 벽은 네 마음이 만드는 것임을 알아 두기 바란다.

그런 막막한 날이 오면 잠시 쉬어 간다고 마음먹고 기다려라. 네 마음을 훈련하고 마음의 힘을 만드는 기간으로 생각해라. 그 마음의 힘이 사막과 바다, 그리고 장벽마저 넘어설 수 있게 해줄 것이다. 엄마가 그 증거다. 하니 힘

문제는 저항력이다

들 땐 쉬어 가도 괜찮다. 하지만 힘이 있는데도 하지 않는다면 그건 인생을 낭비하는 것이라는 점도 미리 알아 두어라.

너도 알다시피 엄마는 교수직을 그만두고 글을 쓰고 강연하는 새로운 인생을 살고 있다. 그런 결정이 엄마를 다른 사람보다 훨씬 불편하고 힘든 인생을 살게 했단다. 하지만 지금 엄마는 어디로 가든 무슨 일을 하든, 글을 쓰고 사람을 돕고 강연하는 일을 죽을 때까지 할 수 있단다. 엄마의 오랜 고통이 그런 근력을 만들어 주었구나. 그것이 엄마의 길이었나 보다.

네게도 길이 나타날 것이다. 그러나 그 길이 네 앞에 쉽게 펼쳐지진 않을 것이다. 믿음을 가지고 그 일을 사랑하며 매일 해낼 수 있을 때 비로소 운명은 너의 길을 열어 줄 것이야. 그러니 세빈아, 남들과 비교하지도 말고 경쟁하지도 마라. 엄마가 자주 말하듯이, 어제의 너와 경쟁하며 오늘 하루 치만큼 성장하는 삶을 살아가기 바란다. 인생은 그다지 길지 않을 수 있다. 언제 끝날지 모르니까 매일 연소하는 삶을 살아야 한다.

엄마는 무기력과 저항력에 막혀 15년 세월을 허비하고, 이제야 비로소 숨을 좀 쉴 수 있게 되었다. 이런 때 너의 길을 시작하겠다고, 그림을 하겠다고 하니 엄마가 제대로 돌봐 주지 않았던 그 기간 동안 네가 혼자 성장했구나 싶어 마음이 참 아프다. 그래도 잘 자라 준 대견한 너를 보며, 남은 엄마의 인생을 통해 네가 자양분을 받고 편한 안식을 얻기를 기도한다.

사랑하는 딸 세빈아,

언젠가 내가 세상에 없더라도 이것만큼은 꼭 기억해 다오. 네가 이 땅에 왔다 간 흔적을 남길 수 있는 그런 삶을 살거라. 그리고 네가 받은 재능을 다 쓰고 가도록 애쓰고 또 애쓰기 바란다. 그리하여 죽음이 닥쳐도 편안히 그 운명을 받아들일 수 있는 그런 삶을 살기를 엄마는 기도한다.

인간이 자기와 평화롭게 지내려면 화가는 그림을 그리고 시인은 시를 쓰고 음악가는 음악을 해야 한다고 말한 매슬로라는 심리학자의 말을 꼭 기억해라. 너무나 단순한 그 말에 세상의 진리가 숨어 있음을, 엄마도 쉰 살이 넘어 인생을 많이 탕진하고 나서야 겨우 알았구나. 너는 엄마가 겪은 시행착오를 반복하지 말고 너의 길을 바로 쭉 갈 수 있기를 기도한다.

늘 사랑하는 엄마가 네 뒤에 있음을 기억하고 너의 길을 잘 출발하기 바란다. 너의 인생을 축복하며 엄마가 보내는 두 번째 편지다.

2015년 6월
엄마가

만약 네가 모든 걸 잃었고 모두가 너를 비난할 때
머리를 똑바로 쳐들 수 있다면
만약 모든 사람이 너를 의심할 때
너 자신은 스스로를 신뢰할 수 있다면

만약 네가 꿈을 갖더라도
그 꿈에 노예가 되지 않을 수 있다면
너는 기다릴 수 있지만
그 기다림에 지치지 않을 수 있다면

또한 네가 어떤 생각을 갖더라도
그 생각이 유일한 목표가 되지 않게 할 수 있고
인생의 길에서 성공과 실패를 만나더라도
그 두 가지를 똑같은 것으로 받아들일 수 있다면

그리고 만약
너의 전 생애를 바친 일이 무너져 내리는 것을 보고서도
다시 몸을 굽히고
낡은 연장을 집어 들어
무너진 그것을 새로 일으켜 세울 수 있다면

한번쯤은 네가 쌓아 올린 모든 걸 걸고
내기를 할 수 있다면
그래서 다 잃더라도
처음부터 다시 시작할 수 있다면

그럼에도 네가 잃은 것에 대해 침묵할 수 있고
모든 것을 잃은 뒤에도 변함없이
네 가슴과 어깨와 머리가
널 위해 일할 수 있다면

그리하여 설령 너에게 아무것도 남아 있지 않는다 해도
강한 의지로 그것들을 다시 움직일 수 있다면……
그렇다면 세상은 너의 것이고
너는 비로소 한 사람의 어른이 되는 것이다.

– 러디어드 키플링Rudyard Kipling의 시 「만약에」 중

문제는 저항력이다

PART 3

—

마음에서 일어나는 저항

"사람들이 쓸모없어지는 이유는 그들이 자신의 전문직이나 소명을 무시한채 여러 가지
대상이나 목적을 향해 관심을 분산시키기 때문이다."
– 나다니엘 애먼스

동기와 저항

앞에서 저항이 일어나는 모습과 원인을 살펴보았으니 이제는 마음 내부를 하나씩 들여다보자. 마음의 중요한 요소인 동기·인지·정서·행동에서 각각 저항이 어떤 모습으로 일어나 우리의 의지를 꺾고 행동을 가로막는지 살펴보려고 한다. 좀 재미없고 어려울지도 모른다. 그렇지만 이것을 알아 두어야 자신의 모습을 정확히 이해하고 4부 훈련에 시너지를 낼 수 있을 것이다.

동기는 한마디로 욕망이나 욕구의 장소다. 우리를 끌고 가는 강력한 힘이 나오는 원천으로, 마음을 움직이는 엔진 중 하나다. 그런데 그 동기가 왜곡되어 오히려 우리를 막을 수도 있다. 동기의 왜곡은 동기가 흐려지거나, 반대로 동기가 너무 많거나 강해지기 때문에 나타난다. 또한 어떤 이유로 동기가 잘 작동하지 않을 때도 동기가 왜곡됐다고 할 수 있다.

동기가 부족하면 아무것도 하지 않으려는 무기력으로 나타난다. 하지만 동기가 너무 지나치면 이것저것 시도하느라 어느 것도 결실을 보지 못할 수 있다. 심리학에서는 '도덕적 저항'과 '희생양 저항'이 특히 동기와 깊은 연관이 있다. 물론 도덕적 저항과 희생양 저항은 동기뿐 아니라 인지, 정서, 행동, 의지가 전부 연관되어 있다. 그러나 동기에 1차적 원인이 있으므로, 여기서는 동기에서 비롯된 저항력으로 보기로 하자.

초자아가 만드는 저항

앞에서 말했듯 프로이트의 초자아는 성장하면서 만들어진 마음속의 규율이다. 초자아에 자아이상과 양심이 있다고 말한 것을 기억하는가? 자아이상에는 우리가 하고 싶은 것, 해야만 하는 것, 또는 반드시 되고 싶은 이상적인 모델이 포함된다. 반면 양심에는 해서는 안 되는 것이나 죄악이라고 생각되는 것들이 포함된다. 우리는 자아이상과 양심에 따라 해야 할 일과 해서는 안 되는 일에 대한 나름의 자기 기준을 만들어 가지고 있다.

그 초자아가 우리로 하여금 뭔가를 하지 못하게 막거나 하도록 부추기는 것, 또는 도덕 기준에 맞지 않는 일을 막는 것을 '도덕적 저항'이라고 한다. 다시 말해, 초자아에 의해 과도한 책임이나 의무를 지고 절대해서는 안 되는 일을 정하는데, 이것이 '도덕적 저항'을 만들어 마음의 장벽으로 작동할 수 있다.

앞에서 보았듯이 강박증을 가진 사람은 완벽주의를 발휘하며 '반드시 해야 할 일'을 만들어 자신을 옥죈다. 반드시 해야 하는 것은 초자아가 만든 '자아이상'이다. 이런 자아이상은 결국 '선택적 편향'에 빠지거나 다른 중요한 일을 놓치거나 강박적으로 그 일을 추구하는 등의 실수를 낳는다. 도덕적 저항이 의무로 작동될 때, 우리는 '왜 이 규칙을 버리지 못하고 고통스러워하지?'라고 생각하면서도 그것을 버리지 못한다.

'도덕적 저항'에 괴로워하는 사람은 생각보다 훨씬 많다. 반드시 하루에 한 번 대청소를 해야 한다고 생각하는 주부를 예로 들어 보자. 그녀는 몸이 아픈데도 청소를 멈추지 못한다.

"여보, 아픈데 청소는 며칠 쉬도록 해요."

남편이 아무리 말려도 청소만큼은 매일 해야 한다면서 몸이 상하는 것도 감내한다. 사실 그녀는 자신이 집안일을 완벽하게 하는 주부라는 데에 상당한 자부심을 느끼고 있다. 그러면서 몸이 아파서 너무 괴롭다고 불평한다. 도우미를 쓰자는 남편의 말도 따르지 않고 자기 기준을 고집한다. 그녀의 마음속에 있는 자아이상, '청소를 남의 손에 맡기지 않고 직접 하는 능숙하고 깔끔한 주부'가 현실을 바꾸지 못하는 '도덕적 저항'으로 작용하고 있는 것이다.

그녀의 남편도 마찬가지다. 직장에서 모든 일을 자신이 직접 관여해야 한다는 생각이 강해 일요일에도 출근하는 일중독자다. 그러고는 피곤하다며 힘들어한다. 이 부부는 각자의 '자아이상'에 따라 자신의 일을 하고 있지만 행복하기보다는 힘들고 괴롭다. 완벽하게 하지 않아도 될 일들을 자아이상의 명령에 따라 강박적으로 하고 있기 때문이다.

이 부부는 '도덕적 저항'이라는 횡포에 따라 열심히 일하는 자신이 '도덕적'으로 좋은 사람이라고 생각한다. 그런 무의식의 영향에서 벗어나지 못하는 한 저항에서도 벗어나지 못한다. 자유를 찾기는커녕 계속 의무에 연연한다. 그러면서 자신의 자아이상을 완수했으므로 '나는 상당히 좋은 사람, 고귀한 사람'이라 생각하고 남들이 그런 자기를 알아주기를 바란다.

이들이 생각의 오류에서 벗어나기 위해서는 스스로에게 질문해 봐야 한다. '내가 지니고 있는 초자아의 가치 기준이 옳다고 백 퍼센트 확신할 수 있는가?' 하고 말이다. 우리가 만들어 낸 자아이상이 왜곡된 것이라면? 도덕적 저항에 얽매여 살다가 한참 후에야 '그렇게 살지 말걸' 하고 후회한다면 얼마나 낭패인가? 특히 자아이상을 지키기 위해 고통을 자초하는 사람은 자신의 가치 체계를 한 번쯤 재평가해 볼 필요가 있다.

도덕적 저항은 각자의 초자아에 맞춰져 있으므로 기준 자체가 매우 개인적이다. 남이 만들어 준 것을 자기 것으로 착각할 가능성도 크다. 따라서 우리는 항상 자기 의심을 해야 한다. 특히 자기 기준이 철저하고 고집이 센 사람들이 저항의 고통을 받는 경우는 도덕적 저항에서 비롯된 경우가 많으므로 늘 자기 기준을 점검할 필요가 있다.

청소가 정말 좋아서 매일 한다면 괜찮다. 그러나 고통을 참아 가면서까지 청소를 하며, 그것이 가치 있는 자신의 의무이며 자아이상이라고 생각하는 것은 명백한 착각이다. 그 착각이 인생의 족쇄가 된다.

희생양
저항

　　　　　　2015년 7월 24일 헤럴드경제에 '그녀가 폭력 남자 친구와 헤어질 수 없는 이유'라는 제목의 기사가 실렸다. 기사는 이렇게 시작된다.

　직장인 A 씨는 최근 남자 친구와의 이별을 고민하고 있다. 여자 문제로 속 썩이는 일 없는 착한 남자지만, 화를 잘 참지 못한다는 치명적인 단점이 있기 때문이다. A 씨는 "평소에는 항상 예쁘다고 칭찬해 주고 사소한 일도 자기 일처럼 잘 챙겨 주는 사람인데, 다른 남자가 날 쳐다만 보면 불같이 화를 낸다"라면서, "치마를 입고 나왔다는 이유로 무섭게 다그치는 일도 다반사"라고 말했다.

헤럴드경제가 조사한 바에 따르면 최근 5년간 데이트 폭력으로 인한 사망자가 290명에 이르고, 폭행과 상해, 강간이 하루 평균 20건꼴로 발생하고 있다. 이렇게 데이트 폭력이 도를 넘자 일각에서는 '매 맞는 여성들'에게 오히려 "왜 헤어지지 않았느냐"고 되묻는 실정이다. 매 맞는 여성 증후군과 마찬가지로 데이트 폭력을 당하고도 헤어지지 못하는 이유에는 무기력과 저항이 깊이 자리 잡고 있다.

한국 여성의 전화 성폭력 상담소장의 말에 따르면, 여성들이 폭력적인 남자 친구와 쉽게 이별하지 못하는 이유는 "상대와 잘 헤어지고 싶어 하는 여성들의 특성에 있다. 그동안 정서적·신체적 유대를 쌓아 온 연인과 헤어지는 과정에서 예의를 지키고 싶어서 상대의 폭력에도 이별을 고하지 못한다는 것이다. 그리고 폭력 후에 이어지는 '울며 빌기', '무릎 꿇기' 등을 진심 어린 반성으로 인식하거나, 폭력 가해자가 피해자 주변인들의 안위를 놓고 협박하는 것도 이별을 주저하게 만드는 요소라고 말한다.

매 맞는 여성 증후군처럼 결혼이라는 굴레에 갇혀 남편의 폭력을 그대로 받아들이고 있다면 학습된 무기력에 의한 자포자기 상태라 할 수 있다. 그러나 아직 결혼을 하지 않아 상대적으로 상대의 폭력으로부터 충분히 벗어날 수 있고, 해소 여지가 많음에도 그 상황을 벗어나지 않는 것은 '저항'으로 볼 수 있다. 각각의 사례를 들여다보면 '내가 희생양이 되어 그를 구원할 거야'라는 식의 희생양 저항이나 초자아가 이별을 막는 도덕적 저항, 복잡한 일을 크게 만들기 싫은 회피 저항의 모습이 나타난다.

동화 속에 등장하는 신데렐라나 콩쥐는 모두 착한 여자들이다. 이 캐릭터들은 부당한 대우를 참고 견디는 '착한 여자 콤플렉스'의 전형을 보여 준다. 그런데 착한 여자 콤플렉스 역시 자아이상이 만들어 내는 저항이다. 스스로 희생양이 되려는 것은 좋은 일을 하겠다는 생각에서 시작된다. 자신의 행복이나 평안보다는 남들로부터 받는 칭찬이나 위로에 의미를 두고 보상을 받으려는 심리가 우선한다.

희생양이 되겠다고 생각하는 사람의 마음속에는 '나쁜 일은 나쁜 사람에게 일어나고 좋은 일은 좋은 사람에게 일어난다'는 권선징악의 구도가 자리 잡고 있다고 심리학자 로버트 L. 리히Robert L. Leahy는 주장한다. 희생양 저항의 기저에는 권선징악의 원리에 따라 지금 선한 일을 하고 좋은 사람이 되면 미래에 행복이 보장된다는 믿음이 깔려 있다. 또는 지금 자신에게 일어나는 나쁜 일은 자신이 저지른 잘못 때문이라고 생각하기도 한다. 그래서 나쁜 일이 생겨도 어차피 일어날 일이라고 여기며 버티는 것이다.

이런 저항은 자아이상이나 양심이 만드는 자기 기준에 따른 결과다. 그런데 이런 저항은 한두 번으로 끝나지 않고 반복해서 나타나 패턴으로 고착되는 경우가 많다. 예를 들어 어릴 때 성폭행을 당한 여성 중에 성매매나 유흥업에 종사하는 경우가 상당수 있다. 이들은 자신의 아픈 과거를 떨쳐 내지 못하고 어떻게 살아도 상관없다고 생각한다. 그리고 남성들에게 폭행을 당해도 신고하지 않는다. 폭행하는 남자와 헤어진 여성이 이후에도 비슷한 남성을 만나거나 재혼하는 경향도 '희생양 저항' 때문이라고 리히 박사는 말한다.

그러나 이것은 착각이다. 지금 자신이 희생된다고 미래의 고통이 사라질 것이라는 생각은 명백한 오류다. 지금 교통사고를 당했다고 해서 앞으로 교통사고로부터 안전할 것이라는 보장이 어디 있는가. 오히려 고통에 익숙해져 유사한 고통 패턴이 재현되어도 아픔을 느끼지 못하는 불행한 사태가 생길 수 있다. 가능하다면 악은 피해야 한다. 어째서 누군가의 인생에 희생양이 되어야 하는가? 스스로 희생양이 되어 자신의 운명과 사회를 순화하겠다는 생각은 초자아가 만들어 놓은 엉뚱한 착각에 불과하다.

다음 페이지 표의 왼쪽 열은 스스로 희생양이 되려는 사람의 사고 유형이다. 이와 같은 생각이 들어서 스스로 희생양을 자초하려 할 때마다 오른쪽 열에 설명한 방식으로 생각을 전환하여 '희생양'에서 벗어나야 한다.

우리의 마음은 다소 이기적일 때 건강할 수 있다. 자존감은 약간의 이기심에 기반을 두고 '나는 그래도 괜찮다'는 생각을 믿는 것이다. 희생양이 되는 것에서 벗어나야 마음의 건강함을 유지하고 자유로울 수 있다.

희생양 벗어나기 연습

희생양 되기 패턴	희생양에서 벗어나기
나쁜 일이 일어나면 그것은 자신이 저지른 어떤 죄에 대한 벌이라고 생각한다.	나쁜 일은 모든 사람에게 일어날 수 있다. 나만 겪을 이유가 없다.
그가 악의를 가지고 나쁜 짓을 했지만 나는 그의 악의를 받아들여야 한다.	왜 그런 악의를 받아야 하는가? 나는 희생자가 될 이유가 없다.
자신에게만 문제가 생겼다고 생각한다.	모든 사람에게 문제가 생길 수 있다.
문제를 해결하지 않고 고통을 참으려고 한다.	참는다고 사라지지 않는다. 참지 말고 벗어나라.
절대로 그 문제를 해결할 수 없다고 생각한다.	지금부터 문제 해결법을 찾으면 된다. 찾지 못하고 있을 뿐이었다.
대안이 될 만한 방법이 없고, 지금의 고통을 견뎌내면 사라질 것이라고 생각한다.	고통을 견딘다고 해도 문제는 결코 해결되지 않는다.

문제는 저항력이다

정서와 저항

정서 저항은 불안, 두려움 같은 정서가 원인이 되어 만들어 낸다. 거의 모든 저항에는 두려움을 피하려는 의도가 깔려 있다. 저항은 마음의 모든 요소들과 복잡하게 얽혀 있지만, 그중에서 특히 정서와 깊이 관계된 것이 몇 가지 있다.

두려움이 불러온
회피

사람은 누구나 변화를 싫어한다. 변화가 야기할 불안과 두려움 때문에 저항한다. 변화가 위험하다고 생각되어 변하지 않으려는 것이다. 이러한 저항은 동기와 인지, 행동에서도 유발되지만, 가장 중요한 원인은 정서에 있다. 두려움과 불안이라는 정서가 변화를 피하고 싶은 가장 큰 원인이기 때문이다.

예를 들어 상사의 부당한 요구와 억압에 못 이겨 직장을 그만두려는 스물아홉 살 여성이 있다. 현재 직장을 그만두고 다른 직장으로 옮기거나 대학원에 가고 싶다는 생각을 한다. 그러나 다른 직장을 쉽게 구할 거라는 보장도 없고 대학원 학비도 만만찮다. 게다가 대학원에 진학할 경우, 졸업하고 나면 나이 때문에 취직이 어려울 것 같아 망설여진다. 그냥 결혼해서 주부로 살고 싶기도 하지만 당장 결혼할 사람이 있는 것도 아니다. 요즘 같은 취업난에 실업자가 된다면 너무 비참할 것 같다. 친척이나 지인들도 자기를 무시할 것 같아 회사를 그만두지 못하겠다. 그녀는 모든 것이 불안하고 두렵다.

그녀는 변하고 싶지만 두려움 때문에 변화 자체를 회피하고 있다. 우리는 이 여성처럼, 변화를 강력하게 원하면서도 한편으로 안정된 현 상태를 잃는 것이 불안하고 두려워 행동에 옮기지 못한다. 그래서 불합리한 현재 상황을 합리화하며 자신을 속이고 변화에 저항한다. 두려움이나 불안 같은 정서적 부담이 있는 일을 회피하고 싶은 것은 인지상정이다.

좌절감이 싫다

달성하기 매우 어려워 보이는 목표를 추구하는 사람이 있다. 당연히 목표를 이루기란 쉽지 않다. 얼핏 보면 꿈이 원대해서 이루지 못한 것 같기도 하다. 그러나 제대로 시도조차 하지 않는 경우가 많다. 교묘한 심리적 명분을 위해서 일부러 높은 목표를 선택한 것이다. 이것은 명확하지 않은 동기로 인한 저항으로 볼 수도 있고, 결국 시도하지 않는다는 점에서 행동의 저항으로 볼 수도 있다. 그러나 실패가 주는 슬픔이나 좌절을 피하기 위해 이루지 못할 높은 목표를 추구한다는 점에서는 정서적 저항으로 간주해도 된다.

지방 대학 출신의 30대 남자가 취직이 안 되자 대학원에 가야겠다고 결정했다. 취업이 안 된다고 대학원을 가려는 사람 중에 이후 몇 명이나 성공할까? 그는 준비가 전혀 안 되어 있으면서 기왕 대학원에 가기로 했으니 유학을 떠나겠다고 한다. 그것도 미국의 아이비리그에 가겠다며 거창한 계획을 세워 친구들에게 말하고 다닌다. 이 사람은 정말 그 목표를 달성할 수 있을 거라고 생각할까?

그는 사실 아이비리그에 들어갈 수 있을 거라고 생각하지 않는다. 하지만 목표가 워낙에 높기 때문에 실패한다고 해도, 자신이 나온 대학의 대학원과 같은 어느 정도 가능한 수준의 목표에서 실패하는 것보다는 그 상처가 덜할 거라고 판단하는 것이다. 그리고 '열심히 준비했는데 가지 못하는 억울한 상황'을 피하기 위해서 최선을 다하지도 않는다. 그러면서 미국 유학을 꿈꾼다. 이는 취업 실패에 대한 보상심리일 수도 있고, 한국에서 갈 만한 대학원이 없는 것을 숨기기 위한 위장전략일 수도 있다. 이런 현상을 심리학에서는 '위험을 피하는 저항', 즉 '회피 저항'으로 분류한다.

많은 사람이 이와 비슷한 실수를 하면서 살아간다. 그래서 원대한 목표가 무조건 좋은 것은 아니다. 너무 거창한 목표는 노력 자체를 마비시킨다. 현실에 기반한 목표를 정해야만 자신을 채근해서 한 걸음씩 나아갈 수 있다. 노력이 수포로 돌아가는 위험이 없이 보여야 최선을 다한다. 인간의 마음이란 이렇게 예민하다. 너무 높은 목표는 위험하지만 현재보다 조금 높은 목표를 세워야 성장할 수 있다. 마음이란 다루기가 참 어렵다.

인지와 저항

인지로 인한 저항은 생각이 만들어 내는 것이다. 앞서 살펴본 엘리스 박사가 말한 부정적인 역기능적 사고가 만들어 내는 저항이나 에런 벡의 부적응 스키마가 만드는 저항 모두 인지의 저항에 해당한다. 우리의 인지가 잘못된 판단이나 오해, 착각을 일으켜 저항이 만들어지는 경우다. 이처럼 저항은 인지 왜곡으로 인한 경우가 가장 많다.

보고 싶은 것만
보게 하는 장벽

MIT에서 다음과 같은 실험을 했다. 한 사람에게 "너는 이것을 할 수 없어"라고 말한 뒤 그가 그 말을 믿게끔 하는 것이다.

피실험자가 이 말을 믿기 시작하면, 그 믿음을 뒤집어, 할 수 있다고 생각하게 만들기 위해 "너는 이것을 할 수 있어"라고 말해 준다. 그런데 실험 결과가 놀라웠다. 할 수 없다고 생각하는 사람을 할 수 있다고 믿게 하려면 "너는 할 수 있어"라는 말을 평균 17번은 들려줘야 했다. 한번 믿어 버린 것을 뒤집기는 이렇게 어렵다. 그것의 뿌리에 인지가 강하게 작동하고 있기 때문이다.

새로 해야 할 일을 막고 원래 하던 대로 계속하게 하려는 이런 현상이 앞에서 잠깐 언급했던 '초두효과'다. '초두효과'는 첫인상처럼 최초의 정보가 계속해서 강력한 영향력을 미치는 마음의 현상으로, 이로 인해 순행 간섭이 나타난다. 이것이 내적 저항의 하나로 작용할 수 있다. 한번 정해진 것을 바꾸지 않고 계속 작동하게 하는 것은 마음이 변화를 거부하기 때문이다. 이 모든 과정에 인지가 작동한다. 인지는 변화를 싫어한다. 변화하는 데 부담이 크기 때문이다. 인지 일관성은 우리가 생각을 달리하려는 시도를 막아선다.

나는 혼자 조용히 생각할 수 있는 운전하는 시간을 좋아한다. 그래서 대중교통보다 자가용을 주로 이용한다. 한번은 을지로에 갈 일이 있었는데, 주차하기 어려워 버스와 지하철을 이용하기로 했다. 지금 살고 있는 수원 집 앞에서는 시내버스를 한 번도 타본 적이 없어 인터넷으로 검색해서 사당행 광역버스를 탔다.

한참을 달린 후 버스가 멈춰 섰다. 종점에 도착했는데, 사당이 아니었다. 기사님께 사당으로 가야 한다고 말하자 거기서 출발하는 다른 버스로 갈아타라고 했다. '이렇게 멀리까지 와서 갈아타야 하는 건가?' 처음엔 그렇게 생각했다. 안내해 준 대로 갈아타자 버스가 곧 출발했다. 그런데 왔던 길을 되돌아가는 게 아닌가? 그제야 나는 생각 없이 반대 방향으로 가는 버스를 탔다는 사실을 깨달았다.

어떻게 버스를 타고 가는 내내 역주행 버스를 탄 것을 알아차리지 못했을까? 그리고 종점이 사당이 아님을 알았을 때조차 왜 그곳이 반대편 종점임을 생각하지 못한 것일까?

이것도 일종의 순행간섭, 즉 초두현상이다. 한번 결정한 것이 마음의 저항이 되어 다른 생각이 들어오는 것을 막은 결과라고 볼 수 있다. 자신이 이미 결정한 것을 옳다고 믿고 싶은 마음에서 비롯된 오류다. 이런 현상은 인지 부조화가 일어나는 것을 막거나 매몰비용효과 때문이다. 이론적으로 알고 있던 현상을 내가 직접 겪으며, 우리 마음에서 이런 실수를 얼마나 많이 할까 생각해 보게 되었다.

심리학자들은 '에릭센 플랭커스 과제Eriksen Flankers Task' 혹은 '반응간섭 과제'라는 연구 방법을 이용해 어떻게 해서 이런 일이 일어나는지 설명한다. 반응간섭 과제 실험은 다음과 같이 진행된다. 연구진이 컴퓨터 화면을 통해 실험 참가자에게 3개가 세트로 된 기호를 보여 준다. 그 기호들은 순식간에 나타났다가 사라져 버린다. 한눈에 보고 기억해야 한다. 3개의 기호가 나란히 배치되어 있다. 가운데 기호를 기준으로 양쪽에 같은 기호가 하나씩 배치되어 있는데, 어떤 경우는 양쪽 기호가 둘 다 가운데 기호를 향해 있다. 예를 들면 ▶♠◀와 같은 식이다. 이런 것을 '일치 조건'이라고 부른다. 반대로 양쪽 기호가 가운데 기호를 등지고 있는 것은 '불일치조건'이라고 한다. ◀♣▶와 같은 세트다.

또한 가운데 기호를 바라보지도 등지지도 않는 것은 '중립조건'이라고 한다. 예를 들면 ▲★▼, ▶♥▼와 같이 가운데 기호를 중심으로 양쪽 기호의 방향이 일관되지 않은 상태로 나타난다. 이들 3개의 기호 세트를 실험 참가자들에게 보여 준다. 이 기호가 화면에 나타났다가 사라진 후 연구진은 참가자들에게 자기가 본 것이 '일치조건'인지 '불일치조건'인지, '중립조건'인지 평가하라고 했다.

이 실험 후 특이한 현상이 확인되었다. 문제가 무엇이든 피험자들은 자신이 화면을 정확히 보았다고 주장한다는 것이다. 하지만 실제 화면과 대조해 보면 거의 절반 이상 틀려 피험자들은 충격에 빠졌다.

이러한 현상은 뇌가 저지르는 오류 때문에 일어난다. 실험 참가자들은 많은 문제를 풀었다. 쉬운 문제도 있고 어려운 문제도 있었다. 그중 특별히 쉬웠던 문제가 피험자의 뇌에 강한 영향을 주어, 그것 외의 다른 문제들을 무시하게 만들었다고 연구자들은 보고했다.

예를 들어 한 패턴을 보여 준 뒤 다른 패턴으로 변경해서 보여 주어도 뇌는 여전히 새 정보를 차단하고 기존의 정보에 집착한다. 새로 들어온 패턴이 이전과 같은 패턴이라고 판단해 버리는 오류를 저지르는 것이다. 즉 일치조건을 보여 주다가 중립조건을 보여 주면 새로 들어오는 패턴을 직시하는 대신 처음 본 일치조건이라는 정보가 자꾸 새로운 반응을 간섭해, 새로 입력되는 문제가 중립이 아닌 일치조건처럼 착각하도록 만든다는 것이다. 이처럼 인간은 보고 싶은 것만 보기 쉬운 동물이다.

문제는 저항력이다

우리는 제대로
보고 듣는 것일까?

이처럼 우리가 제대로 보고 듣는다고 생각하는 것 중에 수없이 많은 오류가 있다. 언젠가 상담사 교육 중 집단 활동을 할 때 이야기다. 성인들로 구성된 학습자들을 5명씩 2개의 조로 나누었다. 그리고 대표자에게 하나의 그림을 보여 주었다. 태양과 지구와 달이라고 쓰인 색깔이 각기 다른 도형 3개가 톱니로 맞물려 회전하는 형상의 단순한 그림이었다. 조장은 그 그림을 보고 다음 참가자에게 말로 상세히 설명하는 실험이었다. 그림을 그려서 보여 주면 안 되고 말로만 설명하게 했다.

그러면 설명을 들은 피험자가 다음 사람에게 동일한 방법으로 설명한다. 그렇게 5명이 릴레이로 설명하고 설명을 듣는다. 그러고 나서 모두 돌아와 자기가 앞사람에게서 듣고 뒷사람에게 설명해 준 내용을 그림으로 그리게 했다. 색깔도 칠하게 했다. 이후 그 그림을 번호 순서대로 벽에 부착해 보았다. 그러자 어처구니없는 결과가 나타났다. 한 팀의 경우, 3개의 도형이 5번째 주자의 그림에서는 수십 마리 물고기 떼로 변했다. 다른 팀은 배치는 달랐지만 비교적 흡사하게 나타났다. 하지만 2번 이하 참가자가 최초 그림을 봤던 1번 참가자와 동일한 그림을 그린 경우는 거의 없었다.

비슷한 실험 사례로 '보이지 않는 고릴라' 실험이 있다. 심리학자 다니엘 J. 사이먼스 Daniel J. Simons와 크리스토퍼 차브리스 Christopher Chabris가 한 유명한 실험이다. 실험자에게 동영상을 보여 준다. 영상에는 흰색 티셔츠와 검은색 티셔츠를 입은 여학생이 각각 3명씩 등장해 전체 6명이 서로에게 공을 던지는 장면이 나타난다. 영상을 보는 실험 참가자에게 공이 몇 번 던져졌는지 세어 보라고 했다.

6명의 학생은 어지럽게 돌아다니며 서로 공을 넌지고 받는 행동을 반복했다. 영상이 끝난 후 실험자에게 공을 몇 번 던졌는지 물어봤다. 정답은 16번이다. 그런데 이 실험의 핵심은 16번이라는 정답을 맞히는 것이 아니다. 여학생들이 어지럽게 돌아다니는 중간에 고릴라 옷을 입은 사람이 그 무대에 잠시 나타나 손을 흔들고 들어가는 장면이 있다.

이 실험의 핵심은 피험자들이 그 고릴라를 볼 수 있었는가를 알아내는 것이다. 실험자에게 화면에서 고릴라를 보았느냐고 물어보았다. 놀랍게도 응답자의 절반가량이 고릴라를 보지 못했다고 답했다. 공의 이동 횟수에만 집중해 사람 크기의 고릴라가 손을 흔들며 지나가는 장면을 절반이나 되는 피험자가 놓친 것이다.

이처럼 우리 마음은 믿을 수 있는 것일까? 마음의 저항이 언제 어떤 식으로 우리를 괴롭히고 착각하게 만들지 모른다.

본전
생각에

'매몰비용효과'라는 말을 들어 보았는가? 이미 투자한 본전을 포기할 수 없다는 것이 매몰비용효과다. 다음 사례를 통해 매몰비용에 대해 생각해 보자. 핼 알크스Hal Arkes와 캐서린 블러머Catherine Blumer는 매몰비용에 대한 조사를 실시했다.

문제는 저항력이다

"당신이 항공기 제작 회사의 사장이라고 가정하자. 그런데 새로운 비행기 개발이 절실해서 레이더에 걸리지 않는 차세대 비행기 연구에 100억을 투자하기로 결정했다. 그런데 연구가 90% 정도 완성됐을 때 다른 회사에서 레이더에 걸리지 않는 비행기를 만들어 판매하기 시작했다. 게다가 그 비행기는 당신 회사가 현재 개발하고 있는 기종보다 속도도 빠르고 가격도 훨씬 싸다. 당신 회사의 비행기가 개발되어 시판되어도 경쟁에서 밀릴 것 같아 불안하다. 그렇다면 당신은 이 비행기 연구를 위해 남은 돈의 10%인 10억을 계속 투자할 것인가? 아니면 여기서 그만둘 것인가?"

조사 대상자 85%가 '계속 비행기를 만들겠다'라고 대답했다.

그런데 다른 조사 대상자들에게는 이 연구가 이미 90% 진행되었다는 사실을 숨기고 같은 질문을 해보았다. 그러자 대다수가 '그런 연구에는 절대로 투자하면 안 된다'는 쪽을 선택했다. 즉 과거에 들인 비용을 알고 있는 사람들은 재투자를 선택하는 경우가 높았고, 과거에 들인 비용을 모르는 쪽은 투자 중단을 선택했다. 알크스와 블러머는 이런 차이가 생기는 이유가 '매몰비용효과'에 있다고 했다.

매몰비용이란 이미 지불해 버려 회수가 불가능한 비용을 말한다. 돈만 의미하는 것은 아니다. 시간, 노력 등이 모두 포함된다. 앞의 사례에서는 이미 들어간 90억이 매몰비용이다. 응답자들은 그 90억이라는 본전이 아까워 남은 10억을 더 투자하려는 것이다. 이것이 우리의 인지가 저항하는 하나의 이유로 작용할 수 있다. 그렇다면 매몰비용효과가 발생하는 더 깊은 심리적 이유는 무엇일까?

로버트 리히 박사가 쓴 『Overcoming Resistance in Cognitive Therapy』를 보면 그 이유를 알 수 있다. 이 책에는 다음과 같은 사례가 나온다. 2년간 유부남과 사귀어 온 이혼녀가 있다. 남자는 항상 아내와 이혼하겠다고 말하지만 노력하지 않는 것 같다. 시간이 흐를수록 그녀는 변하지 않는 상황에 좌절하고, 그로 인해 싸움도 잦아진다. 하지만 남자는 아내를 버리지 않고 이 여자도 그 남자를 떠나지 않는다.

리히 박사는 이것을 '매몰비용효과'로 설명한다. 두 사람 다 이미 에너지를 많이 투자한 관계이므로 깨기 싫은 것이다. 그런데 이 문제를 좀 더 깊이 조사한 리히는 그녀의 과거 역시 매몰비용효과가 심리적으로 연관되어 있다는 사실을 알아냈다.

그녀의 전남편은 바람둥이였다. 쉬지 않고 여러 여자와 불륜을 저지르는 남편으로 인해 그녀는 어쩔 수 없이 이혼했다. 이혼할 당시 그녀는, "다시는 남자의 바람기 때문에 고통받지 않겠다"고 결심했다고 한다. 그래서 유부남과 만났다. 그녀 입장에선 심리적 부담이 더 적었던 것이다. 이미 아내가 있으므로 최소한 여자 문제로 놀랄 일은 없었다. 설사 다른 여자가 생긴다 해도 충격이 적을 것이다. 왜냐하면 어차피 이 남자는 완전히 자기 몫이 아니기 때문이다. 이렇게 그 남자의 일부분만 자기와 연결되어 있으면 된다고 생각하는 점이 이 여자로 하여금 남자를 떠나지 않게 한다고 리히는 설명한다. 여자는 남자에게 아내와 이혼하라고 닦달하지만, 여자의 마음속 깊이 들어가면 그녀의 불평은 사실 '아내를 떠나지 않겠다'는 그 남자의 답변을 확인하는 작업이다.

오히려 남자가 지금의 아내와 이혼하고 자신과 결혼하겠다고 나오는

문제는 저항력이다

것이 불안한 일이다. 전남편이 자신을 배신한 것처럼, 새로운 남자도 언제든 다른 여자를 만날 수 있다는 걱정에 시달려야 하기 때문이다. 게다가 그녀는 그와의 관계를 유지하기 위해서 상당한 매몰비용을 쏟아부었다. 변화를 주어 이 상황을 바꾸어 버리기 아깝다는 생각이 든다. 남자가 변해 버리면 이 여자는 많은 것을 재편성해야 한다.

이렇듯 매몰비용 때문에 그녀는 현재의 관계가 조금도 변해선 안 된다고 생각한다. 변해 버리면 매몰비용은 날아가 버리고 앞으로의 상황도 어찌 될지 알 수 없기 때문이다. 우리는 얼마나 자주 이런 오류에 빠지는 것일까? 변해 버리면 통제할 수 없고, 예측하기 어렵기 때문에 현재 상태를 고수하려 한다. 통제 불가능한 것과 예측 불가능한 조건일 때는 깊이 생각하지 않고 변화에 저항부터 하는 게 마음이다. 변화로 저항을 겪으면 무기력까지 느끼게 된다. 이들은 헤어지지도 이혼하지도 화해하지도 싸우지도 않고 이 상태를 오래도록 끌고 간다.

마음은
은밀히 움직인다

사람들은 동일한 사건이나 사람에 대해 동시에 두 가지 이상의 상반된 평가를 하는 것을 힘들어한다. 이유는 인지부조화 때문이다. 같은 대상에 대해 생각이 두 가지 이상일 때 인지 방식이 충돌한다. 그래서 여러 평가가 동시에 올라오면 혼란스러워 둘 중 하나로 통일되기를 바란다.

미국의 사회심리학자 레온 페스팅거Leon Festinger는 이런 현상에 대해 "사람은 불일치되는 믿음들을 가급적 서로 조화시키려는 욕구를 가진다"라는 말로 설명하며 '인지부조화 이론cognitive dissonance theory'을 발표했다. 페스팅거가 말하는 인지부조화는 두 가지 이상의 반대되는 믿음, 생각, 가치를 동시에 지닐 때, 또는 기존에 가지고 있던 것과 반대되는 새로운 정보를 접할 때 개인이 받는 정신적 스트레스나 불편한 경험을 뜻한다.

불일치를 겪고 있는 사람은 심리적으로 불편해질 것이며, 불일치를 줄이려 하거나, 불일치가 증가하는 행동을 피할 것이라고 페스팅거는 주장했다. 이런 인지부조화를 겪으면 공격적, 합리화, 퇴행, 고착, 체념과 같은 증상을 보인다고 한다. 이것들이 모두 저항으로 작용할 수 있다. 이렇듯 인지부조화를 막기 위해 인지에서 저항이 일어난다.

예를 들어 보자. 현재 보상도 없는 지겨운 일을 하고 있고 앞으로도 계속해야만 할 때, 우리는 그 일을 계속해야 할지 말아야 할지 고민한다. 그만둘 수 있다면 좋겠지만 어쩔 수 없이 계속해야 할 때는 이렇게 생각을 바꾼다. '이 일은 내게 매우 중요하고, 지금은 아니라도 나중에 큰 보상이 있을 거야.'

물론 이런 식의 인지 전환은 우리를 인내하게 하고 행동을 지속시켜주므로 도움이 되기도 한다. 하지만 인지 전환이 비정상적인 생각이나 부도덕한 행위에 정당성을 부여하는 의도로 쓰이면 문제가 될 수 있다. 이런 식의 변명에 익숙해지면 실패와 절망에도 점점 익숙해진다. 인지부조화를 없애려는 시도는 지각하지 못하는 사이 일어나기 쉬우므로 생각

문제는 저항력이다

의 흐름을 항상 지켜보아야 한다. 내가 왜 합리화하고 있는지 정확한 이유를 알아야 마음의 속임수에 넘어가지 않게 된다.

옳음을
증명하기 위한 변명

글을 쓰지 않는 나는 변명을 만드는 선수다. 나는 내가 변화에 저항하고 출발선에서 움직이지 않는 이유를 수십 가지도 더 만들어 낼 수 있다. 존경하던 선생님이 돌아가신 충격에서 헤어나지 못하고 있다. 나이가 많아지니 집중력이 예전과 다르다. 나를 홍보하려니 장사꾼이 된 것 같아서 싫다. 강의보다 콘텐츠 개발에 먼저 집중해야 하고 오랜 시간 생각하고 쓴 글이 더 탄탄하다는 등 구질구질한 변명을 한다. 그 이유가 뭘까? 결론부터 말하면, 상대의 동의를 구하기 위함이다.

상대에게 동의를 구하고 나의 게으름과 미루기의 타당함을 인정받기 위해서는 변명과 설명이 필요하다. 변하지 않는 자신이 싫지만 변할 수 없는 이유를 나열하며 자신이 그럴 수밖에 없는 이유에 대해서 상대방의 동의를 바라는 것이다.

로버트 리히는 이런 식으로 저항하는 것을 '타당성 저항'이라고 불렀다. '타당성 저항'이란 자기가 왜 그럴 수밖에 없는지 인정받기 위해 취하는 모든 저항을 말한다. 과거의 행동이 타당했다는 것을 인정받기 위해 할 수 있는 모든 방법을 동원해 변명하고 호소하고 협박하고 설명한다.

우리는 친구에게, 배우자에게, 혹은 자녀에게 얼마나 자주 이런 저항을 보이고 있는가? 그렇게 해서 과거의 결정과 현재의 행동에 대해 인정받으면 비로소 편안해한다. 하지만 그것이 통하지 않으면, 상대에게 불평하거나 침묵하고, 자기에게 동의하지 않는 사람과 삼성석으로 거리를 두려고 한다.

이와 같이 타당성 저항이 나타나는 것은 그들의 동의가 심리적 만족을 주기 때문이다. 내가 옳다는 것을 인정받는 것이 변화 그 자체보다 더 큰 만족을 주기 때문에 이런 헛된 노력을 하는 것이다. 이처럼 자신이 틀렸음을 끝까지 자각하지 못하면 결국 고집불통 노인이 되어 수십 년 전의 기억에 갇혀서 죽을지도 모른다. 그러므로 누군가에게 변명하고 싶거나 어쩔 수 없었다는 생각부터 버려야 한다. 언제까지 과거의 망령에 붙잡혀 살 것인가?

욕망을 먼저
인정하라

그런데 타당성을 인정받기 위해 강력하게 저항하는 사람을 대할 때 우선시할 것이 있다. 그것은 바로 '당신의 고통과 절망감이 당연하다'고 확인시켜 주는 작업이다. 그들의 타당성 저항을 멈추게 하려면 먼저 공감하고 지지해 줘야 한다. 인정받고 나면 포기할 수 있다. 심리상담이나 코칭의 기술에서 공감해 주고 지지해 주는 것을 최우선으로 하는 이유는 이 때문이다. 그래야 저항을 풀고 상담이나 코칭이 효과를 볼 수 있다.

이런 작업을 거치지 않은 채 상담자가 과제를 내주고 미래 방향을 제시하면, 내담자는 자신이 무시당한다고 생각하며 마음속으로 '나를 정확히 이해하지도 못하는 주제에 어떻게 나를 도와준다는 거지?'라고 의심한다. 그러므로 상대가 누구든 그의 욕망을 먼저 인정해 주자. 욕망을 무시하는 사람에게는 원한을 갖지만 자기 욕구를 지지해 주는 사람은 그가 누구든 아군이라고 느낀다.

이 방법을 자신에게도 적용할 수 있다. 변하겠다고 결심하지만 저항을 넘지 못하고 무기력에 빠지며 변명만 되풀이할 때가 있다. 그럴 때는 자신을 이해하고 스스로를 지지하는, 마음의 기초 작업이 필요하다. 우선 자기 욕망을 이해하고 받아들이며, 충실해야 한다. 자기 포용이다. 자신을 받아들이지 못하는 사람은 수치심을 가진다. 하지만 자신을 받아들이는 포용이 될 때 사랑으로 갈 수 있다. 니체가 말한 우리의 어린아이는 이렇게 태어난다. 자기 수용이 아이를 잉태하게 해준다.

행동과 저항

　행동하지 않는 것은 저항의 결과다. 모든 저항은 결국 행동하지 않는 모습으로 나타난다. 물론 실행하려고 보니 기술이 부족해서 어찌해야 할지 몰라 행동에 저항하는 경우도 있긴 하다. 또한 동기, 정서, 인지의 저항이 결합되어 행동의 저항으로 나타나기도 한다. 하지만 저항이 나타나는 가장 주요한 원인 중 하나는 행동하지 않는, 습관의 문제에 있다. 행동하지 않는 것이 계속 행동하지 않게 만드는 것이다. 관성의 법칙을 이겨 내고 습관을 고치는 것이 아주 어려운 이유가 바로 여기에 있다.

자기를 불구로
만드는 전략

대서양을 항해하는 유람선이 있다. 이 유람선은 따스한 봄날 잔잔한 바다 위를 떠다니기도 하고, 거친 폭풍 속을 항해하기도 한다. 그런데 어느 날 엔진을 아무리 가동해도 배가 앞으로 나가지 않아 기관사는 당황한다. 엔진은 정상인데 배가 움직이지 않자 기관사는 선장에게 보고한다.

"선장님, 아무래도 우리 배가 암초에 걸린 것 같습니다."

선장은 엔진을 살펴보고 나서 갑판으로 가더니 뜻밖에도 닻을 올리라고 소리친다. 닻을 올리지 않아서 배가 전진하지 못했던 것이다.

이런 현상이 마음에서도 종종 나타난다. 닻을 올리지 않아 나가지 못하는데 암초에 걸렸다고 생각하는 기관사처럼, '외부의 암초가 자신을 막아서 못했다고 말하는 현상'을 심리학에서는 '자기불구화 전략'이라고 한다. 즉 사고로 불구가 되어 걷지 못하는 것처럼, 외부의 브레이크가 막아서 행동할 수 없었다고 변명하는 것이다.

리히 박사는 자기불구화 전략을 취하는 가장 중요한 이유가 자기 능력의 직접적인 평가를 피하기 위해서라고 했다. 한마디로 자기불구화 전략은 자신이 그것을 못하게 된 '방해물'을 만들어 능력을 평가받을 수 없게 하는 것이다. 자기 능력에 대한 변명거리를 만들거나, 평가 자체를 모호하게 만들어 자존심을 보호하려 한다. 물론 자기불구화 전략에도 동기, 인지, 정서가 다 함께 작동하지만 행동하지 않는 것에 대한 직접적인 핑계를 제공하므로 행동 저항으로 분류할 수 있겠다.

닻도 올리지 않고 암초 때문에 배가 나가지 못한다고 주장하는 것처럼, 우리는 행동하지 않는 데 대한 핑계를 셀 수 없이 많이 만든다.

방송국에서 일하던 한 지인이 오래전에 엑시머 레이저 수술을 받았다. 그런데 수술하고 20년이 지난 후에도 눈 때문에 방송 일이 어렵고 인간관계도 어려우며 아내와도 잘 지낼 수 없다고 말했다. 그는 자주 한숨을 쉬며 눈 수술한 것을 후회한다고 하더니, 결국 회사를 퇴직해 버렸다. 이후 이들 가정은 여러 가지 면에서 매우 어려워졌다. 그는 눈 수술이라는 핑계거리를 자기불구화 전략으로 사용한 것이다. 물론 그가 눈으로 인해 고통받았다는 것은 사실일 것이다. 그렇다고 해도 그것으로 인해 직장 일과 인간관계, 재정, 가정 모든 면에서 문제가 생겼다는 건 다소 납득하기 어렵다. '능력이 없거나 노력하지 않았다'는 사실을 숨기고, 대신 모든 문제의 원인을 눈 수술 탓으로 돌리며 자기불구화 전략을 취한 것으로 보인다.

리히는 이런 자기불구화 전략이 주는 최고의 심리적 수혜는 진짜 문제를 덮어 버리는 것이라고 했다. '~때문에 행동하지 못했다'는 핑계를 전면에 내세우면 '자신이 할 능력이 부족하다'는 진짜 이유를 감출 수 있다. 이처럼 우리는 인정하기 싫은 자기 약점을 다른 핑계로 감추려고 하는데, 그것이 여러 가지 저항으로 나타날 수 있다.

이런 자기불구화 전략을 내버려 두면 '가장 위험한 저항'이 된다. 왜냐하면 자기를 불구로 만드는 동안 할 수 있는 것은 아무것도 없기 때문이다. 무기력은 연장되고 저항력은 더욱 강화된다. 진짜 문제를 모른 척하면 어떤 변화와 성장도 일어날 수 없다.

이처럼 자기불구화 전략을 쓰면서 진짜 문제를 덮으려고 하는 이유는 뭘까? 결국 자존심 때문이라고 리히는 말한다. 사실 능력 부족으로 실패했다고 밝혀지는 것은 매우 자존심 상하는 일이다. 능력 부족보다는 오히려 시도하지 않는 편이 더 자존심을 지킬 수 있다. 이처럼 알면서 자기불구화 전략을 취하는 경우도 있지만, 대부분 의식하지 못한 채 이런 실수를 저지르곤 한다. 자기도 모르는 사이 행동에 저항하는 것이다.

나 역시 그런 사람 중 한 명이다. 나는 인생을 낭비한 중대한 이유가 결혼 때문이라고 생각했다. 실제로 결혼하고 나서 무기력해졌기 때문에 완전히 틀린 생각은 아니었다. 그러나 더 강인한 마음의 힘을 가지고 있었더라면 무기력의 재앙을 만나지 않았을지도 모른다. 그때 나는 암초에 걸려 나가지 못한다고 생각했다. 명백히 잘못된 생각이었다.

우리는 누구도 불구가 아니다. 그저 걷지 못한다고 생각하기 때문에 걷지 못하는 것이다. 강력한 마음의 힘을 가진다면 우리의 배는 어떤 곳으로도 항해할 수 있다. 아직 연료도 있고 배도 튼튼하며 가장 먼 여행이 남아 있다. 닻을 올리고 엔진을 가동시켜야 한다. 마음의 힘이 있을 때, 이 모든 것이 가능해진다.

부적응적 스키마

성격심리학자 조지 켈리George Kelly는 1955년에 "사람은 고유한 시각을 갖는 개인적 심상 또는 개념으로 세상을 구성한다"고 주장했다. 이후 사람에게는 세상을 보는 나름의 방식이 있다는 것이 심리학의 주요 연구 주제 중 하나가 되었다. 세상이나 자신을 보는 방식, 사태에 대한 해석 방식이 바로 스키마다.

스키마는 영국의 심리학자 바틀릿^{F. C. Bartlett}이 주장한 것으로, '인간의 기억 속에 쌓인 지식의 구조'를 말한다. 인간은 자신의 스키마에 따라 지각하고, 외부 대상과의 관계를 해석하며, 사고하는 길을 만들어 낸다. 스키마는 아동기부터 형성되기 시작하는데, 부모의 가르침과 양육 방식, 공식적이거나 비공식적인 모든 교육, 또래 친구와의 경험, 마음의 상처와 같은 외상 경험, 성공한 경험이 준 유능감, 실패가 주는 좌절 등 경험한 모든 것이 스키마를 만든다. 성인이 된 후에도 스키마는 계속 변형되고 성장한다.

앤디 클라크^{Andy Clark}는 스키마를 세분하여 3가지 종류로 나누었다. 첫째, 단순 스키마다. 이것은 정신에는 거의 영향을 미치지 않는 것으로, 환경이나 물리적 성질, 일상 활동 규칙, 혹은 자연 법칙들에 대한 생각으로 이루어진 스키마다. 예를 들어 '고속도로에서는 졸음운전을 삼가야 한다', '양질의 교육은 아이를 성장시킨다', '천둥을 동반한 폭우가 내리면 피할 곳을 찾아라'와 같이 누구나 동의할 수 있는 스키마다. 이런 스키마는 저항과 왜곡을 만들지 않는다.

둘째, 중간 신념과 가정 스키마다. 이것은 우리 마음속에 존재하는 많은 규칙을 말한다. 우리 마음속에는 '만약 ~하면 ~할'과 같은 조건과 규칙이 많이 있다. '내가 착하게 행동하면 엄마가 사랑해 줄 거야', '열심히 노력해야 복을 받을 거야'와 같이 수많은 조건이 있다. 이런 조건은 자존

문제는 저항력이다

감이나 감정 조절에 영향을 줄 수 있다.

가정 스키마는 먼저 조건을 충족해야 후속 결과가 만족된다. 강한 인과관계를 가지고 있는 스키마인 것이다. 그러므로 이 스키마는 조건 관계를 잘못 구성하면 왜곡이 일어날 수 있다. 초자아가 작용해 과도한 의무를 지운다고 생각해 보자. 예를 들면 '여러 사람들로부터 인정받으려면 완벽해야 돼', '항상 다른 사람을 기쁘게 하지 못하면 그들은 날 싫어할 거야'와 같은 왜곡된 스키마가 만들어질 수 있다. 이 때문에 도덕적 저항이나 희생양 저항이 나타나기도 한다.

셋째, 자신에 대한 핵심 신념으로 구성된 스키마다. 이것은 여러 가지 상황을 해석하는 포괄적이고 절대적인 규칙들로 이루어져 있다. 사건에 대한 조건이나 평가가 아니다. 모든 것을 통합해 자신에게 내리는 최종 선포다. 예를 들면 '나는 사랑스럽지 않다', '나는 어리석다', '나는 실패자다'와 같은 최종 결론 형태로 나타나는 것이다.

우리는 이러한 신념에 따라 자신을 평가한다. 누가 나를 사랑스럽지 않다고 하는가? 바로 나다. 내가 정한 것이다. 그러고는 그것에 휘둘려 저항한다. 만약 그 평가가 잘못된 것이라면 내가 나에게 속고 있었던 것이다. 우리는 겸손이라는 이름으로 얼마나 많은 자기 비하를 하는지 모른다. 그것이 인생을 퇴보시킬 수 있으니 조심하고 고쳐 나가야 한다. 우리는 이런 식으로 자신에게 숱하게 속고 있다.

자신에 대한 핵심 신념으로 구성된 스키마에는 적응적인 방식과 부적응적인 방식이 있다. 적응적 스키마는 '나는 이 위기에서 살아남을 것이다', '나는 사랑스럽다'와 같이 긍정적인 내용을 다룬다. 반면에 부적응적 스키마는 불안과 긴장을 야기하는 스키마다. '나는 어리석다', '시간을 허비하고 있다', '매번 실패한다'와 같은 생각으로, 행동을 막는다.

스키마의 영향력은 의외로 굉장하다. 왜냐하면 사람은 어떤 사건이 일어났을 때 자기만의 스키마에 따라 자동적으로 사고하는 경향이 있기 때문이다. 이런 현상을 에런 벡은 '자동적 사고'라고 불렀다. 자동적 사고는 스키마에 따라 자동적으로 따라가는 생각의 패턴이다. 생각은 뉴런들의 회로에 따라 자동으로 같은 길을 걷는다. 예를 들어 정치 현안에 대해 보수와 진보의 입장이 늘 상반되는 것도 그런 이유다. 이 자동적 사고가 잘못될 때 인지의 왜곡이 일어난다.

에런 벡은 스키마 모델을 발전시켜 인지치료 기법을 발표했다. 인지치료에서 스키마는 매우 중요한 개념으로, 스키마에 문제가 있다면 이를 교정하여 자동적 사고를 바꾸어 주는 것이 인지치료의 핵심이다.

행동을 막는
스키마

우리는 여러 종류의 스키마를 가지고 있다. 감정 스키마, 능력 스키마, 의사결정 스키마, 신체 스키마, 인간관계 스키마 등 우리가 살면서 만나는 모든 것은 스키마가 된다고 봐도 무방하다. 그리고 이들 스키마는 비슷한 상황을 만났을 때 활성화되고 우리에게 지대한 영향을 미친다. 적응적 스키마를 가진 사람은 어려움을 잘 견뎌 나가지만, 부적응적 스키마를 가진 사람은 당연히 어려움을 넘어서지 못한다. 부적

문제는 저항력이다

응적 스키마가 저항을 일으켜 제 기능을 하지 못하게 하기 때문이다. 이런 저항을 '스키마 저항'이라고 부른다.

스키마는 인지 방식을 결정하는 세부적인 틀이다. 따라서 스키마 저항은 인지 저항으로 볼 수도 있고, 행동을 막는다는 점에서 행동 저항으로 볼 수도 있다. 어쨌든 행동을 습관으로 만드는 것은 새로운 스키마를 만드는 과정이므로 스키마는 인지와 행동 두 영역에서 중요한 역할을 한다.

여기서 스키마와 프레임frame에 대해 조금 비교해 보고 넘어가자. 스키마와 프레임은 둘 다 '마음의 틀'이라는 의미로 혼용해서 사용된다. 하지만 약간 차이가 있다. 프레임이 스키마보다 상위 개념이다. 프레임이 큰 틀이라면 스키마는 세부 사항에 해당한다. 예를 들어 '나는 좋은 사람이다'라는 프레임 내에 '나는 착한 엄마다', '나는 성실해', '나는 친구들에게 친절해'라는 식의 숱한 스키마가 있을 수 있다. 프레임은 '어떤 개념을 이해할 때 전제가 되는 지식 구조'이고, 스키마는 '구체적인 특징을 추상적으로 생산하는 지식 구조'다.

그래서 같은 프레임을 가진 사람이라 해도 세부 스키마는 같을 수도 있고 다를 수도 있다. 또한 사람마다 정보를 처리하는 방식과 작동하는 스키마가 다를 수도 있다. 의존적인 사람은 버림받음에 민감하고, 회피하는 사람은 실패나 부정적인 평가를 받을까 봐 염려한다. 강박적인 사람은 통제해야 한다는 생각에서 자유롭지 못하고, 자기애 성향의 사람은 특별한 지위를 가졌다는 생각으로 저항한다. 또한 여러 가지 저항이 한꺼번에 나타날 수도 있다. 어떤 식으로든 우리 내면의 취약한 특성들은 부적응적 스키마로 작용한다.

다음 표는 연애를 하지 못하는 사람의 스키마를 정리한 것이다. 행동하지 않는다는 결과는 동일하지만 그것의 원인이 되는 내면의 이유, 즉 원인으로 작동하는 스키마는 수백 가지다. 연애를 하지 못하는 것은 매력이 없기 때문이 아니다. 표와 같은 많은 스키마가 마음속에서 작동해 순조로운 연애를 방해하기 때문일지도 모른다. 혹시 내 경우에 해당하는 것은 아닌지 검토해 보자.

연애를 못하게 방해하는 스키마의 종류와 작동 원리

스키마 종류	믿음	연애를 못하는 사람의 마음속 저항 작동
자기애	특별한	내가 저런 수준의 남자와 사귀는 것은 말도 안 돼. 내 애인은 적어도 대기업에 다니는 연봉 8천은 되는 남자여야지.
거절 회피	무가치한	신입사원 장그래가 좋은데, 먼저 대시했다가 거절당하면 어쩌지. 고등학교 때도 고백했다가 웃음거리가 됐어. 거절당하면 내가 매력 없다는 사실이 만천하에 드러나는 거야. 고백은 무슨. 솔로가 편해.
의존	무능력한, 무력한	나는 남자를 고를 능력이 없어. 내가 굳이 연애를 안 해도 엄마가 좋은 남자와 선을 보게 하겠지.
통제	통제하는	새로 사귄 여친이 내 말을 자꾸 무시하는 것 같아. 이 여자랑 결혼하면 가장의 권위 따위는 없어질 것 같아. 그만 만나야 하나?
완벽주의	완벽한	남자는 여자를 완전히 책임질 수 있을 때 결혼하는 거야. 아파트도 한 채 있어야 하고, 안정적인 직장에서 연봉도 높아야 가족을 부양할 수 있어. 그런 능력이 될 때 결혼할 거야. 연애를 하더라도 결혼하지 못하면 소용없어. 그러니 연애를 하지 말자.
수동적 공격	타인을 시험하는, 공격하는	엄마는 내가 시집을 잘 가길 바라지. 그래야 사위 덕을 보니까. 그러나 나는 그렇게 하기 싫어. 엄마는 늘 내게 희생을 강요했어. 결혼만큼은 엄마 뜻대로 되지 않게 할 거야.

감정	흥분한, 감정적인	첫눈에 사랑에 빠지는 남자를 만나고 싶어. 그래야 평생 그를 사랑할 수 있을 거야. 무덤덤한 건 연애가 아니야.
낮은 인내력	고갈된, 지친, 압도된	연애한 지 6개월 되었는데 점점 지쳐 가. 모든 기념일을 챙겨야하고, 주말에 내 시간을 갖지도 못하고, 연애는 힘들어. 그냥 솔로가 좋았어.
무기력	무기력한	나는 정력이 약해. 결혼하면 아내를 만족시키지 못할 것 같아. 차라리 혼자 살아야겠어.
과거 지향	운명주의적인, 회의적인	연애에 실패한 경험만 벌써 네 번이야. 지금 시작해도 또 실패할지 몰라. 실패한다면 안 하는 게 낫겠지?
자기 패배	자격 없는, 도덕적 비난	나는 두 번이나 이혼했어. 사랑하고 사랑받을 가치가 없는 사람이야. 사랑도 결혼도 하지 않을 생각이야.

교사 A는 방과 후에 교육 프로그램을 시작하려고 한다. 마감일이 다가오는데도 A는 자꾸 미룬다. 미루는 이유가 무엇일까? 리히는 이것에 대해서 다음 표와 같이 스키마로 설명한다. 우리의 행동 저항도 이런 식으로 일어날 수 있으니 참고하기 바란다.

프로그램 개발을 미루는 교사의 스키마와 작동 원리

스키마 종류	교사가 방과 후 프로그램 만들기를 미루는 저항 작동
자기애	방과 후 프로그램은 시간제 교사가 할 일이야. 정규직인 나한테 그런 일을 시키는 주임이 이해되지 않아.
통제	학년 주임이 방과 후 프로그램에 대해 왜 명령하는 거지? 나는 내 맘대로 할 거야. 나는 주임의 명령을 받는 사람이 아니야.
완벽주의	나는 프로그램을 완벽하게 만들어야 해. 그렇게 하지 않으면 의미가 없어. 그러니 모든 준비가 완벽하게 되면 시작하자.

인내심 부족	방과 후 프로그램 만들기 같은 일은 정말 지겨워! 하기 싫어.
인정받기 지향	주임이 이것을 하라고 했어. 그러므로 잘해야 해. 그렇지 않으면 교장과 교감이 나를 인정하지 않을 거야. 잘하려면 어떻게 해야 하지?
무기력	어떻게 시작해야 할지 도저히 모르겠어. 한 번도 안 해봤어. 어쩌지? 못하겠어. 나도 어쩔 수 없어.
특별한 사람	방과 후 프로그램 같은 것을 하기에 나는 너무 바빠. 다른 선생들은 이 일을 하는 것을 좋아하겠지만 나는 바쁘고 중요한 다른 일이 많아.
불신	방과 후에 교육 프로그램을 열어서 내 방식을 공개하고 나면 다른 교사들도 그 방법으로 진행할지 몰라. 그러면 내 것을 빼앗기게 되고 나는 어려워질지 모르지.
확실성 요구	내 프로그램이 학생들에게 도움이 된다는 것이 증명될 때까지 아무것도 안 할 거야. 확실할 때까지 좀 미루자.

내가 만난 저항력

그리운 구본형 선생님께

선생님, 당신이 스틱스 강을 건너가신 지도 벌써 2년이 넘었습니다. 너무 나 뵙고 싶습니다. 어젯밤 선생님이 간절히 생각나 선생님의 책을 꺼내 몇 시 간 동안 읽었습니다. 책 속의 말씀은 살아 계실 때 가끔 던져 주셨던 화두처 럼, 다시 저를 일으켜 세우는 것을 느낍니다. 무기력의 사막에서 거의 죽어 갈 때 선생님을 만나, 저는 바짓가랑이를 붙잡고 살려 달라는 심정으로 선생 님의 제자가 되었습니다. 오래오래 선생님의 슬하에서 배우고 사람이 되어 갈 줄 알았는데 어찌 그리도 급히 가버리셨습니까? 선생님이 가신 후 저는 찬바람 부는 겨울 들판에 맨몸으로 홀로 선 아이처럼, 아무것도 하지 못한 채 몇 달을 보냈습니다. 지금도 선생님이 돌아가셨다는 사실이 잘 믿어지지 않 으나, 보내도 읽지 않는 답 없는 메일을 보면서 더 이상 선생님의 목소리와 그 미소를 볼 수 없음을 실감합니다.

선생님, 저는 왜 이렇게 나약한지, 인간은 왜 이렇게 아파야 하는 존재인 지 모르겠습니다. 무기력이 끝이라 생각했는데, 저는 여전히 아팠습니다. 선 생님이 돌아가실 때 느꼈던 죽음이라는 그 강력한 두려움이 생의 곳곳에 저 항으로 나타나 저를 다시 얼어붙게 만들었습니다. 선생님이 계셨다면 아마 쉽게 넘어갔을지도 모를 그 벽 앞에서, 저 혼자 어쩌지 못해 떨고 있었습니 다. 그렇게 2년이 지나 버렸고, 이제야 힘이 좀 생긴 것 같습니다.

어제 선생님 책에서, 선생님이 회사를 나오신 후 남도로 내려가, 한 달 반 동안 매일 25킬로미터를 걸었다는 얘기를 다시 읽어 보았습니다. 그리고 왜 그리하셨는지 어렴풋이 알 것 같았습니다. 단단해지라고 하신 말씀의 의미도 지금은 좀 알 듯합니다. 인간은 언제든 약해질 수 있고, 사람은 자기 마음을 다룰 수 있을 때 비로소 세상의 주인이 되어 가는 것이겠지요. 선생님, 저도 이제 조금씩 변하는 것 같습니다. 선생님의 가르침이 이제야 제 몸에 체화되어 가나 봅니다.

인생과 미래가 너무 막막해 여쭤 본 적이 있었습니다. "사부님, 저 학교 나와서 글 쓰고 강연하면서 살고 싶은데 그래도 될까요?" 선생님은 한참을 생각하시더니 이렇게 말씀하셨습니다. "경숙아, 그리하거라. 너는 글이 좋다. 너는 글조차 좋다. 그러니 그렇게 살 수 있을 것이다. 그런데 좋은 책을 써야 한다. 너도 돕고 남도 돕는 책, 그런 책을 쓰면 밥 걱정은 안 해도 된다."

선생님, 저는 그 말씀만 믿고 25년 근무한 학교 밖으로 나올 수 있었습니다. 그때 얼마나 두렵고 무서웠는지 모릅니다. 선생님이 안 계셨다면 감히 상상도 못할 결정이었습니다. 공대 출신에 글쓰기라고는 배워 본 적도 없는 제 글이 뭐가 좋겠습니까? 그럼에도 선생님은 제 욕망을 보시고, 이미 제가 학교를 떠나고 싶어 함을 아시고, 그렇게 마약 같은 진통제를 먼저 주신 것이라 생각합니다. 하지만 저는 그 말씀을 붙잡고 좋은 책을 쓰기 위해 오래 마음 졸였습니다. 그렇게 울면서 썼던 저의 첫 책은 무기력에 홀로 울고 있던 독자들에게 힘이 된다고 합니다. 선생님이 아니었으면 그 책을 쓸 수 없었을 것입니다. 그리고 지금 이 책도 그렇습니다. 쉽게 쓰고 빨리 끝내고 싶을 때마다 저는 선생님이 하신 말씀을 되새깁니다. 좋은 책, 남도 돕고 나도 돕는 책을 쓰기 위해 지금도 저는 피를 찍어 문신을 새기듯 글을 쓰고 있습니다. 저의 책을 읽고 단 한 사람이라도 함께 울 수 있다면, 그리하여 그가 비로소 변할 수 있다면 그것으로 제 역할은 다 한 것이라고 생각합니다. 그래서 퇴고 작업을 끝내지 못하고 계속 글을 고치고 있는지 모릅니다. 이 책이 사람을 완전히 도울 수 있다는 확신이 들 때 세상에 내보내려고 합니다.

선생님, 제 인생에서 선생님을 만난 그 시간이 신의 축복이었음을 지금은 알 것 같습니다. 왜 살아 계실 때 그것을 몰랐는지 너무 안타깝습니다. 그래서 저도 선생님께서 가신 그 길을 따라가려 합니다. 제가 어디까지 갈지는 모르나, 어디에 있든 글을 쓰고 사람을 돕고 강의하면서 세상 한 귀퉁이라도 아름답게 만들 수 있는 그런 제자가 되도록 노력하겠습니다. 그리고 저를 교수가 아닌 선생이나 사부로 불러 주는 특별한 제자가 생긴다면 당신이 남겨 주신 그 정신과 사랑을 그대로 복제해 주려고 합니다. 그들이 가장 힘들 때 찾을 수 있는 사람, 맨몸에 옷 한 벌은 걸치게 해줄 수 있는 그런 선생이 되겠습니다. 너무 짧았던 선생님과의 기억이 더 희미해지기 전에 기록하고 행동해야겠습니다.

언젠가 제가 저 스틱스 강을 건널 때 마중 나오셔서 "경숙아, 참 잘했다"라고 하시는 선생님의 칭찬을 듣고 싶습니다. 그래서 저는 운명이 제게 준 이 길을 사랑하고, 그 길 속으로 깊이깊이 들어가려 합니다. 그 속에서 무엇을 만나든 모든 것을 품을 것입니다. 그것이 선생님이 주신 유산입니다. 그리고 그 유산은 또 누군가에게 전해지리라 믿습니다.

선생님, 당신을 만난 것은 신의 축복이었습니다. 신이 우리를 양육하고 돌보기 위해 엄마를 보내 주셨듯, 그 신께서 저를 세세히 가르치고 격려하고 키우기 위해 선생님을 주신 것이라고 믿습니다. 선생님, 당신을 만나 너무 행복했고 감사했습니다. 영원히 사랑합니다. 나의 선생님, 나의 사부님.

2015년 6월 당신을 만나 죽음으로부터 건져진 경숙이가 올립니다

PART 4
—

저항을 뛰어넘는
마음 훈련법

"의식의 수준을 초월해 갈 때 '의지'가 중요한 것은 그것이 영적 작업에서 가장 결정적인
기능을 가졌기 때문이다. 의지는 매우 중요하지만 거의 주목을 받지 못했다."
– 데이비드 호킨스, 「의식의 수준을 넘어서」

마음을 움직이는
뮤카 엔진

'인간의 마음은 어떻게 작동되는가? 마음속에서 무슨 일이 일어나, 인간은 알고 생각하고 행동하는가?' 하는 것을 연구하는 학문이 바로 인지과학이다. 그래서 인지과학에서는 인지심리학뿐만 아니라 인류학, 철학, 컴퓨터공학, 인공지능, 신경과학, 언어학, 수학, 교육학, 경영학 등 사람의 마음을 평가하고 분석할 수 있는 많은 학문이 학제적으로 동원된다.

기억, 사고, 추리, 인식, 상상, 판단, 언어이해력, 의사결정, 창의성 등 인간이 만들어 내는 마음의 구성 요소는 아주 많고 모든 요소에 뇌의 영역이 긴밀히 연계되어 있다. 최근까지 인지과학이 알아낸 바에 따르면 인간의 마음을 움직이는 주요 엔진으로 동기·인지·정서·행동을 꼽을 수 있다. 그리고 이 모든 것을 통제하는 의지가 있다.

행동이 어떻게 마음의 엔진에 포함될 수 있느냐고 반문할 수도 있다.

그런데 우리의 예상과 달리 마음에서 행동의 기능은 매우 중요하다. 인간의 행동이란 동기·인지·정서와 같은 여러 마음 요소들이 작용한 결과이고, 행동의 결과가 다시 동기·인시·정서에 중요한 영향을 준다. 그러므로 행동도 마음을 움직이는 엔진의 요소가 된다는 것이 인지과학적 관점이다.

행동은 행동 자체로 관리해서 되는 것이 아니라, 동기·인지·정서가 결합되어 만들어지는 것이다. 따라서 이들 3가지를 변화시킬 때 행동의 변화가 나타날 수 있다. 예를 들어 우리는 강연을 듣거나 영화감상 같은, 자극이 되는 경험을 한 뒤에 의기양양하게 산이라도 옮길 것 같은 결심을 한다. 하지만 그것이 작심삼일에 그치는 이유는 동기만 강화되었기 때문이다. 또 정서를 치유하는 힐링 체험이나 여행의 기분 전환이 며칠 못 가 다시 우울해지고 화가 나는 이유도 정서만 치유되었을 뿐 마음의 다른 부분이 받쳐 주지 못하기 때문이다. 인지가 자신을 어리석다고 판단하는데 기쁜 정서를 가진들 얼마나 가겠는가? 또한 강력한 동기 없이는 행동을 시작하기가 힘들고, 습관이 되지 않은 행동 역시 지속되기 어렵다.

이렇듯 진정한 변화를 위해서는 마음을 이루는 동기Motivation · 정서Emotion · 인지Cognition · 행동Action을 통합적으로 다루는 마음 전환법이 필요하다. 이것을 줄여서 '메카MECA 엔진'이라고 하자. 이것은 『문제는 무기력이다』에서 무기력 해결 방책으로 제시했던 개념이다. 그런데 지금 저항이라는 적이 커다란 벽처럼 나타나 우리를 행동하지 않게 만들고 또다시 좌절시키고 있다. 자, 이제 어떻게 할 것인가?

문제는 저항력이다

무기력을 벗는 메카 엔진의 목표

무기력에 지배받을 때 우리는 '할 수 없다'는 인지 왜곡에 의해서 시도하지 않거나 시도하다가 멈춰 버린다. 그런데 무기력에서 벗어나 이제 할 수 있다고 자신할 때도 행동의 왜곡이 나타난다. 그리고 다시금 '하지 않음' 상태에 빠진다. 하지 않음은 미루기나 회피, 게으름, 변명과 같은 저항으로 나타난다. 이런 마음의 낮은 수준을 1부에서 타마스라고 했는데, 타마스는 '의지가 만드는 악'이다.

무기력에서는 아예 의지가 작동할 힘이 없지만 미루기나 회피, 게으름 같은 저항의 경우는 의지가 작동해야 문제가 해결된다. 앞서, 행동하지 않는 문제를 의지로 해결하는 방법을 베다의 타마스에서 발견했다. 프로이트도 에로스가 만드는 삶의 본능을 통해 이에 대한 해법을 제시했다. 바로 '삶의 의지'다. 삶의 본능인 삶의 의지가 기능을 하지 못할 때 죽음의 본능인 타나토스가 일을 시작해 우리를 추락시키고 우울에 빠지게 한다.

이렇게 베다 철학의 '타마스'와 프로이트의 '삶의 본능'에 착안하여

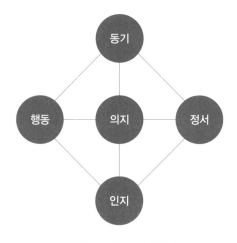

마음의 다섯 축 - 뮤카 엔진

의지^{Will}를 메카^{MECA}에 결합했다. 이것을 뮤카^{MEWCA} 엔진이라 부르겠다. 메카보다 확장된 개념이다. 저항을 넘기 위해서는 의지가 중앙에 포함된 뮤카 엔진이 사용되어야 한다.

여기서 의지가 가장 중요하다. 의지가 마음의 나머지 요소를 통제하고 포용하는 기능을 해야 한다. 그래서 의지는 위의 그림과 같이 메카의 중심에 놓여야 한다. 의지가 나머지를 잘 제어하고 수용할 때 동기, 정서, 인지, 행동은 원활히 작동해 마음의 벽인 저항을 넘을 수 있다.

저항을 낳는
마음의 왜곡

저항에 부딪혀 좌절을 경험하면 우리는 점점 자

문제는 저항력이다

신감을 잃게 된다. 아무리 자신만만하더라도 거듭된 실패는 열등감을 자극하기 마련이다. 저항을 넘지 못하는 일이 누적될수록 열등감과 죄책감, 분노, 슬픔, 억울함 등의 감정이 나타난다. 이렇게 스스로 만든 심리적 벽인 저항을 넘지 못해 나타나는 무기력을 2차 무기력이라고 했다. 1차 무기력은 타인에 의해 만들어지지만 2차 무기력은 스스로 만든다.

저항을 넘지 못하는 것은 남을 탓할 수도 없다. 자신이 하지 않은 결과이기 때문이다. 온갖 변명을 하며 자기 탓이 아니라고 하지만 깊이 들어가면 자신에게 원인이 있다는 것을 알고 있다. 그래서 죄책감과 수치심, 열등감을 느끼면서, 처음에는 하지 않았던 일이 점점 할 수 없는 일이 되어 가 2차 무기력으로 변질될 수 있는 것이다. 이로써 마음의 요소인 동기·정서·의지·인지·행동에 왜곡이 시작된다.

저항력을 만들어 내는 마음의 왜곡은 다음 표와 같다.

* **동기 왜곡** 욕망 과다, 동기의 잦은 변화, 동기 부재, 의욕 부재, 의욕 과다
* **정서 장애** 두려움, 근심, 분노, 미움, 적대, 우울, 슬픔, 공포, 혐오감, 경멸
* **의지 약화** 의지 없음, 인내심 부족, 자기 절제 부족, 수용 못함, 통제 불능
* **인지 왜곡** 자만심, 열등감, 죄책감, 자기 학대, 자기 비난, 수치심, 미련, 후회
* **행동 장애** 나태, 포기, 다른 것에 집중, 회피, 행동하지 않음, 적당히 함, 미루기

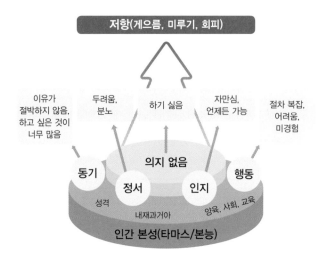

저항이 만들어지는 과정

　마음은 한두 가지 요소가 아닌 모든 구성 성분이 동시에 변해야 진짜 변화가 일어난다. 이런 나의 생각은 펄스의 게슈탈트 심리학의 관점과 흡사하다. 게슈탈트는 형태, 모양, 체제라는 의미다. 그래서 형태주의라고 해석되는 게슈탈트 심리학은 '완전함과 전체성'을 추구한다. 마음이나 정신 현상을 인지나 감각, 감정과 같은 요소가 하나하나 모여서 합쳐진 것으로 보는 요소심리학要素心理學에 반대되는 개념이다. 게슈탈트 심리학은 인간을 '완전한 하나의 형태로 완성되려는 경향이 있는 존재'로 본다.

　내가 게슈탈트 심리학에 동의하게 된 것은 순전히 개인적인 경험 때문이다. 인지과학적 방법으로 무기력에서 벗어나려고 노력해 봤다. 그러나 동기, 정서, 인지, 행동을 전부 변화시키지 않는 이상, 진정한 변화가 어렵다는 것을 10여 년의 경험으로 깨달았다. 그러고도 또다시 저항에 막혀 3년을 허비했다. 이처럼 마음의 일부분만 변화해서는 결코 완전한 변화나 성장이 일어날 수 없다. 변하지 않는 다른 부분이 발목을 잡고 늘어져 무기력이나 저항력을 만들기 때문이다. 어렵고 힘들더라도 마음의 모든 요소가 한꺼번에 변해야 한다.

욕망을 절제하고
용기를 키워라

욕망에서
저항으로

　　욕망은 에너지의 원천이다. 인간은 욕망에 따라 움직인다. 그런데 욕망이 너무 많거나 자주 변하면, 그것이 마음의 벽으로 작동할 수 있다. 무기력에 빠져 낙타로 살아갈 때는 무엇을 해야 할지 모르는, 동기가 사라지는 증상이 자주 나타난다. 특히 학습된 무기력이 나타나면 해도 안 된다는 인지 장애로 인해 무엇을 할지 모르게 되고, 왜 해야 하는지도 모르는 동기의 장애를 보인다. 이런 무기력이 주는 동기 장애에서 벗어나기 위해서는 강력한 '삶의 의미'를 찾아야 한다. 삶의 의미를 찾고 욕망하기 시작할 때 낙타는 사자로 변화할 수 있다. 그러나 사자는 그 욕망 때문에 또다시 저항에 막힐 수 있다. 그래서 앞에서 나는 욕망에 휘둘리는 사자는 아직 병든 사자라고 분류했었다.

주인으로 살아가려는 사자에게는 욕망이 저항으로 작동할 수 있음을 알아 두어야 한다. 사자에게 나타나는 문제는 '삶의 의미'라 할 수 있는 '목표'가 너무 자주 변하는 데서 온다. 만족을 모르고 너무 많은 것을 욕망하기 때문이다. 마치 토끼를 잡으려다가 노루를 보면 노루에게 달려가고, 그러다 사슴이 보이면 또 사슴에게 현혹되어 달려드는, 전략 없는 사자와 같다.

욕망이 저항으로 작동하는 또 다른 경우는 자신의 기준이 너무나 확고할 때다. 마치 사자가 특정한 먹이만 고집하는 것에 비유할 수 있다. 앞서 말한 도덕적 저항이 이런 경우에 해당된다. 자기 기준에 만족하는 것을 추구하기 위해서 다른 것은 버린다. 너무 높은 기준이 마음의 장벽인 저항력이 되어 행동을 막아서는 것이다.

정복자,
욕망에 지다

욕망에 관해서 이야기할 때 거론할 만한 흥미로운 인물이 있다. 바로 알렉산드로스Alexandros 대왕이다. 알렉산드로스 대왕은 기원전 356~323년에 살다 간 마케도니아의 왕이다. 그는 13년의 재위 기간 동안 그리스, 페르시아, 인도에 이르는 대제국을 건설했고, 그리스 문화와 오리엔트 문화를 융합한 헬레니즘 문화를 이룩했다. 하지만 자신의 마음을 통제하지 못해 서른세 살에 요절하고 말았다.

알렉산드로스 대왕은 기원전 334년에 3만 2천 명의 보병과 5천 명의 기마병을 거느리고 아시아 원정길에 올랐다. 당시로서는 엄청난 규모였는데, 여기에 소아시아에 주둔하고 있던 1만 명의 군사를 더 충원했다. 약 5만 명에 이르는 대군은 전쟁에서 단번에 승리했다. 그러자 승리감, 전리품, 보물에 도취되어 있던 그는 만족하지 못하고 의욕 없는 병사들을 이끌고 히말라야를 넘어 인도까지 갔다. 하지만 몸과 마음이 지칠 대로 지친 병사들이 쿠데타를 일으키는 바람에, 어쩔 수 없이 회군을 결정했다. 그리고 1년 후 알렉산드로스 대왕은 아라비아 원정을 준비하던 바빌론에서 어이없이 사망했다. 역사학자들은 전쟁 중에 입은 부상과 과도한 음주로 쇠약해진 몸이 말라리아를 이기지 못해 사망했을 것이라고 추정했다.

그런데 역사학자 월 듀런트Will Durant는 저서 『역사 속의 영웅들』에서 알렉산드로스 대왕이 욕망을 제어하지 못해서 죽었다고 주장했다. 숱한 자료를 참고해서 쓴 그의 저서에는 알렉산드로스 대왕의 성정에 대한 부분이 상세하게 기록되어 있다. 그는 잘생긴 외모뿐 아니라 누구보다 강한 체력을 타고나 거의 모든 스포츠에 뛰어났다. 아리스토텔레스를 스승으로 모셨던 그는 학문에도 우수한 자질을 보였다.

강한 육체와 빼어난 외모, 지성을 모두 갖춘 젊은 남자에게 절대 권력까지 주어졌으니 자만심에 빠진 것은 어찌 보면 당연할지 모른다. 그는 승리할 때마다 더 큰 전쟁을 계획했고 욕망을 절제하지 못했다. 물론 알렉산드로스 대왕에 관한 일화는 전설처럼 내려오는 이야기가 워낙 많아서 곧이곧대로 믿을 수는 없다.

어쨌거나 듀런트에 따르면, 모든 것을 가진 군주였지만 과다한 욕망과 감정을 절제하지 못한 것이 치명적이었다. 그런 의미에서 그의 요절은 매우 의미심장하게 다가온다. 누구보다 지식을 사랑했지만 지식조차 그의 마음을 컨트롤하지 못했다. 이성의 지배를 받지 못한 그는 마음의 낮은 레벨에 끌려 다니다가 결국 절망을 이기지 못하고 죽어 버린 것이다. 1부에서 이성이 사트바로 가게 한다고 했던 것을 기억하는가? 이성이 작동하지 않는 힘은 타마스로 갈 수 있어 매우 위험하다. 이성이 검열하지 않는 과도한 욕망은 독이 될 수 있다. 듀런트는 알렉산드로스 대왕에 대해서 이렇게 말했다.

"정력이란 천재의 절반일 뿐이다. 나머지 절반은 통제의 능력이다."

그러나 알렉산드로스 대왕은 온통 정력뿐이었다.

천재의
뼈아픈 후회

레오나르도 다빈치는 말년에 자기 인생은 실패였다며 후회했다고 한다. 그는 르네상스 시대에 가장 매혹적인 천재였다. 우리에게는 〈모나리자〉와 〈최후의 만찬〉 등의 명작을 남긴 거장으로 알려져 있다. 그런 그가 왜 말년에 그런 말을 했을까?

다빈치는 보통 사람들이 하나 갖기도 어려운 재능을 여러 개 갖고 태어났다. 스케치한 공책이 수천 페이지에 달했고, 온갖 기계를 고안했으며, 5천 페이지에 달하는 글도 썼다. 하지만 그의 스케치 대부분은 그림으로 완성되지 않았고, 기계는 구상으로만 끝난 게 대부분이었으며, 그의 글들은 책으로 완성되지 못했다. 마치 밭을 갈고 씨를 뿌렸지만 추수는 하시 못한 농부와도 같다.

다빈치는 왜 뛰어난 영감과 재능을 발산하기만 했을까? 아이러니하게도 다빈치는 자주 게으름을 피웠다고 전해진다. 우리가 잘 알고 있는 〈최후의 만찬〉 작업 당시, 그 속도가 너무 느려 일을 의뢰한 공작과 수도사들이 3년이나 안달했다고 한다. 하지만 그에게 작품 완성을 재촉하면 그는 "예술가의 가장 중요한 일은 실행이 아니라 구상이다"라고 말하며 작업을 미루고 또 미루었다고 한다. 이런 미루기는 타마스에서 비롯된다. 마음의 낮은 수준에서 나타나는 것이다. 재능은 탁월했으나 그 재능만큼 높은 마음의 소유자는 아니었던 것 같다.

그런데 다빈치가 〈최후의 만찬〉을 그토록 오랫동안 작업한 이유는 단순한 게으름 때문만이 아니었다. 그는 게으른 동시에 너무 많은 욕망에 휘둘렸다. 다빈치는 거의 모든 과학 분야를 연구한 것으로 유명하다. 매일 설계도를 그리고 발명에 심취했으며 수학과 생물학, 해부학 비율과 원근법, 빛의 구성과 반사, 물감과 오일의 화학구조를 탐구했다.

다빈치는 재능이 너무 많았고 삶의 본능이 끌어내는 에너지가 너무 강했다. 자신의 욕망에 따라 모든 먹이를 탐하며 세렝게티 초원을 몽땅 자기 영역으로 만들고 싶어 한 사자였다. 그 결과 오늘날 그는 엄청난 결과물들을 남긴 천재로 평가받지만, 다빈치 스스로는 알고 있었던 듯하다. 실제로 혼신을 다해 집중해서 만들어 낸 것은 몇 안 된다는 사실을. 그래서 그는 "할 수 없는 것은 포기하고 할 수 있는 것만 해라. 할 수 있는 능력이 없는 것을 하려는 것은 어리석다. 할 수 없는 것을 꿈꾸지 않는 자는 지혜롭다"라고 했으며, 죽기 직전 노트에 "우리는 불가능한 것을 원해서는 안 된다"라는 글을 남기기도 했다. 그가 스스로를 실패자라고 한 것은 여기에 연유한 것인지도 모른다.

알렉산드로스 대왕이나 다빈치처럼 재능이 많고 힘을 지닌 사람이 가지는 과도한 욕망은 오히려 재앙이 될 수 있다. 욕망이 재능을 능가하면 그에게는 실패나 죽음이 따라붙기 마련이다. 그리고 욕망을 통제하지 못하면 결국 아무것도 완성하지 못하고 포기하게 된다. 한꺼번에 여러 가지 일에 몰두하면 완성도와 생산성이 떨어질 수밖에 없기 때문이다. 심하면 아무것도 생산하지 못한다. 이런 상황에서도 욕망은 우리에게 목표를 달성하라고 명령하고, 더 큰 것을 위해 노력하라고 다그친다. 결국 우리는 욕망의 지배를 받는 노예가 되어 버린다. 사자는 욕망을 제어할 수 있어야 건강한 진짜 사자가 된다.

내가 이 책을 처음 쓸 당시 세 권을 동시에 작업하고 있었다. 마음은 급한데 진행이 너무 더뎠다. A를 쓸 때는 B가 마음에 걸리고, B를 붙잡으면 C가 걱정돼 난감했다. 각각의 콘텐츠가 중복되어서는 안 되고 사상이나 생각들이 충돌되어서도 안 되는 것이다. 생각에 일관성이 있으되 진보적이어야 하고, 책마다 긴밀한 연결고리가 있어야 했다. 상당한 압박감에 시달리다가 한 권의 책도 완성하지 못하고 일 년을 허비했다.
그렇게 마음고생과 시간 낭비를 하고 나서, 일단 한 권에만 집중하기로 결정했다. 한 권의 책을 쓰고 나서 다른 책을 생각하자고 마음을 다잡은 후에야 비로소 안정된 글을 쓸 수 있었다. 그리고 맹세했다. 앞으로는 절대 한 곳 이상과는 계약하지 않으리라. 과도한 욕망이 오히려 생산성을 최악으로 만든다는 것을 배운 귀중한 기회였다. 욕망이 금지되어서는 안 되지만 생명을 지속하기 위해 욕망은 적절히 절제되어야 한다.

욕망이 너무 많으면 행동의 효율성과 일관성이 사라진다. 그러므로 우리에겐 수많은 욕망을 하나로 통합할 수 있는 인생의 목적이 필요하다. 그것이 바로 삶의 의미들을 하나로 결합할 수 있는 인생의 최종 목적, 혹은 소명이라 할 수 있겠다. 소명을 찾는다면 우리는 욕망에 휘둘리지 않고 그것을 제어할 수 있다. 사소한 욕망들은 소명 아래 복종하고 우리가 집중할 일은 하나로 모아진다.

의미와 소명,
그리고 용기

『푸시킨의 집』, 『코카서스의 수인』을 쓴 러시아의 소설가 안드레이 비토프Andrei Bitov는 심각한 우울증을 앓았다고 한다. 그는 자신의 스물일곱 살 무렵을 "삶이 멈춰 버렸고 미래가 통째로 없어진 것 같았다"라고 회상한다. 전형적인 우울증 상태로 수치심, 무기력, 죄의식, 슬픔 등의 낮은 정신 레벨에 머물러 있었던 것으로 보인다. 살아야 할 이유와 삶의 의미 같은 것은 생각조차 할 수 없던 그때, 문장 한 구절이 그의 눈에 들어왔다.

"신 없이는 삶을 이해할 수 없다."

안드레이 비토프는 무신론자였다. 신을 믿지 않는 그가 어떻게 문장 하나로 신을 자각하게 되었는지 이해할 수는 없지만, 그는 영문도 모른 채 그 구절을 계속 되새겼다. 무신론자가 신에 대해서 생각하면 자신을 뛰어넘을 수 있는 혁명의 출발선에 선 것으로 간주할 수 있다. 간혹 갑작스레 종교를 바꾸는 사람의 경우, 그의 내부에는 혁명과 같은 일이 일어난 것으로 생각해도 된다. 무신론자가 신을 생각하기 시작하는 순간, 혹은 반대로 특정 종교를 가진 사람이 자기 종교를 의심하는 순간, 정신의 혁명이 시작된다. 자기 부정이 시작되고 변화의 틈과 성장 가능성이 생긴다. 안드레이 비토프는 그 사건이 삶에 발화점이었다고 말한다. "신 없이는 삶을 이해할 수 없다"는 문장이 그에게 새로운 삶의 의미를 가져다 준 것이다.

당신에게는 삶의 의미가 있는가? 그렇다면 그것이 죽을 때까지 유지되어도 후회하지 않을지 한번 의심해 보기 바란다. 혹시 목적지가 아닌 다른 산에 오르고 있을지도 모르기 때문이다.

그렇다면 인간은 모두 삶의 의미를 가지고 있을까?

미시간 대학의 정치과학자 로널드 잉글하트Ronald Ingelehart는 10여 개국 사람들의 의견을 모아서 공통적인 욕망이 있음을 알아냈다. 그는 각국의 수많은 응답자가 '삶의 의미와 목적'에 지대한 관심이 있다는 사실을 발견했다. 미국인의 경우 응답자 중 58%가 '삶의 의미와 목적에 대해 자주 생각한다'고 대답했고, 독일과 영국, 일본을 대상으로 한 조사에서도 상당수 사람들이 같은 반응을 보였다. 이렇게 많은 사람이 삶의 의미를 생각한다지만 삶의 의미를 찾아내기는 결코 쉽지 않다. 또한 삶의 의미가 사주 변하기도 한다.

종교나 철학으로 삶의 의미를 찾을 수도 있다. 그래서 우리는 기도하고 공부한다. 모두가 저마다 '진리의 산'을 오르며 순례한다. 진리가 있는 최고 봉우리 근처에 철학이 포진하고 있다. 철학을 하면 진리를 이해하고 우리 인생의 의미, 즉 삶의 의미를 찾을 수 있을지도 모른다. 하지만 인간이 만들어 낸 최고의 학문인 철학에서조차 삶의 의미에 대한 정확한 해답을 내놓지 못하고 있다.

노스이스턴 일리노이 대학의 철학과 교수 휴 무어헤드 Hugh Moorhead 박사는 세계의 저명한 철학자, 작가, 학자 등 총 250명에게 "삶의 의미가 무엇입니까?"라는 질문을 했다. 그리고 그 대답을 모아서 『금세기 최고 작가와 철학자가 말한 삶의 의미 The Meaning of Life According to Our Century's Greatest Writers and Thinkers』라는 책을 출간했다. 응답자 중 일부는 삶의 의미에 대해 지혜로운 답을 했다고 자신했고, 다른 일부는 삶의 목적을 자신의 생각에 따라 만들었다고 고백했다. 하지만 대부분의 응답자는 삶의 목적이 뭔지 전혀 모르겠다고 시인했다. 뿐만 아니라 삶의 의미가 무엇인지 답을 찾게 되면 자신에게도 알려 달라고 무어헤드 교수에게 부탁했다. 뛰어난 지성과 통찰을 가진 이들에게도 삶의 의미 찾기는 역시나 어려운 것이다.

그렇다면 어떻게 해야 삶의 의미를 찾아낼 수 있을까? 안드레이 비토프를 다시 생각해 보자. 안드레이 비토프는 무신론자였으나 삶의 의미를 찾던 중에 신을 만났고 소설가가 되었다. 그는 삶의 의미를 찾고 나서 본래의 사상 체계를 과감히 버렸다. 사상 체계를 버린다는 것은 자신을 부정하고 포기한다는 뜻이다. 의미 치료의 창시자인 유대인 빅터 프랭클Victor Frankl이 아우슈비츠에서 찾은 삶의 의미는 '셰마 이스라엘'로 시작하는 신명기 성경 구절이었다. 하지만 『죽음의 수용소』에서 그는 그 성경 구절을 유대교의 전통이 아닌 수용소에서도 살아남아야 하는 생의 의지로 재해석했고, 그로 인해 살아남을 힘을 얻었다고 고백한다. 기존의 종교적 관점을 버리고 성경 구절을 새롭게 이해했을 때 그것이 새로운 삶의 의미로 작동하기 시작했다는 것이다.

변화의 혁명은 이처럼 자기 부정에서 시작된다. 펄스도 프로이트의 정신분석을 포기했을 때 프로이트를 넘어설 수 있었다. 변화 연구가 윌리엄 브리지스William Bridges는 변화의 3단계 중 첫 번째가 '버림'이라고 했다. 마음의 변화가 어려운 것은 기존의 생각을 전면 부정해야 하는 것에서 비롯되는 두려움 때문이다. 포기하지 못하는 마음이 도덕적 저항이나 희생양 저항과 같은 동기 저항을 만든다.

당신의 생각과 믿음을 전면 부정하기 위해서는 버릴 수 있는 '용기'가 필요하다. 이러한 용기는 어디에서 비롯되는가? 삶의 의미를 가지면 두려움을 넘어설 용기가 생긴다. 동기는 욕망의 장소지만 용기와도 긴밀하게 연동되는 마음의 장소다. 따라서 동기에서 용기를 만들어 낼 때 우리는 흔들리지 않는 굳건한 삶을 살 수 있다. 성장과 변화는 어제의 자신을 버릴 수 있는 용기를 가질 때 시작된다.

삶의 의미를 가진 사람이
건강하다

　　　　　　최근 뇌과학이 발달하면서 삶의 의미를 가진 사람이 더 건강하다는 사실이 실험을 통해 밝혀지고 있다. 펜실베이니아 대학 앤드루 뉴버그Andrew Newberg 교수는 '종교적 무아의 경지와 신의 관계'를 밝혀내기 위해 기도 중인 수녀의 뇌를 촬영했다. 그 결과 수녀가 기도에 몰입하는 순간 뇌의 자아인식 관장 부위의 활동이 줄어드는 것을 확인했다. 자아인식이 줄어든다는 것은 자기를 잊게 만들어 더 높은 것을 지향하게 한다는 것으로 해석할 수 있다. 기도를 한다는 것은 자신이 아니라 더 큰 목적을 위해 마음이 작동되는 것을 말한다. 삶의 의미나 소명 같은 것이 그 역할을 한다. 기도하는 사람, 즉 삶의 의미나 소명을 가진 사람은 자아인식이 줄어드는 대신 자기실현이나 자아초월처럼 성장 욕구를 따라 동기화될 수 있다는 것이다.

　듀크 대학이 조사한 바에 따르면 정기적으로 기도를 하는 사람들은 그렇지 않은 사람들보다 혈압이 낮다. 존스홉킨스 대학 연구자들은 종교 생활에 의해 심장질환, 자살 그리고 일부 암으로 인한 사망 확률이 줄어드는 것을 입증했다. 또 다른 연구에 따르면 삶의 의미와 목적을 중시하는 여성들은 바이러스와 일부 암세포를 공격하는 항암세포의 수가 많은 것으로 드러났다.

　삶에 좀 더 높은 목적이 있다는 믿음이 심장질환에 완충 효과를 보인다는 연구 결과도 있다. 다트머스 대학의 연구에 따르면 개심 수술을 받은 환자의 생존 여부를 예측하는 요인 가운데 환자가 얼마나 믿음을 갖고 기도하느냐가 있다. 교회와 사찰, 회교예배당에 정기적으로 다니는 사람은 그렇지 않은 사람보다 일반적으로 더 오래 산다는 놀라운 보고도 있다.

이처럼 삶의 의미를 찾은 사람이 그렇지 못한 사람보다 건강하게 살 수 있다. 삶의 의미가 마음이 일으키는 많은 문제를 극복할 힘을 주기 때문이다. 당신의 마음이 타마스에 휘둘릴 때, 라자스가 타마스로 내려가려 할 때, 라자스를 사트바로 행하게 할 초점이 될 '삶의 의미'를 찾는 것을 첫 번째 목표로 삼아 보자. 그러면 무기력이나 저항과 같은 타마스에서 자유로울 수 있다. 인생을 바꾸고 싶다면 왜 달라져야 하는지 의미부터 찾아야 한다.

단 하나의 소명을 찾아라

소명^{calling}은 '어떤 일이나 임무를 하도록 부르는 명령'을 의미한다. 비슷한 용어인 사명^{mission}은 '맡겨진 임무를 말하는 것'으로, 라틴어 '보내다^{sending}'에서 유래되었다. 즉 소명이나 사명은 누군가가 우리에게 역할을 주었다는 뜻이다. 여기서는 소명으로 통일해서 쓰기로 하겠다. 종교가 있는 사람이라면 소명을 자신의 신이 준 것으로 쉽게 이해할 수 있을 것이다. 종교가 없는 사람은 운명이 자신에게 준 몫으로 생각해도 된다. 이도 저도 싫다면 자신의 깊은 소원이나 소망이라고 생각하자. 중요한 것은 소명이 어디서 시작되느냐가 아니다. 일생을 관통하는 하나의 목적이 있는가 하는 것이 핵심이다.

소명이 있다면 동기 저항에 희생되는 일은 없다. 실패를 겪더라도 간절한 목표나 소망만 있으면 그 어떤 동기 장애도 행동을 통해 이겨 낼 수 있다. 행동은 마음의 힘에서 비롯된다. 이 마음의 힘이 나오는 첫 번째 근육인 동기를 움직이는 것이 '소명'이다.

소명은 욕망을 넘어 우리에게 저항의 벽을 타고 넘을 수 있는 용기를 준다. 소명이 있으면 사소한 유혹에 넘어가지 않고 두려움을 넘어설 수도 있다. 그 결과 도덕적 저항이나 희생양 저항 같은 저항의 횡포에 휘둘리지 않을 수 있다. 희생양이 되어 버리기엔, 나의 소명이 너무 소중하다. 또 소명에 비추어 볼 때 초자아가 명령하는 도덕적 기준은 그리 대단하지 않다.

진화가 시작되는 지점, 용기

삶의 의미나 소명에 따라 산다는 것은 자기를 초월하는 힘을 필요로 한다. 욕망이 있다고 할지라도 그 일을 하려면 힘이 필요하고, 또 몇 개의 욕망이 서로 우선권을 차지하려고 전쟁을 벌일 때도 과감히 하나를 선택할 수 있는 힘이 필요하다.

잘 다니던 직장을 그만두고 세계 여행을 하는 것, 구직 대신 대학원에 들어가는 것, 결혼을 하지 않고 유학을 가는 것, 심지어 드라마를 보다가 중간에 TV를 끄고 청소를 시작하는 것도, 자신을 이길 수 있는 강한 힘

문제는 저항력이다

이 필요하다.

직장 생활을 유지하고 구직 활동을 하는 것, 시기가 되어 결혼을 준비하는 것은 현재 내게 포기할 수 없는 중요한 일이다. 나에게 위안과 즐거움을 주는 드라마도 마찬가지다. 그런 일을 포기하려면 힘들지 않을 수없다. 게다가 현재 하고 있는 것보다 우선시되는 '그 일'을 도피하게끔하는 두려움이나 불안 같은, 마음의 부정인자도 잘라내야 된다.

그런 힘은 바로 용기에서 나온다. 특히 현재 내게 중요하다는 그 생각이 헛된 욕망에서 나온 것일 때, 그것을 자르려면 용기가 필요하다. 물론이때 의지도 강력하게 개입한다. 의지가 개입해 욕망이나 두려움, 불안과 같이 동기를 분산시키고 좌절시키는 마음의 혼란을 잠재울 수 있는것이 '용기'다. 즉 자신을 버리는 용기다.

그렇다면 용기는 무엇일까? 용기의 사전적 의미는 '굳세고 씩씩한 기운'이다. 굳세고 씩씩하다고 해서 절망이 없는 것은 아니다. 키르케고르, 니체, 카뮈, 사르트르 등은 "용기는 절망이 있음에도 전진할 수 있는 능력"이라고 했다. 또한 롤로 메이Rollo May는 "용기는 무분별rashness과 혼동되어서는 안 된다. 남에게 보여 주기 위한 용기는 그의 무의식적인 공포를 감추기 위해 만들어 낸 단순한 허세bravado일 가능성이 크다"라고 했다. 용기는 고집이나 허세와 다른 것이다. 용기는 우리가 두려움과 불안을 이기고 비로소 행동을 시작해 생산과 성장을 가능케 하는 깊은 힘을말한다.

노예였던 낙타는 스스로 할 수 있는 용기가 없었으나 용기를 갖는 순간 무엇이든 할 수 있는 사자가 된다. 완전한 진화가 일어나는 것이다.

또한 온갖 욕망에 휘둘리던 병든 사자가 그 욕망들을 포기할 수 있는 용기를 가지면 마침내 건강한 사자가 된다. 즉 용기를 가지면 낙타는 사자로 변할 수 있고, 병들어 아직 기능하지 못하던 사자는 제대로 사냥하는 건강한 사자가 될 수 있다.

용기를 의미하는 영어 단어 'courage'는 프랑스어로 '심장', '가슴'을 뜻하는 'coeur'와 같은 어간에서 나온 말이다. 심장이 신체에 혈액을 보내 몸을 움직이게 하는 것과 같이 '용기'라는 정신적인 힘은 다른 마음의 요소들에 에너지를 준다.

용기가 사랑과 결합할 때 그 사랑은 더 숭고해지고, 용기가 정서에 힘을 주면 우리는 슬픔과 두려움을 뚫고 일어설 수 있다. 진리를 찾고자 하는 이성의 힘에 용기가 추가되면 그 진리들 중에 가짜라고 판단되는 것을 제거할 힘이 생긴다. 또 자만하고 싶은 유혹에 넘어가지 않게 막아 주기도 한다. 그런 면에서 용기는 의지와 긴밀히 연동하고 있는 요소다. 용기를 발휘할 때 강력한 동기가 지속적으로 가동된다. 동기가 이를 수 있는 최고 높은 지점이 용기다. 용기는 마음의 성장점이 될 수 있다.

따라서 건강한 사자로 제대로 살기 위해서는 가장 먼저 용기라는 성장점을 확보해야 한다. 용기를 가질 때 생산적인 사람이 되고 용기가 다른 힘들과 결합될수록 생산성은 점점 더 높아진다. 생산성이 높은 사람을 일벌레로 보기도 하지만, 에리히 프롬Erich Fromm이나 칼 로저스Carl Rogers 같은 심리학자는 생산성을 성숙한 정도를 측정하는 기준으로 삼았다. 심신이 건강하지 못한 사람은 자기 일을 제대로 해내지 못한다. 따라서 생산적이라는 것은 자신이 건강하다는 것으로 이해해도 된다. 프로이트도 성숙과 행복의 기준으로 일과 사랑을 꼽았다. 따라서 생산성은 매우 중요한, 심리적 건강의 척도라 할 수 있다.

이렇게 용기가 나타나면 우리는 성장을 향한 길을 걸을 수 있다. 따라서 동기는 용기 확보를 목표로 해야 한다.

저항을 뛰어넘은
도덕적 용기

퇴계 이황의 '서답기명언논사단칠정書答奇明彦論四端七情'에 보면 이런 구절이 있다.

眞勇 不在於逞氣强說

而在於改過不吝 聞義卽服也

해석하면 '진정한 용기는 기세를 부려 억지소리를 하는 데 있는 것이 아니다. 허물 고치기에 인색하지 않고 의리를 들으면 즉시 따르는 데 있다'라는 뜻이다. 자신을 죽이고 양심을 따른다는 의미다. 이렇게 자신의 사상을 지키기 위해 목숨까지 내놓을 수 있는 용기를 '도덕적 용기'라고 한다. 도덕적 용기란 실존주의 사상가이자 심리학자로 유명한 롤로 메이가 정의한 것으로, 흔히 양심수들이 보여 주는 정신적 힘을 말한다. 하지만 도덕적 용기가 있는 사람은 양심이나 이상이 나와 우리 조직에만 있는 것이 아니라 다른 사람, 다른 조직, 다른 국가에도 있을 수 있음을 받아들인다.

롤로 메이는 도덕적 용기의 대표석인 예로 노벨 문학상을 받은 작가 솔제니친을 들고 있다. 그는 솔제니친의 일생이 '용기의 연속'이었고, 자신의 양심에 따라 행동하는 '도덕적 용기'를 보여 줬다고 했다.

알렉산드르 솔제니친Aleksandr Solzhenitsyn은 제2차 세계 대전 당시 소련군 포병 장교로 근무하던 중 스탈린의 분별력을 의심하는 내용의 편지를 친구에게 보낸 것이 화근이 되어, 1945년에 투옥되어 10년 동안 수용소 생활을 한다. 그리고 그때의 경험을 기반으로 스탈린 시대 강제 노동 수용소의 비참한 현실을 다룬 『이반 데니소비치의 하루』를 발표해 세계적인 명성을 얻는다. 또한 스탈린 시대를 주제로 한 『암병동』과 『연옥 1번지』를 완성하지만 두 작품 모두 소련 내에서 출판이 금지되어 해외에서 출판된다.

그의 작품들이 서방에서 출판되자 소련 정부와 소련작가동맹은 솔제니친에게 집중적인 공격을 퍼부었고, 그 역시 이에 맞서는 공개서한을 작가동맹에 두 번에 걸쳐 보낸다. 결국 1969년 11월에 반소 작가라는 낙인이 찍혀 작가동맹에서 추방되었으나, 1970년 러시아 문학의 훌륭한 전통을 추구해 온 윤리적인 노력을 높이 평가받아 노벨 문학상을 받는다. 1973년 유형지에서의 잔학상을 폭로한 『수용소 군도』가 해외에서 발표되자 서독으로 추방된다.

세월이 흘러 소련연방 체제가 붕괴된 후 1994년 20년간의 망명 생활을 끝내고 러시아로 돌아갈 수 있었다. 어쩌면 그에게도 자유로운 국가에 남고 싶은 유혹이 있었을지 모른다. 하지만 그는 조국으로 돌아갔다. 망명 역시 용기가 필요하다. 그러나 솔제니친은 싫은 것을 받아들이고 사랑하는, 더 고차원적인 용기를 발휘했다. 그는 소련 체제의 잔혹함과 국민들의 비참한 삶을 고발하는 데 주저하지 않았지만 자신의 조국 소련을 끝까지 버리지 않고 사랑했다. 이 점 때문에 그의 용기를 롤로 메이는 '도덕적 용기'의 표본이라고 한 것이다.

그가 아직 러시아에 있을 때, 경찰은 그의 입을 막기 위해 온갖 위협을 가했다고 전해진다. 솔제니친은 감옥에서 "옷이 벗겨진 채 사격대 앞으로 끌려가 죽음의 직접적인 협박을 당한 적이 있다"고 증언했다. 죽음의 협박까지 견뎌 냈기 때문에 그가 진정한 '용기'를 보여 준 것으로 평가받는 것이다.

일본의 나카쓰카 아키라中塚明도 빛나는 '도덕적 용기'를 발휘한 인물이다. 나카쓰카 교수는 청일 전쟁을 비롯한 근대 동아시아의 역사 및 일본 근대사 연구의 권위자다. 그는 일본 사료는 물론 한국 사료를 꼼꼼히 조사하며 일본 제국주의 침략사를 객관적으로 연구한 첫 일본인 학자다. 그래서 '일본의 양심'이라고 불린다. 그는 아베 총리 체제가 들어선 이후, 오직 자국의 이익만을 추구하며 서슴없이 역사를 왜곡하고 점점 더 극우화되어 가는 분위기에서도 역사의 객관적 관점과 균형을 놓지 않고 있는 사람으로 평가받고 있다.

나카쓰카는 2014년에 3·1 독립운동 95돌을 기념해 서울 천도교 교당에서 '3·1 독립선언의 정신과 동아시아의 평화'를 주제로 강연을 했다. 연설에서 그는 "아베 신조 총리가 세계가 어떻게 변화하고 있는지 너무

모르는 것 같아 안타깝다"며 일본의 어제와 오늘에 대한 자성을 촉구했
다. 일본 학자지만 정확한 역사 연구를 했고, 자국의 잘못을 시인하고 자
국 총리의 잘못된 시각 또한 지적했디. 게다가 그것을 타국에서 연설했
다. 이러한 나카쓰카 교수가 가진 용기도 '도덕적 용기'라 할 수 있겠다.

롤로 메이는 도덕적 용기는 "한 사람의 양심과 감수성이 다른 인간이
느끼는 고뇌를 바라보며 깊이 공감할 때 만들어지는 것"이라고 했다. 이
말이 사실이라면, 우리가 오직 자신만 생각하며 만들어 내는 온갖 종류
의 저항을 도덕적 용기로 극복할 수 있다. 도덕적 저항과 희생양 저항 같
은 것들은 오직 자신에게 집중할 때 생기는 초자아가 만들어 낸다. 나보
다 큰 목적에 동조하는 용기나 더 깊은 도덕적 용기를 가질 때 도덕적 저
항이나 희생양 저항 같은 함정에서 벗어날 수 있다.

나에게만 옳은 일을 고집할 것인가? 나의 고집이 완벽한 오류라면 어
떻게 할 것인가? 내 생각이 완전히 잘못되었다면 나의 기준을 버려야 한
다. 이런 생각을 할 때, 저항을 극복할 수 있다.

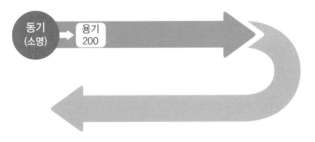

건강한 사자가 되는 첫 번째 관문 : 동기가 용기를 만들게 하자.

문제는 저항력이다

두려움 이기기 연습

두려움은 저항을 일으키는 가장 큰 요소로 작용한다. 따라서 두려움을 관리하는 법을 알면 저항을 이겨 낼 수 있다. 다음은 두려움을 넘는 자가 훈련법이다. 따라 하면서 자신에게 질문하고 답하는 연습을 해보자.

나A 이번 지시는 따르기 싫은데 사장에게 찍힐까 봐 좀 두려워.

나B 그의 지시를 거부하면 어떻게 될까?

나A 해고되고 직장을 잃을지도 모르지.

나B 그다음엔 어떻게 되지?

나A 돈이 없겠지.

나B 돈이 다 떨어지면 어떻게 되지?

나A 대출이자도 못 내고 생활비도 없고 와이프가 쫓아낼지도 몰라.

나B 그다음은 어떻게 될까?

나A 집이 없어 노숙자가 될 것 같아.

나B 그다음엔 어떻게 되지?

나A 밥도 못 먹고 몸은 아프고 춥겠지.

나B 그다음에는 어떻게 되지?

나A 병들어 죽거나 사고로 객사할지 몰라.

두려운 사건이 생길 때 '그다음엔 어떻게 되지?'라고 질문해 보라. 이 사례에서 보듯 모든 두려움의 끝에는 '죽음'이 도사리고 있다. 죽음을 받아들일 수 있을 때 우리는 두려움을 극복할 수 있다. 그래서 죽음을 미리 체험해 보는 임사 체험이나 예비 장례식에서 유서를 써보는 일이 소명을 찾는 데 도움이 된다. 가상의 장례식을 통해 죽음을 미리 겪으면 소명을 이해하고 두려움을 넘어서게 될지도 모른다.

최근에 죽음과 관련된, 이와 비슷한 경험을 했다. 10년 전 건강검진에서 오른쪽 폐에 0.5센티미터 크기의 고립폐소 결절SPN이 있음을 확인했다. 그런데 최근에 갑자기 기침이 심해져서 찍은 엑스레이 사진에서 그 결절이 1.13센티미터로 커진 것으로 나타났다. 폐암이 의심되는 상황이었다. 이후 CT 검사를 통해 엑스레이 해석이 잘못되었고, SPN 사이즈는 10년 전 그대로임이 확인되어 안심하게 되었다. 하지만 처음 발견한 후부터 오진으로 확인될 때까지 약 2주 동안 나는 죽음이 현실이 된 기분이었다. 그때 죽음을 미리 체험할 수 있었는데, 죽음의 임박은 운명을 받아들이라는, 나를 부정하는 중요한 힘을 주었다.

이처럼 죽음은 큰 변화를 준다. 누구에게나 죽음은 끔찍하고 슬프지만, 죽음에 대해 미리 생각해 보면 매우 중요한 통찰을 하게 될지도 모른다. 죽음을 받아들이고 신이나 운명에 생명을 맡기면 두려움이 사라질 것이다. 당신이 원하는 죽음이 어떤 상태인지 그려 보라. 그렇게 되기 위해서 남은 인생 동안 무엇을 해야 할지 알게 될 것이다.

문제는 저항력이다

당신의 스토리를 만들어라

용기 있게 자신의 삶을 살기 위해서 우리가 가장 먼저 할 수 있는 일은 죽음을 미리 상상해 보는 것이다. 죽음을 생각하게 될 때 우리는 생명 이외 모든 것의 가치를 다시 평가하게 된다. 다음 단계를 따라가며 당신의 욕망들을 정리하고 당신 생을 관통하는 스토리를 만들어 보자. 죽음을 상상하면서 우리는 소명을 찾을 수 있을지도 모른다. 그러면 더 이상 두려움이나 욕망, 불안으로 인해 당신의 동기가 막혀 작동하지 않는 일은 없을 것이다.

▸ 1단계 : 미리 가보는 장례식장

지금부터 당신의 장례식장에 미리 가보자. 이것은 삶의 의미를 찾거나 변화, 성장을 추구하는 집단 치료나 훈련 등에서 자주 사용하는 방법이다.

변화는 장례식 장면을 생각하면서 시작될 수 있다. 사람이 변할 수 있는 가장 중요한 사건은 죽음에 직면했을 때다. 예를 들면 큰 병에 걸렸을 때, 사고로 생사의 기로에 섰을 때, 절망으로 자살 직전에서 살아남았을 때, 우리는 이전에 가지고 있던 사고 체계 전체가 뒤집어지는 체험을 한다. 그 체험이 우리를 극적으로 변화시킨다.

오늘 당신이 죽었다고 가정하고 장례식 풍경을 생각해 보자. 당신은 몇 살이고 왜 죽었는가? 장례식장에는 누가 와 있는가? 장례식 집도는 누가 하고 있는가? 아이가 있는가? 가족은 어떤 얼굴인가? 친구들은 뭐라고 하는가? 그들은 마음속으로 당신에 대해 어떤 생각을 하는가? 당신은 어떤 사람으로 불리는가? 그 말에 만족하는가? 당신은 평생 무엇을 했는가? 당신이 왔다 간 이 땅에 당신을 추억할 수 있을 것이 단 한 가지라도 있는가? 열심히 재미있게 잘 살았는가? 그것으로 만족하는가? 그러면 다행이다. 하지만 잘 놀다가 가는데 공허한가? 그렇게 사는 게 아니었다고 생각되는가? 그러면 어떤 인생이길 바라는가? 무엇을 잘못했는가? 어디부터 다시 살고 싶은가? 무엇을 남기길 바라는가?

여기까지만 생각하고 다시 현실로 돌아와 보자. 당신은 죽지 않았다. 아직 남은 인생이 길다. 그 길을 어떻게 갈 것인지 깊이 생각해 보자.

▶ 2단계 : 당신의 유산 찾기

이제 지금까지 살아온 날들을 되돌아보자. 당신은 살면서 목표가 있었는가? 연령대별로 당신이 가졌던 목표를 기억하고 다음 칸을 채워 보자. 각 연령의 목표였던 것이 그 당시 삶의 의미라고 생각할 수 있다. 그리고 그 시절에 성공한 것과 실패한 것이 무엇인지 써보자. 잘한 것과 잘못한 것이 있으리라. 언제 제일 크게 좌절했는가? 언제 제일 기뻤는가? 왜 그런 일이 있었는지 이유를 생각해 보자. 성공도 실패도 이유가 있다. 그런데 혹시 다음 표에서 비슷한 실수가 되풀이되지는 않는가? 실패의

문제는 저항력이다

원인을 찾다 보니 자존심이라는 것이 곳곳에서 나타난다면 당신에게는
자존심이 마음의 한계이자 치명적인 약점이 되는 것이다.

시기	목표 (삶의 의미)	성공한 것	성공으로 이끈 장점들	실패한 것	실패로 가게 한 단점들
1 ~ 10세					
11 ~ 15세					
16 ~ 20세					
21 ~ 25세					
26 ~ 30세					
31 ~ 35세					
36 ~ 40세					
41 ~ 45세					
46 ~ 50세					
51 ~ 55세					
56 ~ 60세					
61 ~ 65세					
66 ~ 70세					
인생을 관통하 는 키워드					
유산으로 남기고 싶은 것					
당신의 소명					

그것이 당신 마음의 수준일 수 있다. 지금 나이까지 작성한 후 전체를 검토해 보자. 어떤 공통점이 있을지 모른다. 삶의 의미, 즉 시기별 목표의 공통점, 성공이라고 생각한 것들의 공통점, 실패의 원인이 된 단점의 공통점이 보일 것이다. 그것을 인생을 관통하는 당신의 키워드로 볼 수 있다. 성공도 실패도 당신의 자산이니 모두 빠짐없이 기록한다. 마지막에는 자녀에게 물려주거나 세상에 남기고 싶은 유산에 대해서 써보자. 그것이 당신의 소명을 찾는 단서가 될 수 있다.

▶ 3단계 : 가상 시나리오

아우구스티누스는 "나는 어떤 사람으로 기억되고 싶은가?"라고 자신의 유산을 자문할 때 비로소 성인의 삶이 시작된다고 했다.

그러면 이제부터 당신이 갈 길을 생각해 보자. 여태까지 살았던 삶을 혁명하고 당신의 삶을 꽃피우기 위해 지금부터 무엇을 할 것인가? 당신이 궁극적으로 되고 싶은 사람, 이루고 싶은 업적은 무엇인가? 첫 줄에 써보자. 그 일을 이루기 위해 당신이 할 일이 있을 것이다. 5년 단위로 생각하자. 5년은 씨를 뿌린 농부가 수확을 할 만한 시간이다.

지금 당장 떠오르지 않을 수도 있으니 천천히 생각하고 다시 채워 넣자. 단, 잊어버리지만 않길 부탁한다. 이 작업을 금방 끝내고 잊어버리면 오히려 효과를 보기 힘들다. 도저히 생각나지 않는다면 다음 장으로 그냥 넘어가자. 당신이 정말로 당신을 혁명하고 싶은 간절함이 있을 때 다시 해보기 바란다.

문제는 저항력이다

죽는 날	나이	당신은 어떤 사람인가?	무슨 일을 했는가?	

	나이	하고 있는 일	해내야 할 업적	소명 달성 정도
5년 후				%
10년 후				%
15년 후				%
20년 후				%
25년 후				%
30년 후				%
40년 후				%
50년 후				%

▸ 4단계 : 당신의 스토리를 써라

3단계까지 생각해 봤다면 이제 마지막으로 죽을 때 꼭 남기고 싶은 스토리를 한번 써보자. 미리 쓰는 자서전이라고 생각해라. 당신은 변하지 않는 자신 때문에 울던 어제의 당신이 아니다. 모든 자원이 준비되어 있고, 뭐든지 될 수 있는 힘이 있다. 그렇다면 당신은 그 자원과 힘으로 무엇을 하고, 어떤 사람으로 기록되길 바라는가? 원하는 전부를 써본다. 이것은 순전히 당신의 이야기다. 당신의 스토리를 직접 만들어라. 누구도 대신 써주거나 도와주지 않을 것이다. 도와주는 척하는 사람을 믿지 마라. 그들이 당신을 망치고 있었음을 이제는 알아야 한다. 스스로의 힘만이 당신이 변화하는 데 도움이 된다.

평생의 소명은 무엇인가?

한 줄로 나의 스토리를 써보자.

원하는 대로 나의 스토리를 써보자.

▸ 5단계 : 소명 찾기

앞의 장례식과 인생 회고를 통해 당신이 살아온 날들과 살아갈 인생의 스토리를 정리했을 것이다. 그것을 기반으로 다음 표를 채워 보자. 앞의 4가지 단계는 5단계를 위한 정리라고 이해하면 된다.

지금 상태로 죽는다면 어떤 마음일 것 같은가?

그렇다면 내가 바라는 나의 죽음은 어떤 모습인가?

지금 인생에서 가장 불안한 것은 무엇인가?

그렇다면 남은 인생 동안 해야 할 삶의 의미나 소명은 무엇인가?

이 일들을 하기 위해 이겨 내야 할 욕망과 두려움, 불안은 무엇인가?

욕망 :

두려움 :

불안 :

이 길을 가면서 내게 필요한 용기는 무엇인가?

다음은 내가 교수직을 버리고 작가로 살기로 결정하면서 겪은 욕망과 두려움, 불안 등을 벗어나는 방법과 소명을 찾아가는 과정을 정리한 것이다. 당신에게는 나와 다른 문제가 있을 것이다. 그렇지만 나의 사례를 보면서 인간은 누구나 살아가면서 아픔을 겪는다는 것을 이해하게 될 것이다.

지금 상태로 죽는다면 어떤 마음일 것 같은가?

▶ 후회, 낭패, 좀 더 알차게 살걸, 더 많이 사랑해 줄걸, 더 즐기며 살걸 하고 깊이 후회할 것 같다.

그렇다면 내가 바라는 나의 죽음은 어떤 모습인가?

▶ 죽을 때까지 계속 책을 썼고, 그중 일부는 좋은 책이 되어 역사에 남을 수 있으면 좋겠다. 뇌와 인지과학 기반 사상을 연구하여 사람들의 마음 치유와 변화, 성장을 도왔다. 내가 죽었을 때 도움을 준 사람들이 나를 그리워하고 슬퍼하길 바란다. 필스와 나의 스승님이 간 깃과 같은 인생이 되길 원한다.

지금 인생에서 가장 불안한 것은 무엇인가?

▶ 하루하루 소모하다가 아무것도 남기지 못하고 허무하게 죽을까 봐 두렵다. 혹은 한평생 그저 잘 먹고 잘 놀고 잘 살다가 그냥 죽노라고 말할까 봐 겁이 난다.

그렇다면 남은 인생 동안 해야 할 삶의 의미나 소명은 무엇인가?

▶ 마음의 성장과 진화의 과학적 메커니즘을 인지과학적으로 밝히고 그것을 책으로 출간한다. 마음 훈련 프로그램을 실천할 교육 센터와 치료 센터를 만들어 마음이 아픈 사람들의 성장을 돕고, 궁극적으로 세상이 아름다워지는 데 도움이 되길 바란다.

이 일들을 하기 위해 이겨 내야 할 욕망과 두려움, 불안은 무엇인가?

욕망 : 25년간 있었던 학교라는 울타리 속으로 되돌아가서 편하게 지내고 싶은 마음이 있다. 정년이 보장된 직장이 주는 편안함, 사학연금의 안정성 등을 누구보다 잘 알기에 누군가가 학교에서 일할 것을 제안할 때마다 다시 돌아갈까 갈등한다. 그리고 실제로 그 문제로 내 길을 가는 것을 중단했고 시간을 많이 허비했다.

▶ 학교를 나와서 나의 길을 가겠다고 결단한 것을 절대로 잊지 말자. 내게는 나만의 길이 있기에 운명이 거기서 나를 이끌어 낸 것이다. 학교로 다시 돌아갈 생각이었다면 그런 모험을 할 필요가 없었다. 한 번뿐인 인생, 내 결단을 믿고 끝까지 이 길을 가자.

두려움 : 직장, 소속이 없으므로 사람들이 무시하지 않을까 하는 마음이 들 때가 있다. 또 이러다가 좋은 책도, 사람들을 성장시킬 메커니즘도 생각해 내지 못하고 어려움과 고통만 겪다가 가는 것 아닌가 하는 생각이 들 때도 있다.

▶ 결과는 아무도 모른다. 태어나면서부터 교수로 정해진 삶은 아니었지 않은가? 나는 교수직을 버리고 작가이자 진정한 인지과학자가 되는 길을 선택한 것이다. 내가 교수가 되기 위해 투자한 오랜 세월만큼 이 길에서도 긴 시간 노력해야 할 것이다. 정산은 죽을 때 하는 것이니 두려워 말고 이 길을 깊이 들어가자.

불안 : 매월 수입이 일정하지 않아 경제적 어려움에 처할까 봐 불안하다.

▶ 매달 월급을 받던 삶에 익숙해져서 불안할 뿐이다. 자영업자들은 처음부터 월급에 의존하지 않고 스스로 수입을 창출하는 활동을 한다. 다만 나는 25년간의 습관 때문에 불안한 것이다. 낙타에서 사자가 된다는 것은 주인에게서 먹이를 받아먹던 것을 포기하는 것이다. 낙타를 버리고 사자가 되었으니 직접 사냥을 해야 한다. 어쩌면 월급쟁이일 때보다 더 큰 부를 만들어 낼 수 있을지도 모른다. 그렇게 되면 치유 센터를 설립할 기금이 마련되는 것이니, 어려움 속에서 내가 점점 성장하고 있다고 믿어 보자.

이 길을 가면서 필요한 용기는 무엇인가?

▶ 나는 운명이 준 나의 길을 가고 있는 중이다. 그러니 누구하고도 비교하지 말고 누구에게도 의존하지 말자. 사회적 시선, 경제적 문제, 자괴감, 죄책감, 외로움, 고통 등이 매일 나를 쓰러지게 해도 다시 일어나 계속 길을 가야 한다. 이 일을 위해 10년간이나 무기력을 앓고 또 3년간 저항에 괴로워했던 것인지 모른다. 그리고 앞으로 또 어떤 마음의 문제가 새롭게 나타날지 모르나, 지금까지 이겨 온 것처럼 나는 버텨 낼 것이다. 아직 건강하고 힘이 있으니 오직 나의 길을 내 힘으로 끌고 가야 한다. 타인의 말에 흔들릴 때마다 인생이 정체된다는 것을 지난 수년 동안 겪지 않았던가. 나는 내 소명을 이루기 위한 일만 하면서 나아갈 것이고, 어떤 유혹이나 두려움이 와도 목적지를 생각하고 다시 일어날 것이다. 그것이 내가 마지막까지 가져야 하는 마음의 힘, 용기이다. 신이 이것을 가르치려고 그 오랜 세월 동안 엎드려 있게 했는지도 모르지 않는가?

정서의 중립점을
찾아라

감정에
속지 마라

　　　　　　정서는 마음에서 어떤 변화가 일어날 때 우리가
느끼고 외부로 나타나는 증상이다. 예를 들면 슬픈 일이 생겼을 때 슬픔의
감정과 함께 눈물이 흐른다. 이때 슬픈 느낌과 눈물이라는 신체적 변화를
합쳐서 정서라고 한다.

　정서란 매우 예민하면서도 강력한, 마음의 리트머스 시험지다. 마음에
서 무슨 일이 생길 때 정서가 가장 먼저 반응한다. 판단이나 생각보다 먼
저 눈물부터 흐르거나 이유도 알 수 없는 미소가 계속 입가를 떠나지 않
는다. 무의식이 의식보다 먼저 정서를 건드리기 때문이다. 정서는 그렇
게 예민하다. 그중에서 특히 부정 정서는 우리를 아프게 한다. 슬픔은 고

　　　　　　　　　　　　　　　문제는 저항력이다

통이다. 우울이 지속되면 마음이 아파 온다. 사람들이 정신과나 심리상담가를 찾는 이유는 사실 정서 때문일 때가 많다. 부정 정서가 일어나 마음이 아프기 때문에 어쩔 수 없이 병원을 찾는 것이다.

누구도 일부러 부정 정서를 느끼려고 하지는 않는다. 하지만 원하지 않아도 어쩔 수 없이 화나고 슬프고 죄책감이나 수치심이 드는 것이다. 그런 부정 정서가 일어나는 이유는 동기, 인지, 행동, 의지와 전부 연결되어 있다. 두려움이나 불안이 회피 저항을 만들듯, 정서에서 저항이 나타나기도 한다. 이처럼 부정 정서로 인해 저항에 막히면 또다시 부정 정서가 강화되는 이중고를 겪을 수도 있다.

저항에 막혀서 할 일을 하지 못하면 기분이 몹시 좋지 않다. 하지 못했다는 생각에 불안하고 찜찜하고 화나고 슬프고 짜증도 난다. 온갖 종류의 부정 정서가 나타난다. 이에 대해 펄스는 '미해결 과제'가 원망, 분노, 고통, 불안, 죄의식을 남긴 것이라고 했다. 즉 저항을 넘지 못하고 실패할 때 죄책감, 분노, 슬픔, 수치심, 불안, 고통과 같은 감정이 나타나는 이유는 해야 할 일을 하지 못했다는 '미해결'에 대한 자책 때문이다.

나의 경우 2008년 글로벌 금융 위기로 인해 해외 펀드 투자에서 많은 손실을 입었다. 그중 중국 주식형 펀드 두 개는 원금을 회복할 때까지 묻어 두려고 했지만 거래하던 해외 은행이 철수하는 바람에 어쩔 수 없이 7년 만에 환매했다. 손실금 때문에 후회가 깊었지만 그렇게 펀드를 강제로 정리하고 모든 손실이 확정되자, 오히려 우울함에서 완전히 해방되었다. 펀드가 남아 있을 때는 손실이 진행 중인 '미해결 과제'이므로 복잡한 생각과 후회, 슬픔 등이 지속적으로 나타났지만, 손실이 확정되고 나니 생각이 정리되고 펀드로 인한 손실을 거의 잊게 되었다. 미해결 과제가 해결되어야 편안해진다는 것을 확인한 셈이다.

마찬가지로 저항에 막혀 해내지 못한 일 때문에 나타나는 정서 장애는 그 문제를 처리할 때까지 사라지지 않는다. 미해결 과제가 해결되어야 비로소 편해진다. 음악을 듣거나 맛있는 것을 먹고 외출해도 순간 기분 전환만 될 뿐 깊은 정서는 변하지 않는다. 책이나 강연, 미디어에서 듣는 위로가 완전한 해결책이 되지 않는 이유가 여기에 있다. 그 순간은 위로되고 우울에서 벗어날 수 있을지 모르지만, 다음 날이면 여전히 아프다. 도저히 긍정 정서가 나타나지 않는다.

긍정심리학에서는 우울할 때 기쁜 일을 생각하고, 자신감을 가지고 행복을 추구하라고 한다. 하지만 이 또한 잘 안 되는 것은 정서만으로는 문제가 해결되지 않기 때문이다. 우리를 무기력하게 만드는 현상이 사라지거나 저항을 뛰어넘어 행동할 수 있을 때 비로소 진짜 긍정 정서가 만들어지는 것이다.

지금
나의 정서는?

미국 심리학의 창시자인 윌리엄 제임스^{William James}는 1884년 「정서란 무엇인가?」라는 논문을 발표했다. 그리고 130년이 지난 지금까지도 심리학자들은 동일한 질문을 하고 있다. '정서'에 대한 질

문제는 저항력이다

문은 '시간'이나 '의식'에 대한 질문처럼 답하기 쉽지 않은 난제 중 하나다. 그럼에도 우리는 자신의 감정과 정서를 잘 알고 있다고 착각한다. 오판하기 십상인데도 말이다.

우리는 종종 정서에 휘둘려 펄펄 날뛰거나 극도로 슬퍼한다. 그러다 합리적인 사고를 하지 못하고 행동을 그르치곤 한다. 정서가 만드는 저항에 막히지 않기 위해서는 자기 감정을 정확히 아는 것이 해결책이자 전략이다. 하지만 자신의 정서를 정확히 아는 것은 생각보다 쉽지 않다. 자신의 진짜 정서를 잘 모르기도 하고, 다른 정서로 오해하는 경우도 있기 때문이다. 그래서 자신의 정서를 아는 것이 정서 지능의 중요한 기능이라고 주장하는 학자들이 있는 것이다.

다음 표를 보자. 길을 걷다가 갑자기 강도를 만났을 때 그 상황을 어떻게 평가할 것이며 어떤 감정이 나타날까?

상황별 인지와 정서

사건 발생	인지적 평가	후속 발생 정서	
		생리 현상	정서
길을 가다가 강도를 만났다	강도가 자기를 위협한다고 판단	교감신경 각성	두려움
친구가 내 그림을 일부러 망쳤다	분노를 느끼고 친구에게 따지거나 혼내 주고 싶은 욕구	교감신경 각성	분노
오래 준비한 시험에 떨어졌다	상실과 실패의 느낌. 무기력하거나 무가치하다는 생각	부교감신경 각성	우울

당연히 강도가 자신을 위협한다고 느끼면 두려움 같은 정서가 나타날 것이다. 마찬가지로 기쁨, 슬픔, 질투, 불쾌, 당황, 좋아함, 미움 등 우리가 경험하는 내부분의 정서는 어떤 상황에 대한 인지적 평가가 신행해서 나타나고 생리적 반응이 동반되는 것이다. 자신의 정서를 이해하는 능력을 기르는 것은 정서를 통해 마음을 통제하는 훈련의 출발점이다.

감정의 오판

2001년 9월, 전 세계를 경악케 한 테러가 일어났다. 9월 11일 오전, 오사마 빈 라덴이 지휘하던 아랍 알카에다 테러리스트 19명은 4대의 민간 항공기를 납치해서 미국 경제의 상징인 세계무역센터 110층짜리 쌍둥이 빌딩을 비롯해 미 국방성 건물인 펜타곤 등 미국 여러 지역을 동시다발적으로 공격한 사상 최악의 테러를 일으켰다. 그 테러로 총 2,977명이 목숨을 잃었다.

워낙 전대미문의 테러 사건이었기에 그 후유증에 대한 연구가 많이 있었다. 심리학자들은 테러라는 공포가 우리 마음에서 가장 큰 영향을 준 부분이 '정서'라고 보고했다. 심리학자 제임스 W. 칼라트 James W. Kalat 나 G. 기거렌처 G. Gigerenzer는 9·11 이후 많은 미국인들은 비행기 타는 것이 두려워 비행기 대신 자동차를 이용한 횟수가 늘었다고 보고했다. 그러나 두려움이 자동차 운행을 급증시킨 결과 테러 후 3개월 동안 미국에서 교통사고가 크게 증가했다.

기거렌처는 이 현상에 대해 "비행기 테러가 가져다준 공포가 비행기를 자동차보다 더 위험하다고 느끼게 만들었고, 그 결과 장거리 여행 시 비행기보다 자동차를 더 선택하게 했다. 그러나 실은 자동차가 훨씬 위험했다"라고 설명했다. 그의 설명에 따르면 테러로 인한 공포라는 정서가 많은 사람들로 하여금 오판을 일으키게 했다는 것이다. 감정이 오판하여 실수를 저지르는 일은 사실 비일비재하다. 정서의 원인을 정확히 아는 것이 어려우므로 그로 인해 실수를 하는 것이다.

수많은 사람이 자기 감정에 속고 있으면서도 그 사실을 알지 못한다. 얼마나 무서운 이야기인가? 정서가 도움을 주기도 하지만 방해가 되기도 하는 연구가 또 하나 있다. 멜러Meller와 맥그로McGraw는 감정과 실수에 관한 연구를 진행했다.

한 사람이 친구와 내기를 한다. 돈 놓고 돈 먹기 게임으로, 한 번에 1,000원을 걸어야 한다. 당신은 1,000원을 내고 2,000원을 딸 확률이 50%인 도박을 하겠는가? 아니면 100원 내고 10만 원을 딸 확률이 1%인 내기를 하겠는가? 대부분의 사람이 두 번째 내기에 강하게 끌린다고 한다. 그러나 이 게임의 통계적 평균값은 동일하다. 두 경우 다 평균 1,000원이 남는다. 그런데도 사람들은 자신이 10만 원을 딸 수 있다고 더 믿는다. 그 편이 감정적으로 더 끌리기 때문이다. 자기에게 행운이 올 것이라고 낙관하는 것이다.

이 문제는 인지가 개입된 것이 아닌가 하고 오해할 수도 있다. 하지만 인지가 제대로 작동해서 돈을 딸 확률에 대해 조금만 깊이 생각해 보면 두 경우의 통계적 발생 확률값이 동일함을 알 수 있다. 그런데 많은 사람들은 통계적 수치를 인지하지 않고, 순간적인 느낌이나 정서에 따라 결정해 버리는 오류를 범한다. 우리는 일상에서 이런 식의 오류를 상당히 많이 일으킨다.

칼라트는 9·11 이후 몇 달간 자동차 사고가 증가했다는 사실로부터 우리가 비행기를 두려워하지 말아야 하는 것이 아니라, 자동차가 실은 더 위험하다는 것을 직시해야 한다고 경고했다. 진실을 직시하지 못하고 정서에 속아 자기가 보고 싶은 대로 보는 오류에 빠지지 말라는 것이다. 그렇다면 정서가 오류를 일으키지 않게 할 방법은 무엇일까?

정서지능 이란?

만약에 정서가 어떤 때 도움을 주고 어떤 때 방해하는지, 그 차이를 분명하게 알 수 있다면 얼마나 좋을까? 그 차이를 잘 알아채는 사람은 정서지능Emotional Intelligence이 높다고 할 수 있다. 정서지능이 높은 사람은 자신과 타인의 정서를 이해하고, 정서를 억제할지 표현할지 판단하며 자신과 타인의 정서를 통해 그런 정서를 일으키는 원인이 될 만한 정보를 알아차린다. 이렇게 정서를 이해하고 이용할 수 있는 모든 능력을 정서지능이라고 한다. 더 나아가 정서의 진짜 의미를 이해하고 정서들 간의 관계도 인식하며, 추론과 문제 해결에 정서를 효과적으로 사용하는 능력 역시 정서지능이다.

문제는 저항력이다

정서가 지능으로 작동되어야 하는 순간이 언제일까? 다음 상황을 한 번 보자.

(1) 길을 가다가 젊은 여자가 벤치에 혼자 앉아서 울고 있는 것을 보았다. 그 여자는 나를 보더니 "안녕하세요"라고 인사하며 웃다가 다시 울기 시작했다. 다가가서 도움을 줘야 할까? 아니면 그냥 지나쳐 가야 할까?

(2) 아내와 함께 모임에 가기로 했다. 그런데 아내의 준비 시간이 길어져 지각할까 봐 불안해지기 시작했다. 아내에게 빨리 준비하라고 소리 지를 것인가? 아니면 불안을 진정시키고 참아야 하는가?

(3) 직장 동료가 당신에게 모욕적인 농담을 했다. 당신은 그 사람에게 불쾌하다고 말할 것인가? 아니면 웃지 않고 정색한 얼굴로 노려보며 그가 내 기분을 알아차리게 만들 것인가?

(4) 엘리베이터에서 매력적인 여직원이 당신에게 웃으며 인사를 한다. 이 여자가 나에게 호감을 표현하는 것인가? 아니면 단순히 직장 동료에게 인사하는 것으로 볼 것인가?

정서는 우리도 모르는 사이에 많은 일을 한다. 인지가 판단하기도 전에 정서지능은 모든 상황을 순간적으로 판단해 가장 적합하다고 생각하는 결정을 내린다. 울고 있는 여자에게 접근할 것인가 말 것인가에 대한 판단은 우리가 여자냐 남자냐에 따라, 시간이 낮이냐 밤이냐에 따라 달라진다. 그래서 다가가 돕기도 하고 그냥 무시하고 가던 길을 계속 가기도 한다. 늑장을 부리는 아내에게 화나서 소리를 지르려다가 이전에 경험했던 사건이 떠올라 조용히 참을 수도 있다. 불쾌하다고 화내는 것이 승진에 도움이 되지 않는다는 판단에 모욕을 참기도 하고, 여직원이 자신에게 호감을 갖는 것으로 오해하고 접근했다가 곤경에 처할 수 있으므로 순간 움찔하고 묵묵히 인사만 한다.

이런 모든 행동의 근원에는 정서가 있다. 물론 정서는 본능적으로 나타나는 진화적 정서도 있지만, 인지 기능이 작동해서 판단하는 정서도 있다. 그런 정서를 인지적 정서라고 한다. 정서가 인지 기능과 협력해 찜찜하고 위험요소가 있는 것을 피하게끔 도와주는 것이다.

이렇게 우리 마음은 가장 정확하고 적절한 판단을 내려 사회생활이나 인간관계에 문제가 일어나지 않게끔 한다.

1 피터 샐로비의 정서지능　　정서지능의 개념을 처음으로 공식화한 사람은 예일 대학 심리학과 교수인 피터 샐로비Peter Salovey와 뉴햄프셔 대학 심리학과 교수인 존 메이어John Mayer다.
1990년에 이들은 "정서지능이란 자신과 타인의 정서를 이해하고 감정들을 구별할 줄 알며, 사고와 행동을 이끌기 위해 정서 정보를 활용할 줄 아는 능력이다"라고 정의했다. 이들은 정서지능 이론을 수정해 이후 새로운 모형을 내놓았다. 새 모형에는 4가지 구성 요소가 있는데, 정서의 인식과 표현 능력, 정서의 사고 촉진 기능, 정서 지식의 이해 능력, 정서 조절 능력 등이다.

샐로비와 메이어의 정서지능 구성 요소

구성 요소	기능
정서 인식과 표현	자신과 타인의 감정과 기분을 정확히 알아차리는 것, 감정을 타인에게 표현할 수 있는 능력
정서의 사고 촉진	정서를 자신의 문제 해결과 사고 활동을 위한 연료로 쓸 수 있는 재능
정서 지식의 이해와 활용	자신에게 특정 정서가 발생하는 이유와 흐름을 이해하고 그것을 활용하는 능력
정서 조절	자신의 감정이나 기분을 상황에 따라 적절하게 통제하고 조절하는 능력

2 다니엘 골먼의 정서지능　　다니엘 골먼Daniel Goleman은 저서 『감성지능』에서 "감성지능Emotional Intelligence이란 자기 자신에게 동기를 부여하고 좌절에 직면해서 인내할 줄 아는 능력이다. 충동을 통제하고 만족을 지연할 줄 아는 능력이며 자신의 감정을 조절하고 사고 능력에 감정이 압도되지 않도록 공감할 줄 아는 능력이다"라고 정의했다. 감성지능은 정서지능을 다르게 번역한 용어다. 정서보다 감성이라는 말이 더 익숙한 한국적 분위기에 맞춘 것으로 보인다. 이 책에서는 정서지능으로 통일하겠다.

　　다음 표에서 보듯이 다니엘 골먼의 정서지능에는 자기 인식, 자기 조절, 동기 부여, 감정 이입, 사회적 기술 등 5가지 구성 요소가 있다.(254쪽) 이는 하버드 대학의 교육심리학자 하워드 가드너Howard Gardner가 정의한 다중지능 중 자기이해지능, 대인관계지능과 밀접한 연관이 있다. 따라서 정서지능이란 자기와 타인을 이해하고 관계 맺는 데 중요한 역할을 하는 능력으로 볼 수 있다.

다니엘 골먼의 정서지능 구성

구성 요소	기능	하워드 가드너의 다중지능과의 관계
자기 인식	자신의 내면 상태를 이해하고, 자신의 선호도와 재능이나 능력 같은 자원을 직관적으로 알아차리기	자기이해지능
자기 조절	자신의 내면 상태 조절, 충동 및 자원 관리	자기이해지능
동기 부여	목표에 도달하도록 촉진시켜 주는 기능	자기이해지능
감정 이입	다른 사람의 기분이나 욕구, 관심사 인식	대인관계지능
사회적 기술	사람들 사이에서 호감을 능숙하게 유도	대인관계지능

샐로비와 골먼의 정서지능 이론들에서 우리가 기억해야 할 것은 하나다. 우리의 정서를 잘 이용하자는 것이다. 지금 일어나는 정서가 무엇인지 이해하고 그 정서가 발생한 원인을 분석한 뒤, 그 정서를 역으로 이용하는 것이 자신의 정서를 장악하고 똑똑해지는 길이다.

만약 화가 난다면 그것을 에너지로 삼을 궁리를 해보자. 저항에 막혀 실패했을 때 오는 수치심, 죄책감, 억울함 같은 부정 정서를 연료로 삼아 저항을 넘어설 방법을 찾아보자. 분노를 표현하되 분노에 스스로를 태우지 않게 하는, 자기 정서에 대한 깊은 이해가 정서 저항을 넘을 수 있게 해줄 것이다.

여기서 주의할 것은 섣불리 부정 정서를 긍정 정서로 바꾸려고 하지 말라는 것이다. 이는 부정 정서가 가진 에너지조차 소멸시키는 어리석은 행동이 될 수 있다. 부정 정서에는 강한 에너지가 있다. 그것을 이용할 궁리를 하는 게 좋다.

문제는 저항력이다

성적이 떨어져서 너무 화가 났다. 그런데 그것으로 그치지 않고 오기로 밤을 새워 공부했다든지, 뚱뚱하다고 나를 무시하는 친구에게 복수하려는 심정으로 다이어트를 모질게 했다면? 이런 것이 분노의 감정을 내게 도움이 되도록 활용하는 것이다. 분노는 작업의 생산성을 높이는 매우 좋은 연료가 될 수 있다.

정서지능 높은 사람들

부정 정서를 긍정 정서로 바꿀 때는 인지의 도움이 반드시 필요하다. 그 문제에 대한 생각이 바뀌어야 정서가 변하기 때문이다.

인지란 하워드 가드너가 말한 자기이해지능과 연결된다. 정서지능은 자기이해지능을 통해서 인지와 긴밀히 협력하며 우리를 돕는다. 만약 저항에 막혀서 부정 감정이 일어난다면 그 감정에 휘둘리지 말고 감정의 원인부터 분석해 보자. 당신 속에 있는 오류부터 찾아내야 한다.

어떤 오류도 찾을 수 없는데 도저히 그 감정을 어쩔 수 없다면? 그럴 때는 그냥 그 감정을 받아들이는 것도 전략이 될 수 있다. 그리고 그 감정을 연료로 삼아 행동에 속도를 내기 바란다.

예를 들어 당신이 극도로 화가 나는데 감정을 분석해 보니 승진에서 누락된 것이 원인임을 알았다고 하자. 일단 분노를 조절하고 평정하려고 애써 보자. 유감스럽게도 그렇게 안 될 가능성이 크다. 그렇다면 분노를 역으로 이용해라. 다음번 승진에서는 절대로 누락되지 않게 분노를 연료로 삼아 공부하고 일하는 것이다. 이렇게 감정을 역이용할 수 있는 사람은 정서지능이 상당히 높다고 할 수 있다.

일본 출신 과학자인 아카사키 이사무赤崎勇, 아마노 히로시天野浩, 나카무라 슈지中村修二는 청색 LED를 개발해 상용화한 공로로 2014년에 노벨 물리학상을 수상했다. 이 수상자 가운데 유난히 얘깃거리가 많은 인물은 캘리포니아 주립대 교수인 나카무라 슈지다. 사실 나카무라 교수는 일본을 등진 과학자다. 그는 2000년에 좌절과 환멸을 느끼고 미국으로 떠났다. 그러고는 "일본 시스템에 실망했다. 기술자들이여, 일본을 떠나라!"라고 공개적으로 외쳤다.

그는 노벨상 수상 소감에서 다음과 같이 말했다.

"나의 연구 동력은 분노였다. 분노가 없었으면 아무것도 할 수 없었을 것이다. 내 분노의 대상은 일본의 학벌, 조직, 사회 시스템이었다."

과거 나카무라 슈지는 고향의 중소기업이었던 니치아 화학공업에서 일했다. 형광등 회사에서 돈이 되지 않는 반도체 관련 연구를 하는 나카무라는 천덕꾸러기였다. 그럼에도 그는 청색 LED 개발에 매진했고, 결국 5년 만에 개발에 성공해 회사는 연매출 1조 원을 올리는 세계적인 기업으로 성장했다. 아이디어, 개발, 특허 출원, 상품화, 기업 성장 등 모든 것을 나카무라 혼자 이뤄 냈지만 그에게 돌아온 건 2만 엔 정도의 보너스뿐이었다.

이 일을 계기로 나카무라는 미국으로 떠났다. 그러자 니치아 화학공업은 영업비밀 유출을 이유로 소송을 제기했고, 이에 분노한 나카무라는

　　　　　　　　　　　　　　　　　　　문제는 저항력이다

회사를 상대로 특허 보상금 200억 엔을 지급하라는 소송으로 대응해 승소했다. 나카무라는 분노를 에너지로 삼아 연구에 매진했고 보란 듯이 성공했다.

분노에는 굉장한 힘이 있다. 분노를 자신의 발전에 사용할 수만 있다면 우리는 막강한 지원군을 얻는 셈이 된다. 나 역시 믿었던 사람으로부터 배신당한 적이 있다. 하지만 그 사건으로 오히려 힘을 얻었다. 분노에 차 있을 때 글과 말에 힘이 생기는 것을 경험했다.

분노와 더불어 우울과 슬픔도 에너지로 쓸 수 있다. 정서지능을 처음으로 공식화했던 피터 샐로비 교수도 정서지능을 일에 활용했던 사람이다. 그는 정서지능 중 정서의 사고 촉진 능력이 특히 뛰어났다. 그는 평소에는 매우 쾌활하고 유쾌한 성격이지만 당장 연구를 해야 하거나 심각한 글을 써야 할 때는 연구실에 우울한 음악을 틀어 놓고 기분을 가라앉혀 차분해지려고 노력했다고 한다. 정서를 일부러 우울하게 만든 뒤 그 우울한 정서를 기반으로 글을 썼다는 것이다. 정서를 사고 촉진제로 활용한 것이다.

나카무라 슈지나 피터 샐로비처럼 정서지능이 높은 사람은 정서를 이용해 업무에 시너지를 내면서 생산성이 높고 성공적인 인생을 살아간다. 이들은 정서의 인식과 표현에 뛰어나므로 자신의 정서에 대해 잘 알고 적절하고 세련되게 드러낼 줄 안다. 그들은 위축되거나 무리수를 두지 않는다. 또한 정서로 사고를 촉진시키는 능력이 있고 정서를 문제 해결과 사고 활동의 연료로 쓰기도 한다.

나도 피터 샐로비가 글을 쓰기 위해 우울한 기분을 만든 것과 비슷한 경험을 한 적이 있다. 저항에 부딪혀 아무리 글을 쓰려고 해도 써지지 않왔다. 그런 시기는 자주 찾아왔다. 그럴 때는 친구들에게 연락해서 이야기를 나누며 기분 전환을 하곤 했다.

그런데 어느 날, 전화와 메신저로 너무 많은 수다를 떤다는 생각이 들었다. 친구와 이야기를 나누는 순간은 즐겁지만 그렇게 많은 이야기를 하는 것이 글 쓰는 것에 방해가 된다는 생각이 들었던 것이다. 단순히 에너지를 빼앗기는 차원의 문제가 아니었다. 친구와 정신적으로 깊은 대화를 나눈 후에는 대화 내용에 상관없이 글에 집중할 힘이 사라져 버린다는 것을 알아차렸다. 대화가 글쓰기의 몰입을 방해하는 것은 물론 차분해지려는 정서를 다시 조증 상태로 만들어 피상적인 글만 나온다는 것을 깨달은 것이다.

이러한 사실을 알고 나서 나는 거의 모든 활동을 단절했다. SNS를 차단하고 전화도 긴급할 때만 사용했다. 어떤 때는 일주일 동안 전화기를 꺼두기도 했다. 그러고는 내 속으로 들어갔다. 마치 깊은 동굴 속으로 들어가는 것 같았다. 그러자 며칠 만에 글에 몰입되었고 책으로 내도 될 만한 글들이 만들어졌다. 이 책은 그런 과정을 거쳐서 나온 것이다. 내 정서를 이용하는 체험을 통해서 말이다. 이처럼 정서지능은 일에 맞는 자신의 감정 조절을 가능하게 한다.

건강한 감정, 건강하지 못한 감정

정서를 정확히 파악하고 잘 이용할 수 있는 사람

이 있는 반면, 그와 반대로 자기 정서의 원인도 이해하지 못해 마음의 고통을 받는 사람이 있다.

다음 두 이야기는 번스 박사가 저서 『Ten days to self-esteem』에서 소개한 것으로, 정서지능이 높은 사람과 낮은 사람의 사례를 서로 비교할 수 있다.

첫 번째 여자의 이름은 루비다. 그녀는 번스 박사에게 하루 종일 분노를 느낀다고 말했다. 번스는 그녀에게 왜 화가 나는지 물어보았다. 그녀는 자기가 열심히 공부해서 작성한 답안지에 A가 아닌 B학점을 주었던 교수 때문에 화가 난다고 했다. 번스는 그 문제에 대해 왜 그 교수와 상담하지 않느냐고 물었다. 루비는 그 교수가 이미 17년 전에 죽었기 때문에 이야기할 수 없었다고 답했다. 번스가 놀라서 물었다.

"아니, 17년간 그 교수 때문에 화나 있었다고요?"

그녀가 답했다.

"아니요, 17년이 아니라 35년이에요. 그가 B학점을 준 게 정확히 35년 전이거든요. 난 그때부터 계속 그 교수를 미워해 왔어요."

루비는 분노에 타올라서 자신마저 태워 버리는 중이었다. 번스 박사는 이런 경우를 건강하지 못한 분노의 예라고 했다. 달리 말하면, 정서지능이 낮은 경우의 사례라고 볼 수 있다. 이 여자는 분노로 자기 삶을 소모했고 아무 목적 없이 분노 자체에 휘둘렸기 때문이다. 정서지능이 낮은 사람 중에는, 이런 건강하지 못한 정서를 수시로 일으켜 자신에게 독을 뿜고 있는 경우가 많다. 오래전 일을 생각하면서 지금 화를 내는 것은 자신에게 득 될 것이 하나도 없는데 말이다.

번스 박사가 소개한 두 번째 이야기의 주인공은 자니라는 여자다. 자니는 딸이 다른 도시의 학교로 진학한 후, 한 달 반 동안 계속 슬프고 우울하고 힘이 빠져서 아무것도 할 수 없었다. 그래서 번스를 찾았고, 상담을 하며 어릴 적 이야기를 털어놓았다.

학창 시절 자니는 수영 선수였고 그녀의 어머니는 코치였다. 어머니는 자니가 훌륭한 선수가 될 수 있도록 열심히 지도했다. 자니가 열세 살 되던 해 수영대회가 열렸고, 그녀는 우승해서 어머니를 기쁘게 하려고 최선을 다했다. 어머니는 벤치에서 시합을 지켜보고 있었다. 그런데 갑자기 소동이 일어나 심판이 경기를 중단했다. 자니가 물 밖으로 나와서 보니 풀장 옆 벤치에 사람들이 모여 있었다. 그리고 그 가운데에 어머니가 누워 있는 것이 보였다. 원인은 심장마비였다. 자니의 어머니는 구급차가 오기도 전에 숨을 거두었다. 하지만 자니는 어머니의 죽음을 단 한 번도 애도하지 못했다. 엄격했던 아버지가 장례식장에서조차 그녀가 우는 것을 허락하지 않았기 때문이다. 그런데 그 후 혼자 있을 때조차 울수 없게 되었다.

그런 고백을 하던 자니는 번스 박사와 대화를 나누는 동안 어깨를 들썩이며 억지로 눈물을 삼켰다. 번스는 그녀에게 울고 싶으면 울라고 했다. 그러자 그녀는 통곡하기 시작했다. 번스는 그녀가 딸과 이별하며 겪은 우울은 어머니를 상실한 슬픔을 종결하지 못했기 때문이라고 설명했다. 미해결 감정이 고통을 남긴 것이다.

자니는 집에 돌아가서도 계속 울었다. 그리고 다음 날 아침 깨어났을 때 우울한 감정이 사라지고 원래의 명랑한 모습을 되찾았다. 딸이 나간

후 느꼈던 슬픔과 우울증이 도화선이 되어 오히려 오랫동안 막혀 있던 슬픔의 근원을 치유할 수 있게 되었다.

번스는 이런 경우의 '슬픔과 우울'은 '건강한 감정'이라고 했다. 정서지능을 활용한 치유의 과정을 보여 주는 좋은 사례이기도 하다. 그녀는 자기가 왜 우울한지 그 이유를 몰랐다. 하지만 번스와의 상담을 통해, 어릴 적 어머니의 죽음을 목도하고도 아버지로 인해 슬픔을 표출하지 못했던 이야기를 전부 떠올릴 수 있었다. 이로써 그녀는 자기 정서를 이해하게 되었다. 슬픔과 우울이라는 자기 정서를 이해하고, 그 원인을 알고, 또 그것을 표현하는 정서지능의 세 가지 기능을 모두 활용한 것이다. 자니는 근원적인 감정의 상처를 치유한 결과 마음이 편안해졌다.

자니처럼 막힌 감정으로 인해 아픈 경우는 약물치료 같은 깊은 심리치료가 필요하지 않다. 정서지능을 이용해 마음속에 쌓인 슬픔을 이해하고 표출하고 느끼게 해주는 것만으로도 자연 치유가 가능하다. 그렇다면 우리가 평상시에 느끼는 감정에 대해서도 이런 작업이 가능하지 않을까? 화난다고 무조건 화를 내고 슬프다고 그 슬픔에 빠져 있을 것이 아니라, 그 정서가 일어나는 이유를 정확히 안다면 우리의 마음은 매우 단단해질 수 있다.

감정을 말하라

감정을 언어로 표현하는 것만으로도 정서가 상당

히 완화된다고 확인한 실험이 있다. 2007년 UCLA의 리버먼^{M. D. Lieberman} 연구 팀은 분노하는 표정을 보았을 때 피험자들의 편도체^{amygdala}가 활성화되는 정도를 관찰했다. 편도체는 두려움이나 공포와 같은 감정이 나타날 때 활성화되는 뇌 안쪽에 있는 작은 아몬드 모양의 영역이다.

연구자들은 분노하는 표정이 담긴 사진을 피험자에게 보여 주었다. 피험자는 당연히 두려움이나 공포를 느낀다. 그런데 사진을 너무 짧게 보여 주면 피험자들은 자기가 무엇을 봤는지 말하기조차 어렵다. 놀라운 것은 그럼에도 편도체는 활발히 반응한다는 점이다. 즉 우리의 인지가 그것이 무엇인지 이해하지 못하는 순간에도 뇌는 그것을 감지하고 알고 있다는 것이다. 우리가 알지 못하는 감정이 이미 우리에게 일어난 것이다. 그러므로 감정이란 매우 중요한 정보다. 또한 그 감정 정보를 활용할 수 있다는 정서지능은 아주 강력한 무기가 될 수 있다.

리버먼 팀이 피험자들에게 분노하는 표정을 보여 주면서 그 표정을 의미하는 단어를 찾아 짝짓게 했더니 재미있는 일이 일어났다. 편도체의 반응이 갑자기 진정된 것이다. 분노하는 사진만 보여 줄 때는 편도체가 활성화되어 두려움 같은 정서를 만들어 냈지만, 그 분노하는 사진이 분노라는 것을 이해하고 단어로 연결하는 작업에서는 두려움이 완화된 것이다. 연구 팀은 언어로 정서를 처리하는 부분과 행동을 통제하는 부분들이 활성화되면서 편도체의 반응이 진정된 것이라고 보고했다.

이 실험은 타인의 정서와 자기 정서를 이해하고, 그 정서가 무엇인지 알아차리기만 해도 정서의 노예에서 벗어날 수 있다는 중요한 단서를 준다. 예를 들어 누군가가 우리를 위협할 때 두려움을 느낀다면 정상적인

문제는 저항력이다

판단을 하지 못하고 상대의 위협에 말려들 수 있다. 하지만 상대가 나를 위협하고 있다는 사실만 자각해도 공포를 느끼지 않고 냉정하게 위기를 모면할 전략을 세울 수 있는 것이다. 따라서 자신의 감정 상태를 큰 소리로 말하고 인정하는 것이 정서지능을 높이는 시작이 될 수 있다. "나는 지금 화났어"라든가, "나는 지금 스트레스를 너무 받고 있어"라는 식으로 말하는 것만으로도 그 상황에 어떻게 반응할지 대책을 세우는 데 도움이 된다.

그런데 감정을 표현하고 싶어도 정확히 알지 못할 때가 있다. 만약 감정을 정확히 말할 수 없다면 느낌만 생각해 보자. 감정을 뭐라고 단정할 수는 없으나 느낌을 다음 표의 단어들에서 찾을 수 있다면 감정을 유추할 수 있다.

근원 정서	감정을 알 수 있는 단서
분노	미치겠다, 죽이고 싶다, 분개, 후회스럽다, 초조함, 혼란스럽다, 화가 치민다, 격분된다
불안	걱정스럽다, 두렵다, 겁난다, 안절부절, 벌벌 떤다, 놀랐다, 신경질난다, 염려된다, 근심스럽다
당황	어리석었다, 부끄럽다, 수줍어한다, 낭패스럽다
죄책감	부끄럽다, 어쩔 줄 모르겠다, 미안하다
절망감	낙담, 비관, 절망적이다
고독감	버림받은 느낌이 든다, 외롭다, 거절당했다
슬픔	망가졌다, 가라앉았다, 불행하다, 우울하다, 실망했다, 상처 입었다
스트레스	압도된다, 지친다, 긴장된다, 압력을 받고 있다, 피곤하다, 궁지에 몰린 듯하다

앞의 표는 번스 박사가 제시한 감정을 알 수 있는 단어들이다. 표에서 보이는 형용사들이 마음에서 올라오면 그 감정이 지금 당신에게 나타난 증거라고 볼 수 있다.

지금 느끼는 정서가 무엇인지 정확히 모를 때는 당신이 자주 쓰는 말이나 일기에 사용되는 단어를 잘 보고 표의 단어가 눈에 띄면 근원 정서가 당신 내부에 있다고 생각한다. 그다음 단계는 그 정서가 자신에게 나타난 것을 이해하고 원인을 생각해 보는 것이다. 한발 더 나아간다면 그 정서를 이용해 작업 속도를 높이거나 인내 또는 의지를 작동하게 만들 수도 있다.

그러나 만약 분노가 너무 강해 도저히 어찌할 수 없을 때는 극단의 감정을 중간으로 보내 보자. 마치 볼륨을 조절하듯이 감정 게이지를 낮추거나 높이는 것이다.

그런데 표를 보면 초조함이 분노의 영역에 있는 것이 다소 상식적이지 않다고 여길 수 있다. 초조는 불안이나 당황에서 나타나는 현상이라고 알고 있을 것이다. 그러나 정서라는 것이 우리가 알고 있는 것보다 더 다양한 형태로 나타난다는 것을 번스의 표에서 이해할 수 있으면 좋겠다. 이 표는 절대적인 것이 아니다. 우리는 저마다 어떤 감정에서 나타내는 단어가 다를 수 있다. 자신이 쓰는 단어를 잘 보고 그 단어가 의미하는 것을 이해하는 연습을 해보자. 그것이 자기이해의 첩경이고 정서지능을 높이는 방법이다.

정서가 중립일 때
생산성은 최고다

정서가 극단적일 때 우리는 마음이 혼란스러워 일을 할 수 없게 된다. 심리학자들은, 적당한 정서는 사고와 추론에 도움을 주지만, 과도한 정서는 오히려 사고와 추론에 오류를 일으킨다는 사실을 밝혀냈다. 스트레스와 일의 생산성에 관한 유명한 연구가 있다. 여키스-도슨 법칙Yerkes-Dodson Law이라는 전통적인 학습 법칙이 그것이다.

여키스와 도슨은 "쥐에게 아주 강하거나 약한 충격을 줄 때보다는 중간 정도의 충격을 줄 때, 두 개의 상자 중 정해진 상자에 들어가는 학습을 더 빨리 해낸다"는 것을 알아냈다. 너무 약하거나 강하지 않은 최적점이 있다는 것이다. 물론 그 최적점은 과제의 난이도와 충격 수준에 따라 다르다고 했다. 어려운 과제일 때는 스트레스를 조금만 주는 약한 충격이 도움이 되지만, 과제가 쉬울 때는 좀 강한 충격이 더 효과적이었다고 이들은 보고했다. 그렇게 해서 만들어진 여키스-도슨 법칙에 따르면 학습 효과는 자극이나 각성이 중간 정도일 때 최상이라는 것이다.

긴장이나 주의가 너무 강해도, 너무 약해도 안 된다. 스트레스가 전혀 없으면 일하기 싫다. 적절한 스트레스가 있는 게 전혀 없는 것보다 업무 수행에 도움이 된다고 할 수 있다. 그러나 스트레스가 너무 높아지면 생산성이 다시 떨어진다. 이런 일이 일어나는 이유는 정서가 작용하기 때문이다. 너무 높은 긴장이 주는 공포나 불안, 두려움 등의 과한 정서는 일의 수행을 방해한다. 그러나 긴장이 전혀 없을 때는 나태함을 일으키고 미루거나 대충 하게 하는 등 생산성을 더 저하시킨다. 그런 관계를 나타낸 것이 다음 그래프다.

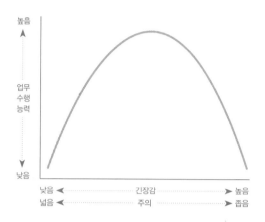

여키스-도슨 법칙

여키스-도슨의 발견은 학습, 기억, 수행, 추론 등을 정서와 연결해서 실험할 때 자주 사용되는 원칙이다. '내가 만약 심하지 않은 약간의 각성 상태라면, 최고의 일을 할 것이다'라는 여키스-도슨 법칙은 우리가 정서를 어떻게 사용하고 다루어야 할지 알려 주는 기준이 될 수 있다. 각성이 너무 낮으면 잠이 들거나 늘어져 아무것도 하지 않을 것이고, 각성이 너무 높으면 긴장으로 공황 상태가 되고 아무것도 하지 못한 채 안절부절못할 것이다. 절대적인 지루함과 절대적인 흥분 사이 중간쯤의 각성 지역이 우리가 가장 적절한 행동을 하고 생산적으로 살아갈 수 있는 최적점이 될 것이다. 자신의 정서에서 그 지점을 찾아내야 한다.

나는 그 지점을 우리의 부정 정서와 긍정 정서가 만나는 곳 어딘가라고 본다. 바로 정서의 중립점이다. 마치 천칭 저울의 중간 지점인 듯한 중립점은 아리스토텔레스의 중용의 덕이 나타나는 곳이자 데이비드 호킨스가 말하는 정신 레벨의 '중용' 지점으로 볼 수 있다. 정서가 안정을 찾는 최적점인 중립점이 중용이다. 긍정 정서와 부정 정서가 만나는 중립점에 우리의 정서가 회귀하도록 마음을 훈련해야 한다.

중립점을
찾는 훈련

중립점은 아무것도 기록되지 않은 메모리와 같은 순수한 상태를 말한다고 보면 된다. 정서의 중립점은 데이비드 호킨스의 의식 수준에서 볼 때 250, 중용의 단계라고 생각할 수 있다. 중용의 사전적 의미는 '과하거나 부족함 없이 한쪽으로 치우침이 없는 상태나 정도'다. 아리스토텔레스는 중용을 "이성으로 욕망을 통제하고, 지견知見에 의해 과대와 과소의 중간을 정하는 것"이라고 했다.

아리스토텔레스의 개념을 정서의 중용점 찾기에 적용해 보자. 극단으로 흘러 양쪽 끝에 가려는 정서를 의지와 인지가 협력해 중간 지점으로 보내는 것이 '정서의 중립점 찾기'다. 이것이 성공한다면 마음의 평화를 찾을 수 있을 것이다.

중용은 감정뿐만 아니라 마음의 모든 요소에 적용하는 훈련을 할 수 있다. 중용이란 결과에 집착하지 않는 상태로, 인생사를 우리 마음대로 하지 못한다 해도 그것이 결코 패배나 좌절이라고 생각하지 않는 단계를 말한다. 그래서 중용에 이르면 과하게 기쁠 일도 과하게 슬플 일도 없다.

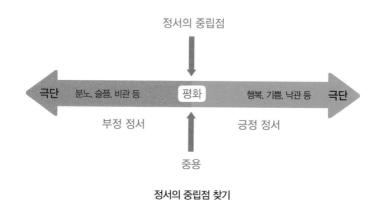

정서의 중립점 찾기

중용 정도 단계에 이르면, 안달하지도 않고 목숨 걸고 뭔가를 지키려 하지도 않는다. 포기해서 그런 것이 아니라, 이 일을 못 해도 다른 일이 있다는 믿음이 있기 때문이다.

위의 그림에서 보듯 긍정 정서와 부정 정서가 양쪽으로 확장되어 갈 때 중용은 두 정서의 중간 지점인 중립점을 찾아가는 것이다. 이것은 마치 서로 다른 쪽으로 달려가려는 두 마리 말을 안정시켜 조용히 있게 만드는 것과 같은 일을 마음에서 한다고 보면 된다. 인지가 작동해 한 방향으로 치우치지 않아야 정서의 중용도 가능해 마음이 평화로울 수 있다.

그런데 호킨스가 말하는 250의 중용은 용기 위에 있는 단계로, 상당히 긍정적인 힘을 가진다. 중용에서는 편파적인 관점이 사라져 사물의 양면을 함께 볼 수 있다. 양극단의 정서를 모두 다룰 수 있기 때문에 어디에도 흔들리지 않는다. 중용에 이르기 전에는 옳고 그름을 따지는 데 골몰

문제는 저항력이다

하고 편협하며 융통성이 없다. 분노의 극단에 치우치는 것은 내가 옳다는 생각 때문이고, 반대 극단인 우울에서 벗어나지 못하는 것 역시 내 생각이 옳다는 판단 때문이다.

이렇게 흑백 논리에 묶여 있는 한 실수를 저지를 수밖에 없다. 인지도 오판하고 감정도 착각하게 마련이다. 하지만 세상은 흑과 백으로 가를 수 없이 복잡하다. 내가 틀릴 수도 있다는 사실을 받아들이는 것만으로도 마음에 상당한 힘이 생긴다. 어떻게 내가 매번 옳을 수 있겠는가? 자신이 옳다는 생각을 놓아 보자. 나도 틀릴 수 있음을 인정할 용기를 내면 중용이 가능해진다. 세상을 흑백으로만 재단하려던 시각에서 벗어나면 자유로워진다. 편파적인 태도에서 생긴 대립으로 마음이 전쟁터가 되는 것을 막을 수 있기 때문이다.

그렇다면 그 중립점을 어떻게 찾을까? 훈련도구를 이용하면 좀 쉬워진다. 예를 들어 분노와 슬픔 등이 올라올 때 그 극단의 정서를 의식적으로 저울의 중간으로 보내는 상상을 해보자. 의외로 마음이 상당히 편안해진다. 감정의 흐름에 자유로운 사람은 얼마나 편안하겠는가? 이들은 절대 대립, 경쟁, 죄책감, 수치심, 분노, 자존심 같은 것에 휘둘리지 않는다. 중용에 이르면 자유를 가장 중요시하므로 타인이 통제하려 해도 잘되지 않는다고 한다. 비로소 진짜 사자가 되는 것이다. 분노에서는 아직 병든 사자였지만 중용을 가지면 건강한 사자가 될 수 있다.

혹시 감정이 복잡해서 괴로운가? 슬픔에 짓눌리고 분노로 피가 끓어오르는가? 자신이 옳다는 생각을 버리고 자신이 틀리다는 생각도 없애

보자. 대신 스스로를 깊이 신뢰한다. 저항 때문에 당신은 하지 않았을 뿐이다. 그렇게 생각하고 온갖 감정의 전쟁터였던 자신의 마음, 그 속에서 피 흘리고 있던 당신을 가만히 안아 주고 편안히 휴식하기 바란다.

정서지능을
높이는 방법

간단한 방법으로 정서지능을 높일 수 있다. 다음 3가지 훈련만 꾸준히 해도 정서지능이 차츰 높아질 것이다.

1 평소에 자신과 타인의 정서를 알아내는 훈련을 한다.
자기 정서를 알기 위해서는 자신의 상태를 늘 자각하고 점검하는 것을 생활화한다.

2 어떤 상황이 닥칠 때 자신이 어떤 정서 반응을 할지 미리 예측한다.
예를 들어 일주일 뒤에 시험을 본다면, 자신의 경험을 기반으로 시험 기간 때 자신이 어떤 상태일지 미리 예상하는 것이다. 가령 시험 전 3일까지는 불안에 떨다가 그 이후에는 자포자기하는 경우가 잦다면 이번 시험에서도 그렇게 될 상황을 미리 준비한다.

3 정서의 원인을 분석하고 원하는 상태로 만들기 위해 정서를 조절하는 방법을 훈련한다.
그렇게 되는 원인을 생각해 본다. 불안에서 자포자기로 변하는 것이 평

문제는 저항력이다

소에 전혀 공부를 하지 않아 자신감이 없기 때문이라는 것을 알게 되었다면, 다음번에는 2주 정도 전에 공부를 시작하는 전략을 세운다. 그리고 자신의 감정 상태를 체크해 불안감이나 포기하고 싶은 마음이 일어나지 않도록 정서 조절을 한다.

정서지능을 이용한 사례를 하나만 더 살펴보자. 하버드 의대 인지행동심리학자 제프 브라운Jeff Brown이 쓴 『위너 브레인Winner Brain』에서 소개한 FBI 전문요원 론의 이야기다. 론은 강력 팀 요원으로 마약 매매 범죄집단을 체포하기 위해 잠복근무를 하고 있었다. 그는 범죄자 체포 작전 시행 명령이 떨어지기를 기다리며 수풀 속에 숨어 있었다. 그런데 그런 긴박한 상황에서 그는 놀랍게도 편안함을 느꼈다. 일반적으로 편안한 감정은 좋은 것으로 인식된다. 하지만 론은 자신의 상태를 다르게 해석했다. 잠복근무 중에 편안함이 느껴지는 것이 오히려 위험하다고 판단했던 것이다.

편안한 감정이 자신의 목숨을 앗아 갈 수 있다고 판단한 그는 이전에 있었던 사건들을 회상하며, 일부러 불안과 흥분 같은 부정적인 감정을 끌어 올렸다. 그러면서도 불안이 최고조에 이르지 않도록 주의했다. 그는 정서적으로 각성될 때 업무 수행 능력이 상승하지만, 그것도 어느 정도까지라는 점을 제대로 이해하고 있었던 것 같다. 각각의 상황에 맞는 최적의 정서 상태가 있을 뿐만 아니라 최적의 정서 수준도 존재한다는 여키스-도슨 법칙을 자신에게 적용한 것이다.

그는 이렇게 말했다. "단속 중에는 약간의 공격적인 상태를 유지해야 합니다. 그러나 너무 지나친 상태가 되면 오히려 위험합니다."

노련한 FBI 요원인 론은 현장에선 어느 정도의 공격적인 태도가 도움이 된다는 것을 알고 있있다. 그러나 그가 만약 징시 수준을 극단적으로 높여 극도의 흥분 상태에 빠진다면, 그의 뇌는 논리적 의사 결정을 내릴 수 없는 터널 비전tunnel vision 상태가 되고 말았을 것이다.

론은 일반적으로 부정적인 정서로 여겨지는 불안이나 흥분 등을 선택해 그 정서를 생산적으로 활용했다. 그의 정서지능이 활약한 것이다. 나역시 약간의 흥분과 불안, 분노를 느낄 때 일의 수행 속도가 빨라진다. 그래서 일의 탄력성을 높이기 위해 불안이나 분노를 이용하기도 한다.

나도 론과 비슷한 경험을 한 적이 있다. 첫 책이 나온 후 이런저런 인터뷰 요청이 많았다. MBC 라디오와의 첫 번째 인터뷰를 하던 날이다. 공중파 라디오와의 첫 번째 인터뷰라서 긴장하지 않을 수 없었다. 원활한 인터뷰를 위해 출발 전에 액체형 우황청심환을 한 병 마셨다. 그런데 방송국에 도착해 대기하는 중에 긴장이 풀리고 졸음이 쏟아졌다. 우황청심환의 위력에 온몸이 노곤해졌다.

도저히 그 상태로는 인터뷰를 할 수 없을 것 같아 매우 진한 블랙커피를 두 잔이나 마셨다. 졸음이 쏟아지던 눈에 조금씩 긴장이 살아나기 시작했다. 그렇게 청심환과 카페인이 나의 교감신경과 부교감신경을 자극해 서로 싸우자, 나의 뇌와 신경 체계는 그 중간 지점 어딘가에 도달한 듯했다. 그리고 마침내 인터뷰가 진행되었다.

솔직히 결과는 그다지 만족스럽지 않았지만 내게는 좋은 경험이었다. 정서를 이해하고 그것을 다른 방향으로 보내려고 노력한 하나의 사건이

　　　　　　　　　　　　　　문제는 저항력이다

었다. 그리고 이후로는 방송이나 대형 무대에 서는 것과 같은 긴장되는 이벤트가 있어도 우황청심환을 절대 먹지 않는다. 대신 론이 그랬듯 약간의 긴장을 유지하되 편안한 마음이 지속되도록 명상이나 묵상기도를 한다. 그 편이 편안하게 일하는 데 훨씬 도움이 된다. 나는 이런 식으로 정서지능을 일상에서 이용하고 있다.

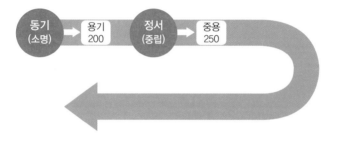

건강한 사자가 되는 두 번째 관문 : 정서는 중용을 유지하게 하자.

정서지능 높이기 훈련

▸ **1단계 : 당신이 화내는 스타일을 분석해 보자**

우선 지난 일주일간 화가 치밀어 오른 일이 있었는지 떠올려 보라. 일주일 사이에 그런 일이 없었다면 한 달 사이에 극도로 화가 난 적이 있었는지 생각해 보자. 예를 들어 지난주 토요일에 애인이 약속을 잊고 하루 종일 연락이 안 되어 화난 적이 있다면, 그날로 돌아가서 그때의 감정을 다시 느껴 보자. 그날 당신이 한 일을 모두 생각해 보라.

당신은 그에게 전화를 하고 문자를 남겼다. 그것으로도 부족해 메신저로 화났다는 것을 알려 주는 온갖 이모티콘을 날려 보내지 않았던가? 그래도 연락이 없었다. 화가 머릿속을 뚫고 나올 지경이라서 전화를 걸었지만 받지 않았다. 이번에는 음성으로 얼마나 화났는지 알려 줬다. 세 시간 정도 지났는데도 연락이 없었다. 그러자 슬슬 걱정되어 다시 전화를 걸었는데, 이번에는 전화기가 꺼져 있었다. 그가 다른 여자와 소개팅을 하고 있는 것은 아닐까 의심하다가 혹시 지방 출장이 잦은 그가 사고난 것 아닐까 등 온갖 상상을 동원했다. 그러면서 안절부절 못했다. 마침내 지난주 내내 바쁘다는 핑계로 그에게 연락하지 못한 것이 후회

되었다.

이렇게 감정은 우리의 인지와 행동을 지배해 어리석고 이기적인 사람으로 보이게끔 할 수 있다. 이와 같은 패턴이 나타나는 이유는 우리의 정서가 인지와 연결되어 평소에 지니고 있던 신념에 따라 발화되기 때문이다. 그런 감정을 객관적으로 바라보는 훈련이 메타 정서 훈련이다. 그러기 위해서는 우리가 어떤 성향인지 알아야 한다.

▶ 2단계 : 당신은 긍정형인가, 부정형인가?

다음 페이지에 나오는 질문은 당신이 얼마나 긍정적인지 부정적인지 알아보는 테스트다. 솔직히 답해 보자. 긍정이 좋은 것이라고 무조건 긍정에만 체크하는 사람은 이제 없을 것이다. 부정 정서도 당신에게 이로울 수 있다. 그러므로 정확히 체크하라.

둘 중 어느 쪽에 더 많이 체크했는가? 그것이 현재 당신의 성향이다. 거기서 시작한다고 생각하라. 만약 당신이 매우 극단적인 부정형일 때는 중용으로 보내는 훈련이 필요할 수 있다. 하지만 다소 약한 부정형이라면 그 부정 정서를 역이용해도 좋다. 결론은 하나다. 정서를 나를 위해 활용하는 것이다.

	나는 긍정적인가 부정적인가?	긍정	부정
1	하는 일마다 쉽게 다 잘될 거라고 믿는다. vs 일이 꼬이고 좀 어려울 것 같다.	( )	( )
2	모든 일이 즐겁다. vs 나는 매사에 화가 나고 짜증난다.	( )	( )
3	나쁜 말을 들으면 무시한다. vs 나는 나쁜 말을 되풀이해 생각하는 경향이 있다.	( )	( )
4	나는 장점이 더 많은 사람이다. vs 나는 결점투성이다.	( )	( )
5	나는 능력이 많은 사람이다. vs 나는 잘하는 것이 별로 없다.	( )	( )
6	배우는 것은 좋은 것이라고 생각한다. vs 공부해 봤자 쓸 데도 없다.	( )	( )
7	나는 일을 즐겁게 해낸다. vs 나는 일이 힘들다.	( )	( )
8	나는 누가 시킨 일도 기분 나쁘지 않게 잘한다. vs 누가 시키면 일이 하기 싫다.	( )	( )
9	나는 낙천적인 성격이다. vs 나는 다소 비관적인 성격이다.	( )	( )
10	나는 사람들이 다 좋게 보인다. vs 사람들에게는 결점이 더 많다.	( )	( )
합계		( )	( )
양쪽 중 더 많이 체크된 유형의 개수는?		(	)
긍정 혹은 부정이 10~9개 : 강한 긍정형 혹은 강한 부정형 **긍정 혹은 부정이 8~6개 : 약한 긍정형 혹은 약한 부정형** **긍정 혹은 부정이 각각 5개 : 중립형**		**당신의 유형은?** ( )	

▸ 3단계 : 감정을 이해하고 원인 분석하기

정서지능을 높이기 위해 우리 정서의 원인이 어디 있는지 이해하는 것이 매우 중요하다. 당신이 힘들다고 느끼는 감정이 있다면, 그것이 주로 어디서 발생되는지 원인을 찾아보자.

문제는 저항력이다

다음 세 문장이 당신의 경우라 가정하고, 그 일이 일어나게 된 이유를 써보자.

- 배우자(혹은 애인)와 주도권 싸움을 벌이고 있다.
- 돈이나 능력이 있는 사람을 만날 때 불편하다.
- 싫어하는 친구가 원하는 직장에 들어갔다는 소식에 화가 나고 질투가 난다.

이때 어떤 감정이 동반되는지 적어 보자. 다음 페이지의 표에 9가지의 정서가 있다. 그 정서들을 함께 느낄 수도 있고 아닐 수도 있다. 0~100%에서 어느 정도인지 써보자. 그 정서를 못 느끼면 0%라고 쓰고 그 감정에 압도당하면 100%라고 쓴다. 표를 잘 보면 당신이 자주 느끼는 정서의 패턴이 보일 것이다. 당신이 분노에 취약한지, 아니면 슬픔을 자주 느끼는지 알 수 있다.

다음은 그런 정서를 일으키는 당신에 대한 생각을 써보자.

첫 주제인 "배우자(혹은 애인)와 주도권 싸움을 벌이고 있다"라는 문제에서 발생하는 정서를 확인한 후 그런 정서를 유발하는 이유에 대해 분석하고 기록한다. 그리고 "나는 아내에게 군림하려는 경향이 있어. 그건 내가 직장에서 상사에게 일을 못한다는 소리를 듣기 때문에 집에서라도 인정받고 싶어 그런 거야"라는 식으로 자신이 그런 행동을 하는 것에 대한 원인을 찾는 것이다. 이것은 고도의 메타 인지와 정서지능이 함께 작동해야 하는 작업이다.

　다음에는 당신의 그런 생각이 잘못되었을지 모르는 증거를 찾아 두
번째 칸에 쓴다. 마지막 칸에는 그 생각을 바꾸어 건강하게 만들 대책들
을 써보자.

- "배우자(애인)와 주도권 싸움을 벌이고 있다."

　이유 :

그때 나타나는 감정의 종류와 강도(0~100%)

감정	평가	감정	평가	감정	평가
슬픔	%	낙담	%	분노	%
열등감	%	수치심	%	절망감	%
죄책감	%	외로움	%	불안	%

부정적인 감정이 일어나는 이유는 무엇인가?	그 생각과 감정이 잘못되었다는 증거가 있는가?	내가 할 수 있는 건강한 정서와 생각은 무엇인가?

▪ "돈이나 능력이 있는 사람을 만날 때 불편하다."

이유 :

그때 나타나는 감정의 종류와 강도(0~100%)

감정	평가	감정	평가	감정	평가
슬픔	%	낙담	%	분노	%
열등감	%	수치심	%	절망감	%
죄책감	%	외로움	%	불안	%

부정적인 감정이 일어나는 이유는 무엇인가?	그 생각과 감정이 잘못되었다는 증거가 있는가?	내가 할 수 있는 건강한 정서와 생각은 무엇인가?

▪ "싫어하는 친구가 원하는 직장에 들어갔다는 소식에 화가 나고 질투가 난다."

이유 :

그때 나타나는 감정의 종류와 강도(0~100%)

감정	평가	감정	평가	감정	평가
슬픔	%	낙담	%	분노	%
열등감	%	수치심	%	절망감	%
죄책감	%	외로움	%	불안	%

부정적인 감정이 일어나는 이유는 무엇인가?	그 생각과 감정이 잘못되었다는 증거가 있는가?	내가 할 수 있는 건강한 정서와 생각은 무엇인가?

사실 감정을 이해하고 그것을 변화시키기는 매우 어렵다. 한두 번 훈련이나 일주일 해보고 이룰 수 있는 일이 절대 아니다. 평생 걸릴지도 모른다. 쉽게 가려고 하지 말자. 마음을 진정시키거나 심호흡을 하는 것으로 일시적인 감정 변화가 가능할지도 모르지만, 나는 그런 식의 훈련을 권하지 않겠다. 강인한 마음으로 긍정적인 정서를 끌어내는 것이 우리가 최종적으로 가야 할 길이라고 생각한다. 그러므로 이런 귀찮고 번거로운 작업을 직접 해보라고 하는 것이다.

직시 훈련으로
이성을 개발하라

자만에 빠진
사자

　　　　　영화 〈쿼바디스〉를 보면 마르쿠스 비니키우스 장
군이 전쟁에서 이기고 개선할 때, 그의 뒤에서 노예 한 명이 주인이 머리
에 써야 할 황금 월계관을 손에 들고 "메멘토 모리!"를 외치며 따른다. 메
멘토 모리Memento Mori는 '죽음을 기억하라'는 의미의 라틴어다.

　로마 제국에서는 전쟁에 나갔던 장군이 승리하고 돌아오면 그들의 귀
환을 성대하게 맞았다. 그들이 시가행진을 하는 동안 노예들은 뒤따르며
"메멘토 모리!"라고 크게 외쳤다. "지금은 이겼지만 당신도 언젠가는 죽
을 수 있다!"라는 말을 복창시켜 당신도 패장들처럼 그렇게 무참히 살육
당할 수 있으니 항상 경계하라는 뜻을 전하는 것이다.

그런데 금욕의 수도생활을 하며 평생 침묵을 지키는 것으로 유명한 '트라피스트Trappist 수도회'의 수사들이 '메멘토 모리'라는 말로 아침 인사를 한다는 사실은 잘 알려져 있지 않다. 침묵하는 수사들의 아침 인사가 '메멘토 모리'라는 것은 많은 생각을 하게 한다. 사도 바울은 "선 줄로 생각하는 자는 넘어질까 조심하라"고 했다. 자만은 외모, 신체, 정신뿐 아니라 영성에서도 나타날 수 있다. 인간이란 언제나 자만할 수 있는 존재다.

한때의 성공을 자만하던 강자가 몰락한 증거는 역사에서 숱하게 찾을 수 있다. 이집트 왕조, 크레타의 미노스 문명, 중국 주나라, 히타이트 제국과 마야 문명이 모두 무너졌고 아테네와 로마도 사라졌다. 심지어 불과 100년 전만 해도 세계 최강자로 군림했던 해가 지지 않는 나라 영국도 지금은 해가 지고 있지 않은가? 현재 최강대국 미국을 일으킨 아메리칸 드림 역시 힘을 잃어 가고 있다. 중국의 급부상은 또 어떻게 될까?

세계 최고 자리에 있을 때, 자기 분야에서 독보적인 존재가 되었을 때, 그 자리까지 가게 한 힘과 성공이 바로 재앙이 될 수 있음을 기억해야 한다. 성공이 자만을 부추겨 쇠퇴와 몰락이 시작될 수 있다. 아무리 많은 것을 이루었어도 경쟁자가 따라오지 못할 만큼 앞서 있어도, 아무리 큰 힘을 갖고 있더라도 쇠퇴할 가능성은 언제나 있다. 가장 강한 것이 끝까지 정상의 자리를 지키는 법은 없다.

교만을 주의하라는 경고는 너무 오래전부터 들어 왔기에 식상할 수 있다. 하지만 낙타에서 사자로 진화한 사람일수록 자만에 빠지기 쉽다. 그 힘이 원래 있었다고 착각하는 것이다. 이렇게 우리는 올챙이 시절을 기억하지 못하는 개구리처럼 낙타 시절을 잊어버린 사자가 되어 자신이 언제든 추락할 수 있다는 사실을 생각하지 못한다. 나에게도 어쩌면 그런 자만이 있었는지 모른다. 책 한 권 내고 나서 책 쓰는 것을 아주 쉽게 생각한 것 아닌지 모른다. 그래서 겁도 없이 후속작을 세 권이나 동시에 계약하는 실수를 저질렀고, 거기에 갇혀서 책을 쓰지 못하는 혼란에 빠졌던 것 아닌가 한다.

자존감이나 자신감이 팽배하면 자만심으로 이어질 수 있다. 그래서 이쯤에서 우리는 스스로에게 "메멘토 모리!"를 외쳐야 한다. 이것은 나 자신에게 주는 뼈아픈 경고다.

'낙타 시절을 잊지 마라. 너는 아무런 힘도 권리도 없는 늙은 낙타였음을 잊지 마라. 모든 사냥에 전력을 다해라. 자만심을 주의하고 또 주의하라. 섰다고 생각할 때 넘어질까 주의하고, 사자가 되었다 우쭐거리지 말며, 낙타로 쓰러졌던 그 사막의 뜨겁던 태양을 기억하라.'

자의식이
만드는 저항

인지 방식은 세상과 자기 자신을 바라보는 틀이다. 패러다임Paradigm이나 테마타Themata라고도 할 수 있고, 프레임 또는 스키마라는 여러 가지 심리학적 개념과 연결된다. 그런데 이 인지가 왜곡되면 여러 가지 저항을 낳는다.

사람은 자기를 판단하기 시작하면서 갖가지 부정적인 정서를 느낀다. 자신이 누구인지도 모르는 어린아이는 스스로 판단하지 않는다. 아담과

이브는 에덴동산에서 선악과를 훔쳐 먹고 나서 부끄러움을 느꼈다. 그런 후 나뭇잎으로 옷을 만들어 몸을 가렸다. 아이에게는 그런 부끄러움조차 없다. 판단하기 시작하면서 부끄러움이 생기는 것이다. 사자의 부끄러움은 사냥에 실패했다는 자의식에서 온다. 그것이 사자가 느끼는 인지의 저항이다.

인지의 왜곡은 타당성 저항이나 자기일관성 저항을 불러온다. 이러한 저항은 자신의 생각이 옳다는 고집에서 비롯된다. 그러다가 실패하면 자의식이 생겨나 자신감이 저하되고 죄책감이나 수치심을 느끼게 되는 것이다. 열등감, 자신감, 자존심, 자만심, 수치심, 죄책감은 사실 모두 자의식에서 비롯된 감정이다. 이런 감정은 타인으로부터 인정받아야 위안을 얻는다. 그래서 동시에, 실패에 따른 타인의 비난을 두려워해 섣불리 어떤 일을 시도하지 못한다. 자의식이 인지의 저항을 낳은 것이다.

자기애가
저항이 된다?

다음 표는 자기애가 강한 사람이 자만에 빠지는 과정을 설명한 것이다. 자기애성이 강한 사람은 직장에서 상사나 동료에게 비판받을 때 '어떻게 감히 내게 그런 말을 할 수 있지?'라고 자동적으로 생각한다. 자동적 사고란 한마디로 생각의 길이다. 앞에서 말했듯 에런 벡을 비롯한 인지 치료자들은 생각이 자연히 그렇게 흘러가는 현상을 가리켜 '자동적 사고'라고 불렀다.

　　　　　　　　　　　　　　문제는 저항력이다

자기애가 강한 사람의 자동적 사고

자기애성 성격의 인지 과정과 정서	기능		
	직장에서 비판받을 때	교통 정체에 걸렸을 때	사내 기획안 선발에서 탈락했을 때
자동적 사고	어떻게 내게 그런 모욕적인 말을 할 수 있지?	차가 막히는 이런 일을 내가 당해서는 안 돼	내가 당선되어야만 했어
인지	누구든 나를 나쁘게 보는 건 참을 수 없다	나는 이런 사소한 문제로 방해를 받아서는 안 되는 중요한 사람이야	그들이 내 작품을 제대로 평가하지 않은 것 같다
정서	분노	조급함	분노, 억울함
행동	혼자 화를 내거나 동료에게 분노를 발산한다	경적을 울리면서 앞차 뒤에 바짝 붙거나 차선을 바꾸며 가속 페달을 밟는다	결과에 대해 불만을 터뜨린다

타인에게 비판받을 때, '어떻게 내게 그런 모욕적인 말을 할 수 있지?'라고 생각하는 이유는 무엇일까? 그의 마음속에 누구든 나를 나쁘게 보는 건 참을 수 없다는 자기애성, 즉 나르시시즘이 있기 때문이다. 그것이 인지 방식을 만든다. 분노하거나 물건을 던지거나, 소심한 경우는 혼자 복수를 꿈꾸며 뾰로통하게 앉아 있기도 한다. 자기애성이 여러 가지 양상으로 나타나는 것이다.

하루 종일 나쁜 기분으로 있다가 저녁에 퇴근한다. 화가 나서 집에 빨리 가 맥주를 마시려고 했는데 차가 많이 막힌다.

'왜 나에게 이런 일이 일어나지?'

짜증이 난다. 왜냐하면 나는 너무나 중요한 일을 하는 사람이고 교통 정체 따위로 방해를 받아서는 안 된다는 인지 방식이 작용한 탓이다. 그는 갑자기 화가 나고 조급해져서 경적을 울리며 앞 차에 바짝 다가선다. 차선을 이리저리 바꾸고 과속을 하기도 한다.

얼마 후, 사내 기획안 공모 우수작이 발표되었다. 내 작품은 등수에 들지 못했다. 화가 난다. 내 것이 1등이 되어야 했는데, 아무리 생각해도 이해가 안 된다. 심사위원들이 뇌물을 먹었든지, 아니면 나를 무시해서 기획안을 제대로 보지 않았다고 생각한다. 분노가 치밀고 내가 회사에서 미움을 받고 있는 것 같아 불안하다. 1등의 기획안을 보니 역시 내 것보다 훨씬 못하다. 하지만 남에게는 그 마음을 숨긴다. 대신 퇴근하고 김 대리와 술을 마시며 심사를 맡은 팀장들을 실컷 욕한다.

자기애는 보통 이런 과정을 통해서 자만심이 된다. 그는 자신의 기획안이 우수한 평가를 받을 만하지 않다는 사실을 받아들이고 실력을 키우는 데 매진해야 한다. 분노를 에너지로 삼아 노벨상을 받은 나카무라 슈지처럼 말이다. 불평만 하고 화를 낸다면 도태되기 시작할 것이다. 자만심은 자기 자신을 추락시킬 뿐이다. 상사가 꾸지람을 할 때도 불평만 할 것이 아니다. 차가 막힌다고 화를 내봤자 무슨 소용이 있는가? 자만이 자유를 박탈하고 있음을 기억하자.

당신에 대해서
정확히 알고 있는가?

어떻게 하면 인지의 왜곡이 만드는 저항을 넘을 수 있을까? 방법은 한 가지뿐이다. 자신을 직시할 때, 인지의 왜곡을 피하고 저항을 넘을 수 있다. 예를 들면 백수의 왕인 사자도 사냥에 실패할 때가 있다. 사자는 자신의 성공과 실패에 대해서 냉정하게 알고 있어야 한다. 이것이 바로 자기 직시다. 자기 직시는 메타 인지metacognition를 개발하는 과정의 출발점이다. 메타 인지란 우리가 자신을 어떤 방식으로 이해하고 보는지 정확히 아는 능력을 말하는데, 이러한 메타 인지를 확보하려면 자기 직시가 선행되어야 한다.

사자는 세렝게티 초원에서의 사냥 성공률이 23%밖에 되지 않는다는 것을 알고 있어야 한다. 에토샤 국립공원에서는 15%, 퀸 엘리자베스 국립공원에서는 29%, 칼라하리 젬스복에서는 38%의 성공률을 보인다는 것도 추가로 알고 있으면 더 좋다. 나아가 건기 때의 사냥 성공률이 우기 때보다 더 높다는 것을 알아야 하고, 단독으로 사냥할 때가 협공할 때보다 성공률이 나쁘다는 사실도 알아야 한다.

멧돼지의 사냥 성공률이 58%라는 사실을 알고 나면, 스스로 뭐가 잘못되었는지 깨달을 것이다. 멧돼지의 사냥술에서 배울 점을 찾아야 한다. 자신이 필요하고 보고 싶은 대로만 보는 것이 아니라, 이렇게 모든 객관적인 사실과 정보를 아는 것이 자기이해의 시작이다. 자신을 알고 타인을 알며 세상의 모든 것을 정확히 알고 왜곡되지 않는 시선을 가져야 진리를 아는 이성의 단계로 올라갈 수 있다.

우리 마음은 과거의 경험이나 지식에 따라 하나의 틀을 생성해 새로운 자극을 받아들인다. 이것을 심리학에서는 프레임이나 그보다 더 세부적인 개념인 스키마로 부른다고 앞에서 말했다. 이런 스키마에는 건강한 것과 병든 것이 있다. 건강한 스키마는 적응적인 스키마, 건강하지 못한 것은 부적응적인 스키마다.

다음의 표를 한번 보자. 적응적 스키마와 부적응적 스키마가 분류되어 있다. 부적응적인 스키마는 마음에서 저항을 만들어 내 중요한 일을 미루거나 회피하게 한다. 우리는 양쪽 스키마를 가지고 있다.

부적응적 스키마의 인지 전환 방법

부적응적 스키마	적응적 스키마
내가 무슨 일을 한다면 반드시 성공해야 한다(자만심).	나도 실패할 수 있다. 실패는 누구나 한다.
내가 처리 못할 일이 너무 많다(열등감).	어떤 일이 일어나도 대처할 수 있다.
나는 못하겠다(무력함).	열심히 하면 잘할 수 있다.
그 사람이 없으면 나는 아무것도 아니다(의존성).	나는 사랑스럽고 그가 아닌 다른 사람도 나를 사랑할 수 있다.
해고되면 나는 끝장날 것이다(무력함).	해고되면 다른 일을 하면 된다.
나는 이대로 끝날 것 같다(절망).	나는 이 위기에서 살아남을 것이다.
사람들이 나를 불신하는 것 같다(불신).	사람들이 나를 믿게 할 수 있다.
다른 사람과 함께 있을 때 편하지 않다(의기소침).	내가 그들에게 마음을 열면 그들도 나를 편하게 생각할 것이다.
인정받기 위해서는 완벽해야만 한다(완벽주의).	사람들은 있는 그대로의 나를 존중한다.
무엇을 하든 실패할 것이다(패배감).	미리 준비하면 잘할 수 있다.
세상은 너무 위협적이다(두려움).	나를 위협할 수 있는 것은 별로 없다.
나는 적당히 해도 늘 성공한다(자만심).	최선을 다할 때 나는 성공할 것이다.
혼자 하면 실패할 것 같다(열등감).	혼자 할 때 더 집중해서 잘 만들 수 있다.
내일도 하는 일에서 역시 실패할 것 같다(패배감).	오늘 그 일에만 실패한 것뿐이다.
오늘 업무가 쉬웠듯이 내일도 쉬울 것이다(자만심).	내일 업무는 좀 어려울 수 있다.

우리가 장점과 단점, 강점과 약점을 모두 가졌듯, 적응적인 면과 부적응적인 면 역시 공존한다. 내 생각이 건강하지 못할 수 있다는 것을 아는 것, 이것이 인지의 저항을 넘는 첫 번째 단계이자 메타 인지의 출발이다. 표를 보고 부적응적 스키마를 적응적 스키마로 바꾸는 연습을 해보자. 마음에서 쉽게 일어나는 사소한 일들에 대한 사례를 모은 것이니 참고하기 바란다.

앞에서도 잠깐 언급했지만, 자신이 어떻게 생각하는지 아는 것을 메타 인지라고 한다. 인지에 대한 인지, 생각에 대한 생각을 일컫는 것으로, 초인지라고도 부른다. 자신의 결점을 의식하지 못하는 사람들은 그 결점 자체를 모를 뿐만 아니라 자신이 그것을 모르고 있다는 사실조차 모른다. 이런 현상을 심리학에서는 '무능의 이중고'라고 한다.

무능의 이중고에서 빠져나오기 위해서는 메타 인지의 도움이 필요하다. 메타 인지는 매 순간 인지하는 자신을 바라보고 자기가 왜 그렇게 인지하는지 아는 고차원적 인지 기술이다. 이 능력은 정서지능처럼 '인지 지능'이 될 수 있다. 우리의 인지가 궁극적으로 가야 할 길이 바로 메타 인지다. 정확히 아는 것이 진리를 이해하는 '이성'의 시작이기 때문이다.

생각의
침묵

메타 인지를 갖기 위한 하나의 훈련법이 있다. 그것은 바로, 어떤 생각이 떠오를 때 그것을 내 생각이 아니라 친구의 생각이라고 바꿔 보는 것이다. 만약 친구가 매사에 '나는 무슨 일이든 반드시 성공해야 한다'라고 생각한다면, 우리는 그 생각이 잘못됐다고 판단할 수 있다. 어떻게 모든 일에서 성공할 수 있겠는가. 따라서 그에게 "너도 실패할 수가 있어"라고 말할 수 있다. 반대로 "나는 무슨 일을 해도 안 돼"라고 말하는 친구에게는 "넌 왜 그렇게 안 된다고만 생각하니?"와 같은 객관적 충고가 가능하다. 그런 식으로 자신에게 말하는 것이다.

이런 식으로 왜곡되어 있던 부적응적 스키마를 조금씩 교정해 나갈 수 있다. 이처럼 자신을 객관적으로 생각하는 것이 메타 인지를 높이는 전략이다.

한 가지 방법을 더 소개하자면 현재의 생각을 버리는 것이다. 인지가 정확한 직시를 하기 위해서는 자기이해가 동반되어야 한다. 덜 익은 생각은 버려야 한다. 계속해서 일어나는 숱한 생각에 인지가 휘둘리지 않아야 가능하다. 그러기 위해서는 생각을 멈출 수 있어야 한다. 생각을 멈출 수 있다는 것은 인지가 만드는 저항을 뛰어넘는 데 매우 중요한 통찰이다. 나의 인지 저항이 더 이상 작동하지 못하게 하는 방법은 생각을 멈추는 것이다.

사실 나는 생각이 참 많은 사람이다. 게다가 생각이 꼬리에 꼬리를 물고 수십 번도 더 변한다. 내가 얼마나 변덕스러운지 나도 안다. 그런데 그 생각이 올라오는 것을 어떻게 하지 못한다. 오늘 집을 짓고 내일 그것을 부순다. 모레는 다시 땅을 파서 지하실로 들어간다. 나는 '생각 멈추기'를 시도하기로 했다. 모든 판단을 유보하는 것이다. 매우 힘든 훈련이

문제는 저항력이다

었다. 스스로에게 다짐했다. 그 무엇에 대해서도 생각하지 말자. 특히 처음 생각대로 행동하는 무모함을 버리자. '내 마음대로 생각하지 말자'고 결심했다.

그리고 나는 이제 '생각의 침묵'을 즐기기 시작했다. 쉽지는 않았다. 지금도 생각을 멈추는 것은 정말 어렵다. 그러나 '생각의 멈춤'을 생각하는 동안에는 인지의 속임수에 넘어가지 않고 내 할 일을 그냥 할 수 있다. 뿐만 아니라 사태를 비교적 정확히 볼 수도 있다. 외부에서 나를 바라보는 메타 인지도 조금씩 가능해졌다. 인지의 왜곡에서 벗어나는 하나의 방법을 찾은 것이다.

사자의
인지 방식

심리 치료를 위해 상담자가 내준 숙제를 미루거나 피하며 하지 않는 데는 여러 가지 저항이 작용한다. 이런 저항을 넘기 위해서는 인지 방식의 변화가 필요하다. 다음 예시에서 당신의 사고와 흡사한 것이 있는지 찾아보자. 당신에게 해당되는 사례가 있으면 오른쪽처럼 인지 방식을 바꿔 보자.

숙제를 하지 않으려는 저항을 넘기 위해서는 인지 전환이 필요한데 인지의 전환은 일관되게 부정에서 긍정으로 바뀌고 있음을 알 수 있다. 이는 긍정심리학의 원리와 관련이 있다. 긍정심리학에서는 인간이 어떤 일에 대응하는 방법을 3가지 차원으로 설명한다.

인지 방식 전환 연습

'숙제해 봐야 도움 안 돼'	'해보기 전에는 몰라.'
'머릿속으로도 할 수 있어'	'물론 상상으로도 할 수 있긴 하지만 직접 적어 보는 것이 더 효과적이야. 강의 시간에 필기하는 것과 그냥 내용을 기억하려고 하는 것이 차이가 큰 것과 같아.'
'이 프로그램은 실패한 사람을 위한 거야. 숙제를 해본들 내가 달라질까?'	'나는 물론 실패했어. 하지만 이 프로그램을 완수하고 내가 더 나아진다면 나는 성공 경험을 하는 거야.'
'나는 시간이 없어'	'이거 하는 데 시간이 얼마나 걸리겠어? 숙제하지 않으면 우울해지거나 불안해질 거야. 그것보다는 조금 시간을 들여서 하는 게 나을 거야.'
'이것을 해야 하다니. 나는 분명 실패자야'	'내가 이것을 할 수 있다면 좀 더 나아질 수 있어. 실패라는 것은 아무것도 할 수 없는 것을 말하는데, 이것을 할 수 있다는 것은 자체가 실패자가 아닌 증거야.'
'내 문제는 고쳐지기 힘들 거야'	'내 문제가 심각할 수도 있지만, 문제를 다루는 방법을 몰라서일 수도 있어. 만약 내가 심각한 문제를 가지고 있다면 좀 더 스스로를 도와야 해. 그래야 고쳐질 거야.'
'내가 과제를 하면 선생님이 나를 판단할 거야'	'과제는 내가 생각하는 방법과 행동하는 방법에 대한 정보에 불과해. 목표는 나의 변화지 선생님에게 좋은 평가를 받는 게 아니잖아. 선생님이 나를 나쁘게 생각한다 해도 내 변화에 도움이 된다면 괜찮아. 그의 판단은 내게 어떠한 영향도 줄 수 없어.'

첫째, 마음속으로 앞으로도 비슷한 일이 계속 일어날지 여부를 판단한다. 그것이 '영속성과 일시성'이라는 기준이 된다. 영속성이란 그런 유사한 사건이 앞으로도 계속 일어난다고 보는 관점이고, 일시성이란 다시는 그런 일이 일어나지 않으리라고 보는 방식이다.

둘째, 그 사건이 직접적으로 관련 없는 다른 일에도 영향을 주는가, 그렇지 않은가로 구분하는 방식이다. 다른 일에도 영향을 준다면 보편성,

문제는 저항력이다

그렇지 않다면 특수성에 속한다.

셋째, 이 사건이 자기에게만 일어나는지, 남들에게도 동일하게 일어날 수 있는지 구분한다. 개인성과 비개인성을 따지는 것이다. 자기에게만 일어나면 개인성, 남들에게도 유사한 일이 일어나면 비개인성이다.

낙타와 사자의 인지 방식

낙타의 인지 방식		사자의 인지 방식	
좋은 일이 생겼을 때	나쁜 일이 생겼을 때	좋은 일이 생겼을 때	나쁜 일이 생겼을 때
일시적인 일로 봄	영속적인 일로 봄	영속적인 일로 봄	일시적인 일로 봄
특수한 일로 봄	보편적인 일로 봄	보편적인 일로 봄	특수한 일로 봄
비개인적인 일로 봄	개인적인 일로 봄	개인적인 일로 봄	비개인적인 일로 봄

전작 『문제는 무기력이다』에서 다룬 바 있지만, 다시 한 번 낙타와 사자의 인지 방식을 비교해 본다. 사자의 인지 방식으로 왜곡되지 않게 훈련해 보자.

무기력과 수치심, 죄의식에 시달리는 낙타 같은 사람은 자신에게 좋은 일이 일어나면 그 좋은 일을 일시성, 특수성, 비개인성으로 해석한다. 낙타에게 좋은 사건이란 일시적이고, 다른 일에까지 좋은 영향력을 미치지 않고 그 건에만 특수하게 일어나며, 자신뿐 아니라 타인에게도 늘 일어나는 것이다. 그리고 나쁜 일에서는 이와 반대 방식으로 받아들인다. 다시 말해, 좋은 일에는 '어쩌다 생긴, 남들에게도 다 일어나는 일'로 치부하고, 나쁜 일에는 '나에게만 꼭, 늘 일어나는 일'로 속단한다. 그래서

'해도 안 된다'는 왜곡된 자의식을 형성하는데, 그러한 자의식이 저항을 만들어 낸다.

이와 정반대인 사자의 방식으로 생각해야 한다. 좋은 일은 영원히 계속되고 자신에게만 일어나며, 다른 일들도 마찬가지로 다 잘될 거라고 믿어야 한다. 나쁜 일이 일어나면 그것은 잠시 지나가는 일시적인 일로, 다른 일까지 영향을 미칠 리 없다고 생각해야 한다. 또한 남들도 자신과 마찬가지로 그런 악운을 겪는다고 말이다.

마음의
근력

앞에서 열거한 자기 직시 훈련을 통해 실체를 왜곡하지 않고 명확하게 바라보는 눈이 생기면 점점 자신과 사물, 외부 상황들을 정확히 이해할 수 있다.

인지가 만들어 내던 온갖 왜곡 현상과 혼돈, 저항이 점점 사라지면서 우리 마음은 단순해지고 직관도 가능해진다. 기도에 몰입한 영성가, 명상을 오래한 사람, 장시간 훈련한 선수, 치열하게 작업하는 작가나 예술가 등 자기가 하는 일에 투신한 사람들에게서 보이는 통찰력이나 직관력이 우리에게도 나타날 수 있다.

이쯤에서 저항이 우리 마음에 어떤 영향을 주는지 좀 더 알아보자. 셀리그만은 학생들이 높은 점수를 받기 위해 스트레스를 받거나 심한 경쟁

문제는 저항력이다

을 벌이는 중에 '강한 자아의 힘ego strength'을 기르게 된다고 했다. 무거운 바벨이 근력을 키워 주듯, 저항이 마음의 근력을 만들어 주는 것이다. 힘든 일로 스트레스를 받고 그것을 극복할 때, 벼랑 끝에서 떨어지며 죽음의 두려움 속에서 살기 위해 날갯짓하며 근육을 키우는 새끼 독수리처럼 우리는 더 강해진다.

셀리그만은 고통을 극복할 때 느끼는 유능감이 없다면 우리는 자신에 대한 가치를 잃어버리게 된다고 했다. 자신에 대한 가치는 그냥 주어지는 것이 아니다. 견디기 힘든 것을 견뎌 낼 때 그 사람의 가치도 올라간다. 그런 점에서 볼 때 저항과 한계는 감사한 일이다. 저항을 넘을 때마다 우리 자아가 단단해진다는 셀리그만의 충고를 믿기 바란다. 우리는 이겨 내는 만큼 강해진다. 니체가 말했듯 "나를 죽이지 않는 모든 것은 나를 강하게 만든다."

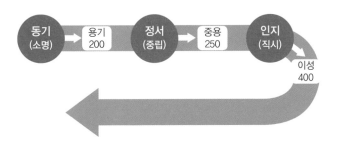

건강한 사자가 되는 세 번째 관문 : 인지는 이성을 유지하는 것이다.

자기 직시 검사

인지 왜곡이 주는 저항을 넘기 위해서는 자신을 객관적으로 정확히 볼 수 있는 자기 직시가 필요하다.

다음은 당신의 자기 직시력이 어느 정도인지 조사하고 메타 인지를 높이기 위한 훈련 방법이다. 질문을 읽고 '예', '아니요'에 체크하라. 쉽게 답하지 말고 깊이 생각한 뒤 확실한 것에 체크하고, 10개 중 몇 개에 '예'라고 답했는지 헤아려 보라. '예'가 많을 수록 당신은 직시를 잘한다고 볼 수 있다. '예'로 대답한 것이 5개 이하라면 자신에 대해 더 알아가는 훈련이 필요하다.

이렇게 훈련해 보자. 아침에 일어나 10개 항목 중 '아니요'라고 대답한 것을 자신에게 다시 물어보라. 예를 들어 '내 성격적 장점과 결함이 무엇인지 알고 있다'라는 항목에 '아니요'라고 체크했다면 그 문제를 깊이 생각하라. 아직도 답을 모르겠다면 찾아낼 때까지 반복해서 생각하라. 화두처럼 물고 늘어져라. 그러면 답을 찾을 수 있다. 만약 그렇게 했는데도 안 된다면 다음 날 또다시 반복해서 질문하라. 이 방식은 명상이나 기도할 때와 비슷한 뇌 상태를 만들어 준다.

동양에서 화두를 잡고 계속 생각하거나 학자나 과학자가 문제점을 해결하기 위해 계속 생각하는 것을 우리 자신을 이해하는 데 적용하는 것이다. 이런 집중이 우리를 몰입으로 이끌어 준다. 계속 자신을 평가하고, 직시하려고 애쓰는 그 노력이 메타 인지를 높이는 작업이 된다.

	나의 자기 직시 능력은 어느 정도일까?	예	아니요
1	나는 내가 어떤 사람인지 알고 있다.	( )	( )
2	내가 무엇을 좋아하는지, 싫어하는지 정확히 알고 있다.	( )	( )
3	내가 하고 싶은 것과 하기 싫은 것이 무엇인지 정확히 알고 있다.	( )	( )
4	내가 어떤 것을 생각할 때 그 생각이 맞는지 틀린지 알 수 있다.	( )	( )
5	남들이 나에 대해 어떻게 생각하는지 잘 알고 있다.	( )	( )
6	내 성격적 장점과 결함이 무엇인지 알고 있다.	( )	( )
7	나는 자존심이 열등감과 어떻게 연결되는지 알고 있다.	( )	( )
8	수치스러울 때 내가 어떤 식으로 행동하는지 알고 있다.	( )	( )
9	언제 죄책감을 느끼는지 알고 있다.	( )	( )
10	나는 자존감과 자만심을 구분할 수 있다.	( )	( )

'예'라고 답한 항목의 개수 ( )
10개 중 몇 개인가? 개수가 점점 많아질 수 있게 자기 직시 훈련을 계속하자.

자발성이 생길 때까지
행동하라

**거장의
비결**

　　영화 〈죠스〉를 기억하는가? 영화에서 상어가 나타날 때 섬뜩하고 불길한 음악이 나오는데, 영화를 보지 않은 사람도 그 음악은 알고 있을 정도로 유명하다. 그 곡은 존 윌리엄스 John Williams가 작곡했다. 그는 〈스타워즈〉, 〈ET〉, 〈타워링〉, 〈쉰들러 리스트〉, 〈해리 포터〉 등 수많은 영화 음악을 만들며 지금까지도 활발하게 활동하는 자타가 공인하는 영화음악의 거장이다. 그는 어떻게 이런 빼어난 곡들을 꾸준히 만들 수 있었을까?

　　2011년 뉴욕타임스와의 인터뷰에서 윌리엄스는 자신의 작업 방식에 대해서 이렇게 이야기했다.

문제는 저항력이다

"나는 아주 일찍이 좋든 싫든 날마다 곡을 쓰는 습관을 길렀다. 좋은 날도 있고 그렇지 않은 날도 있지만 어쨌든 하루를 충실히 보냈다는 생각이 들 때까지 곡을 썼다."

그가 밝힌 다작의 비결은 매우 단순하다. 매일 한다는 것이다. 윌리엄스는 어린 시절에 이미 작곡을 습관으로 만들어 버렸다.

존 윌리엄스가 많은 사람의 존경을 받는 이유는 단순히 성공한 작곡가라서가 아니다. 그에게는 여느 전문가들에게서는 볼 수 없는 남다른 면이 있다. 한 인터뷰에서 그는 "공헌하는 느낌이 드는 곡을 만들기 위해 매진한다"라고 말했다. 이것은 소명과 연결되는 매우 중요한 이야기다. 여기서 대가로 가는 중요한 비결을 하나 찾을 수 있다. 공헌하겠다는 소명이 자신의 저항을 뛰어넘게 하고 대가의 경지까지 계속 발전하게 한다는 것이다. 이런 사람들은 이쯤 하면 됐다는 오만함에 빠지지 않는다.

또한 그는 "성장하거나 배운다는 느낌이 드는 곡에 매진한다"라고 했다. 이 말에서 대가의 또 다른 면모 중 하나를 찾을 수 있다. 한 분야에 오래 종사하면 스키마가 나름대로 완성된다. 이것은 장인이 되면서부터 확고해진다. 그래서 장인이나 예술가는 공통적으로 자신의 행동을 자기 기준인 스키마에 따라 분석할 수 있다. 하지만 여기서 나타나는 차이점은, 장인은 어느 정도 수준이 되면 만족하지만, 예술가는 그 기준을 계속 높인다는 것이다. 노력하는 과정에서 발전하고 성장한다는 유능감을 느끼고 그 유능감이 일을 지속하는 원동력이 되어 그는 점점 더 발전한다. 그는 성장하고 배우는 자세로 곡을 썼기에 막히지 않고 계속 스키마를 정교화시키며 대가의 경지까지 간 듯하다.

어쩌면 존 윌리엄스의 말처럼 행동부터 해야 하는지도 모른다. 그는 작곡을 위해 동기를 찾지도 않았고 영감이 찾아오기를 기다리지도 않았다. 그냥 매일 일어나서 작곡을 했다. 곡이 완벽하기를 바라지도 않고 완성되기를 기다렸다. 그는 창작에서 오는 저항을 두려워하지 않았다.

영국의 작가 서머싯 몸^{Somerset Maugham} 역시 비슷한 말을 남겼다. 누군가가 그에게 "정해진 일과표대로 글을 쓰나요, 아니면 영감이 떠오를 때만 글을 쓰나요?"라고 묻자 몸이 대답했다.

"나는 영감이 떠오를 때만 글을 씁니다. 그런데 다행히도 아침 7시가 되면 어김없이 내게 영감이 찾아오지요."

여기에 진정한 작가는 알고 있지만 작가 지망생은 모르는 비밀이 있다. 비밀은 '글쓰기가 습관이 되었는가, 아직 아닌가?'이다. 지망생들은 글 쓰는 것 자체가 힘들다고 생각하지만 그것은 착각이다. 쓰기 위해 자리에 앉는 것이 더 힘들다. 마음의 저항이 온갖 핑계를 끌어들여서 자리에 앉는 것을 막는다. 하지만 일단 자리에 앉아 작업을 시작하면 저항은 사라진다. 저항은 습관으로 이길 수 있다. 결국 내가 쓰지 못한 것은 내가 아직 진짜 작가가 아니라 작가 지망생에 불과하기 때문이다.

적당주의의
저항

능동적인 낙타는 없다. 낙타는 수동적이어야 살아남을 수 있다. 주인의 의도를 벗어나서 능동적으로 행동하면 버려진다.

반면 사자는 능동적이어야 살아남는다. 자신의 판단에 따라 사냥해야 한다. 그런데 사자가 된 이후에도 낙타 시절의 성향이 남아 있을 수 있다. 낙타의 수동성이 사자에게서 미루기나 회피하기, 적당주의로 나타난다. 또한 사자의 자만은 미루기나 적당주의를 낳는다.

무기력에서 벗어나기 위한 방편 중 하나가 반복을 통한 숙달이다. 숙달은 우리에게 유능감과 자기효능감을 준다. 낙타는 기쁨을 느끼고 스스로 움직일 수 있는 마음을 갖기 시작한다. 이러한 경험이 반복되면 낙타가 사자로 변할 수 있다. 그런데 사자의 경우, 숙달이 좋은 것만은 아니다. 숙달로 인해 '장인의 한계'에 갇혀 버릴 수도 있다. 적당주의로 나타날 수 있는 것이다.

'적당주의의 저항'은 기준을 높이려고 하지 않고 현재 기준과 자기 행위를 비교하며 뭐든 적당히 하는 것을 말한다. 장기적으로 이러한 저항이 계속 작용하면 사자는 몰락한다. 적당주의는 설명할 필요 없이 우리를 부패시킨다. 적당주의의 저항에 막히지 않으려면 장인이 아닌 예술가를 꿈꾸어야 한다. 예술가에게는 한계가 없다. 숙달을 통해 장인이 되었다면 그 숙달된 것을 더 반복해 습관을 만든다. 그리고 습관을 체화시켜 그 일에서만큼은 최고의 경지까지 오를 꿈을 꾸는 것이다.

인지과학에서는 숙달되고 습관화된 것이 몸에 완전히 익은 상태를 '체화'라고 한다. 일반적으로 '습관'이라고 부르기도 하지만 습관보다 더 깊이 각인된 상태가 체화다. 체화는 정보가 근육과 소뇌에 절차 기억으로 저장되면서 이루어진다. 예를 들면 자전거나 수영을 배울 때 우리가 그 행위를 반복하면 절차가 근육과 소뇌에 기억된다. 우리 뇌는 전두엽에 저장된 정보부터 쇠퇴하는데, 소뇌에 저장된 절차 기억은 비교적 오랫동안 쇠퇴하지 않는다. 또한 근육이 기억하는 정보는 인지하지 않고도 무의식중에 튀어나온다. 초밥의 달인이 한 번에 잡은 밥알의 개수를 정확히 맞추는 그 놀라운 일도 손가락과 손바닥에 오랜 기간 체화되었기 때문에 가능한 것이다. 따라서 숙달된 것을 습관으로 체화시키는 것은 매우 효율적인, 고도의 행동 전략이라고 할 수 있다. 선조들이 습관을 들이라고 했던 것도 이 때문이다.

행동의 반복이
만드는 기적

저항을 만나 한계를 넘지 못할 때는 행동에도 장애가 나타난다. 저항이 행동을 왜곡하면 시작을 미루고, 조금 해보다가 포기하고, 갑자기 이것저것 다른 일을 건드리게 된다. 그런데 행동은 실행력만의 문제가 아니다. 행동은 동기와 인지와 정서가 만들어 내는 결과물이다. 따라서 동기·인지·정서가 변할 때 행동도 변한다.

그러나 행동 자체를 강화하는 방법도 있다. 한 가지 행위가 반복되어 숙달될 때 그 행위에서 유능감이 생기면 행동이 강화된다. 행동이 만들어 내는 유능감과 자신감이 동기와 인지와 정서에 다시 역으로 긍정적인 영향을 주어 행동 자체가 즐거운 일이 된다. 그래서 행동을 멈추지 않고 계속하려고 한다. 이것이 숙달과 습관의 힘이다.

숙달이 더 진행되면 그 행위에 대한 마음과 뇌 속의 스키마가 정교해진다. 스키마가 고도화되면서 우리는 더욱더 그 행위를 잘하려고 노력한다. 그런 노력이 누적되면 능력이 탁월해진다. 행동이 숙달되어 체화, 즉 습관화되어 몸에 익은 것이라고 볼 수 있다. 습관 앞에서는 망설이거나 미루거나 주저할 일이 없다. 언제나처럼 그 일을 해내면 된다. 의지가 작동하기도 전에 행동이 먼저 나서서 작용을 시작하는 것이다. 이 정도 수준이 되면 누구나 행동의 저항을 극복할 수 있다.

'테마타'는 하버드 대학 물리학자이며 과학사학자인 제럴드 홀턴^{Gerald Holton}이 만든 개념이다. 홀턴은 테마타를 '기본적인 전제나 개념, 용어, 방법론적 판단과 결정의 총칭'이라고 했다. 테마타는 우리가 말하고 행동하고 사고할 때마다 나타난다. 어떤 이는 '인간은 선하다'라는 성선설 테마타를 따르고, 어떤 이는 이와 반대되는 성악설 테마타를 따를 수 있다. 또 테마타에 따라 여당을 지지할 수도 있고, 야당을 지지할 수도 있다. 특정 정당을 지지하는 사람은 우연히 발생한 사건도 자신이 지지하는 정당에 유리하게 해석하려는 경향이 있다. 테마타대로 현상을 해석하는 것이다. 테마타는 패러다임과 비슷해 보이지만 조금 다른 개념이다. 패러다임은 한 시대 사람들의 견해나 사고를 근본적으로 규정하고 있는 인식 체계 혹은 다양한 사물에 대한 이론적인 틀이나 구조를 의미한다. 개인이 아니라 큰 단위 차원에서 쓰는 용어다.

홀턴에 따르면 과학의 패러다임은 변할지라도 한 연구자가 기본적으로 해온 생각, 즉 테마타는 잘 바뀌지 않는다고 한다. 오히려 그 생각은 반복적으로 나타나고 반복적으로 그 연구자의 분야를 규정하게 된다.

테마타는 오랜 시간 동안 만들어지고 철학, 사상, 가치관 등 정신적으로 많은 것이 연결되어 있어서 좀처럼 변하지 않는다. 그래서 자신의 테미타에 반대되는 의견을 받아들이지 않고 고집을 부리며 저항하기 쉽다. 테마타의 저항이 우리의 인지와 행동에 저항을 일으키는 것이다. 테마타를 바꾸기는 쉽지 않다. 그러나 마음의 혁명을 위해서는 테마타가 변해야 한다. 테마타의 변화를 돕는 것이 행동의 반복이다. 어떤 일을 수차례 시도하면 스키마를 바꿀 수 있다. 이 스키마들이 변형되면서 프레임이나 테마타도 조금씩 변하게 된다.

흔히 반복은 지루하고 의미 없는 것이라고 생각하기 쉽지만 사실은 그렇지 않다. 행동의 반복은 행동 그 자체를 능가하고 행동 이상의 의미를 가진다. 행동을 반복해 숙달되고 숙달된 것을 반복해서 시행하다 보면 우리 몸과 뇌에 그 행위가 각인된다. 행동이 뇌를 변화시킨다는 최근 뇌과학 연구 결과는 이런 점에서 시사하는 바가 크다. 행동이 반복되어 체화되면 뇌의 회로가 변한다. 무의식적으로 일을 수행해 내는 경지에 이르면 스키마와 테마타에도 변형이 나타난다. 드디어 수십 년 묵은 무의식이 변하고 습관이 달라지는 것이다. 이는 행동의 반복이 만들어 내는 기적이며 진화의 증거라고 볼 수 있다.

숙달은 창의성의 어머니

애덤 스미스 Adam Smith 는 『국부론』에서 생산성을

문제는 저항력이다

높이려면 숙련도가 높아야 한다고 주장했다. 그는 "노동자의 숙련도가 향상되는 길은 한 가지 일에 평생 매달리는 것"이라고 했다. 그런데 똑같은 일을 해도 누군가는 생산성이 매우 높은가 하면 누군가는 반대로 생산성이 낮다. 사람마다 생산성이 다른데, 그 차이는 어디서 비롯되는가. 스미스는 다음과 같이 설명했다.

> 사람의 주의력을 여러 일에 분산할 때보다 하나의 대상에 집중할 때 목적 달성이 쉽고, 그 일을 간편히 할 수 있는 방법도 훨씬 더 많이 발견하게 된다. 노동이 세분화된 공장에서 사용하는 기계 대부분은 그 단순한 조작 업무에 종사하던 노동자가 자기가 하던 조작을 쉽고 간편하게 할 방법을 찾고자 생각을 집중시켜 만들어 낸 발명품이었다.

애덤 스미스의 말에서 우리는 두 가지 중요한 사실을 알게 된다. 저항을 넘어 목표를 달성하기 위해서는 하나에 집중해야 한다는 것과, 하나에 집중하면 일의 문제점을 넘어 창의성이 생긴다는 것이다.

예를 들어 A라는 일을 하다가 B로 넘어갈 때 보통 저항이 생긴다. 여러 개의 책을 동시에 쓰거나, 성격이 다른 프로젝트를 동시에 진행할 때 진도가 더디고 힘든 것은 변화가 만드는 저항 때문이다. 한 가지 일만 계속하면 그 일을 잘하게 될 뿐 아니라 저항도 극복할 수 있다.

스미스가 제시한 두 번째 주장은 이보다 더 흥미롭다. 하나의 일에만 집중하고 반복할 때 새로운 기계를 만들어 낼 수 있는 창의성이 생긴다는 주장은 사실일까? 몰입에서 창의성이 만들어진다는 것은 미하이 칙센트미하이의 연구로 입증되었다. 그런데 스미스는 숙달에서 창의성이 생긴다고 주장했다.

몰입과 숙달은 우리를 창조성으로 이끄는 두 개의 길이다. 몰입은 어려워도 숙달은 그보다 쉽기 때문에 스미스의 그 주장은 우리에게 새로운 희망을 던져 준다. 그러므로 저항을 이겨 내기 위해서는 숙달되고 습관화하는 것이 무엇보다 중요하다. 반복과 숙달, 습관이 창의성을 만들고 그 창의성이 우리를 장인에서 예술가로 성장시킬 것이다.

일이 복잡하면
미룬다

"노동자는 일이 복잡해서 미루는 경우가 있다."
애덤 스미스의 말이다. 그는 또 이렇게 말했다.

서로 다른 장소에서 서로 다른 공구를 사용해야 하는 작업들은 빨리 옮겨 가는 것이 불가능하다. 소규모 농업을 경영하는 농촌의 직포공은 직기로부터 밭으로, 그리고 밭에서 직기로 옮겨 갈 때마다 많은 시간을 허비한다. 작업과 도구를 30분마다 바꾸어야 하고 손을 매일 스무 가지의 유형으로 바꿔야 하는 농업 노동자는 어쩔 수 없이 빈둥거리는 습관이 생기고 게으르고 소홀하게 일하는 습관이 몸에 밴다.

일이 복잡하면 빈둥거릴 수 있다는 스미스의 말은 다소 충격적이다.

우리는 게으름과 미루기가 성격과 태도 때문이라 여기고 죄책감을 갖는다. 물론 성격과 태도의 영향도 무시할 수 없다. 그러나 하루아침에 성격과 태도를 바꾸기는 어렵다. 그보다는 일의 과정이나 환경을 바꾸는 것이 훨씬 쉽다. 일을 단순화시키고 쉽게 만드는 것만으로도 저항을 이겨 내는 데 큰 도움을 얻을 수 있다니, 얼마나 다행스러운가?

여기에 한 가지 더, 당신이 너무 많은 일을 동시에 하지 않았는지 생각해 보자. 내 경우도 여러 권의 책을 동시에 작업할 때, 그 모든 일을 마냥 미루고 싶었다. 230년도 넘은 스미스의 주장이 아직도 유효하다는 점에서 우리는 인간 본성과 보편성이 얼마나 굳건한가 생각해 볼 수 있다.

인간이란 원래 게으름을 피우고 미루기를 좋아한다. 타마스 때문이다. 그러므로 우리는 자신의 성격과 특징, 행동 패턴 등을 정확히 알고 스스로를 설득하고 위로해야 한다. 그와 동시에 할 일을 할 때 자아실현에 점점 더 가까워질 것이다. 본성에 휘둘리지 말고 오히려 역이용하면서 우리에게 도움이 되는 행동만 취할 줄 알아야 한다.

미루는 이유를 찾아라!

데이비즈 D. 번스 박사는 해야 할 일을 미루는 이유를 다음과 같이 나누었다. 그 일이 별로 중요하지 않다고 여기거나, 정복하겠다는 마음이 없거나, 실패할까 봐 두렵거나, 완벽주의 때문에, 혹은 보상이 기대보다 적거나, 욕구가 부족하기 때문이라는 것이다.

다음은 번스 박사가 개발한 미루는 이유를 찾는 검사다. 잘 읽고 자신에게 해당되는 것에 체크해 보라.

표 1의 20개 항목에 체크하고 표 2 채점표에 나와 있는 대로 짝지어 놓은 두 문항의 점수를 합산한다. 합산 점수는 0~6점 사이다. 번스 박사는 합산 점수가 0~2점일 때는 저항이 그다지 크지 않고 적절하다고 봤다. 그러나 합계가 3~6점이라면 해당 항목이 당신이 미루는 이유이며 게으름의 원인이다. 특별히 높은 점수가 나온 항목이 있다면 가급적 그런 태도에서 벗어나는 연습을 해야 한다.

표 1 미루는 이유 체크리스트

문항	당신은 왜 미루는가?	전혀 0	약간 1	상당히 2	항상 3
1	일을 하고 싶지 않기 때문에 미룬다.				
2	나는 곧잘 "나중에 마음이 내킬 때 해도 되지"라고 말한다.				
3	기대하는 것보다 일이 힘들 때 곧잘 단념한다.				
4	일이 잘 풀리지 않으면 쉽게 좌절한다.				
5	하는 일이 잘못되지 않을까 걱정돼 일을 피하곤 한다.				
6	노력해서 실패하느니 차라리 하지 않는 것이 나을 듯하다.				
7	완벽하게 해낼 수 없으면 그 일을 하고 싶지 않다.				
8	내가 실제로 괄목할 만한 일을 해낼 수 있을까 자주 걱정한다.				
9	내가 일을 잘했더라도 종종 내가 한 일을 비판한다.				
10	흔히 내가 이룬 성과에 대해 잘했다고 느끼지 못한다.				
11	해야 할 일 전부에 죄의식을 느낄 때가 있다.				
12	나는 일을 미루다가 하지 않는 것에 죄책감을 느낀다.				
13	나는 어떤 사람에게 화가 나면 그와 말하기가 싫어진다.				
14	나는 남과의 갈등을 처리하는 일을 곧잘 피한다.				
15	나는 실제로 원하지 않는 일을 하는 것에 동의할 때가 있다.				
16	나는 사람들에게 '아니요'라고 말하기가 힘들다.				
17	사람들이 나에게 뽐내거나 무엇을 지시하면 싫다.				
18	사람들이 나에게 어떤 요구를 해올 때 거북스럽다.				
19	보통 내가 해야만 할 일에 대해 열정을 느끼지 못한다.				
20	내가 해야만 할 일들을 정말 하고 싶지 않다.				

표 2 미루기가 발생하는 원인 - 채점표

문항	합계	미루는 원인
1+2		어떤 일의 중요성에 대한 지각이 부족하다.
3+4		모든 것을 통제하고 정복하려는 욕구가 오히려 미루게 한다.
5+6		실패할까 봐 두려워서 미룬다.
7+8		완벽주의 성향이 미루게 만든다.
9+10		행위에 대한 심리적·물질적 보상이 부족해 하고 싶지 않다.
11+12		다른 일을 하지 못한다는 죄책감 때문에 어떤 일에 몰입이 안 된다.
13+14		회피 성향과 수동적 공격 성향이 미루게 한다.
15+16		내 주장을 펴지 않는 성격이라서 내가 해야 할 중요한 일에 대해서도 적극 나서지 않고 미루거나 포기한다.
17+18		누가 내게 강요하는 것이 싫어 남이 시키는 일은 일단 거부하고 본다.
19+20		욕망이 부족해 행동이 일어나지 않는 것이다.

장인의
한계

숙달로 인해 오는 자만에 주의해야 한다. 한 분야에 숙달되어 장인의 경지에 이르면, 그 일에서 유능감과 자신감이 생긴다. 자기만족을 기준으로 살아가는 사람에게 자존심은 대단히 중요하다. 그러나 그들이 갖는 유능감과 자신감이 내가 최고라는 생각으로 변질되면 그것은 자만이 되고, 몰락을 부추길 수 있다. 자만을 경계해야 하는 이유에 대해서는 앞서 이야기한 바 있다.

장인이 되었으나 자만으로 몰락하지 않으려면 어떻게 해야 할까? 자존감이 자만심이 되지 않도록 자기평가 기준을 계속 높이는 것, 즉 스키마의 수준을 높이는 과정이 필요하다. 쉽게 말해 어제의 나와 경쟁하는 것이다. 내가 최고이므로 비교할 대상이 없다면 어제 당신이 한 것과 비교해서 더 노력하는 것이다. 그러면 자만할 틈이 없다. 또한 자신과의 비교이므로 열등감을 느낄 이유도 없다.

르네상스 시대의 두 천재인 다빈치와 미켈란젤로Buonarroti Michelangelo는 엇갈린 평가를 받는다. 두 사람은 매우 대조적이다. 앞에서 보았듯 다빈치는 수많은 분야에 관심을 가지고 열정과 에너지를 바쳤지만, 미켈란젤로는 미술, 그중에서도 조각에 심혈을 기울였다. 둘 다 위대한 미술작품을 남겼고, 특히 다빈치의 경우는 과학, 의학, 공학 등 다양한 분야에서 시대를 앞서 나간 연구물을 남겼다. 하지만 아이러니하게도 그는 말년에 자기 인생이 실패했다며 후회 섞인 말을 했다.

미켈란젤로가 완벽하리만큼 놀라운 작품을 많이 남긴 데 반해, 다빈치의 작품 중에는 끝을 보지 못하고 미완성에 그친 것들이 많다. 물론 이러한 단순 비교를 통해 한 인생을 평가하자는 것은 아니다. 하지만 우리가 읽을 만한 메시지는 분명히 있다. 미켈란젤로처럼 자기 강점에 집중하며 반복을 거듭해야 한다는 점, 그리고 숙달로 인해 유능감과 만족을 느끼더라도 자만하지 않도록 늘 자신을 직시하고 깨어 있어야 한다는 것이다. 그래야 인생을 통해 무엇인가 남길 수 있다.

장인(전문가)의 특징	예술가의 특징
목표에 초점을 맞춘다.	여정에 초점을 맞춘다.
자기 자신을 자극한다.	자기 자신을 변화시킨다.
다른 사람에게 동기를 준다.	다른 사람을 성장시킨다.
때가 지나면 시들해진다.	평생 간다.
목표를 달성하면 끝난다.	목표를 넘어 계속 성장한다.

시스템의
조건

어떤 일을 매일 한다는 것은 이미 그 일을 하기 위한 시스템이 만들어졌다는 것을 의미한다. 시스템이란 어떤 원칙을 가지고 차례대로 해나가는 일련의 과정을 말한다. 행동을 쉽게 하기 위해서는 일의 시스템을 만들어 두면 좋다. 한번 시스템화해 두면 다음번에 그 일을 편하게 할 수 있다. 호두과자 기계나 붕어빵 기계에서 동일한 모양의 빵이 만들어지는 것처럼 말이다.

내가 성균관대학교에 근무할 때 상사였던 연구소장은 자신만의 시스템을 능숙하게 활용하는 사람이었다. 그는 컴퓨터 시각처리 분야에서 세계적인 석학으로 꼽힌다. 그의 삶을 가까이에서 보면서 가장 놀랐던 것은 매일, 매주를 완전한 시스템으로 만들어 두고 일한다는 점이었다. 그는 모든 연구 팀을 직접 관리했고, 박사급 연구교수의 연구뿐 아니라 이제 대학을 졸업한 석사 신입생의 연구 내용까지 모두 컨트롤했다. 연구 분야별 일주일 시간표를 철저히 만들어 놓고, 그는 그 시간표에 따라 움직였다. 시간표 관리는 비서가 했다.

더 놀라운 것은 다음 날 매우 중요한 프로젝트 발표가 있거나 행사가 있어도 연구 미팅만큼은 절대로 취소하지 않는다는 것이다. 그 시간에 못하면 저녁에 팀을 소집했고, 짧게라도 연구 과정을 체크하는 것이 그의 오랜 습관이었다. 그에게 가장 중요한 것은 연구 미팅이었고, 그런 완벽주의에 다들 질려 했지만, 나는 그의 철저함이 그를 이끌어 준 동력이라고 믿는다. 그의 삶의 방식은 나에게 큰 가르침을 주었다.

시스템이 무조건 우리에게 도움이 될까? 아니다. 도박이나 쇼핑, 웹서핑 등을 시스템으로 만들어 인생을 망치는 사람도 있다. 모든 시스템이 우리에게 도움을 주는 것은 아니다. 시스템이 효과를 거두고 성공하려면 몇 가지 조건이 필요하다.

첫째, 큰 그림이 필요하다. 어떤 일을 월등하게 잘하는 사람들은 큰 그림을 만들어 두고 자기만의 시스템으로 일을 수행한다. 그냥 부지런해서는 안 된다. 앞서 소개한 석학이 그랬듯 우리는 저마다 중요하게 여기는 것이 있다. 인생을 살면서 여러 가지 행동을 하지만 행동들은 큰 주제 아래 통일되어야 하고, 그 주제는 당연히 자신의 소명과 관련 있어야 한다. 그러므로 소명을 찾은 후 그것을 이루기 위해 몇 년 단위의 목표와 연간, 월간, 주간 계획을 정하고, 그것을 달성하는 데 주력해 보자. 그 목표를 달성하기 위해 당신의 생활 속에 시스템을 만들고 그것을 매일 실천할 때 저항 없이 목적을 이룰 수 있다. 이것이 행동 저항을 넘는 첫 번째 전략이다.

둘째, 우선순위부터 지킨다. 소망을 이루기 위한 시스템을 만들면 자연히 우선순위가 정해질 것이다. 그러면 시간을 가치 있게 쓸 수 있다. 생산성이 가장 높은 시간이 언제인가? 특히 그 시간에는 가장 중요한 일을 하는 것이다. 나는 새벽과 오전에 집중이 잘된다. 그래서 그 시간에 가장 중요한 일인 글쓰기를 하려고 애쓴다. 그 시간에 중요한 일을 하지 못하면 다음 날까지 영향을 받는다. 예를 들어 강연 의뢰가 오면 그 시간에 준비하는 경우가 많다. 그러면 그 후유증으로 인해 최소 3~4일은 글쓰기에 영향을 받는다. 비단 시간만 빼앗기는 것이 아니라 정신적 에너지까지 빼앗겨 시간이 있더라도 글쓰기에 에너지를 쓸 수 없다. 빨리 정신을 차리고 글쓰기로 돌아오면 한나절 정도 낭비하지만, 정신을 놓고 있으면 일주일이 그냥 흘러가 버린다. 나는 그런 실수를 참 많이도 했다.

정신을 똑바로 차리지 않으면 시간이 어디로 새어 나가는지 알 수 없다. 가장 중요한 일이 무엇인지 우선순위를 두고, 집중이 잘되는 시간에 그 일을 배치해 시스템처럼 돌리는 것이 앞의 연구소장처럼 한 분야에서 일가를 이룰 수 있는 방책일지 모른다. 그것이 에너지 낭비를 막아 주기 때문이다.

셋째, 자체 평가, 피드백 장치가 있어야 한다. GE 전 회장인 잭 웰치 Jack Welch는 "전략의 첫 번째는 자신이 세상에서 현재 어디 있는지 아는 것이다. 두 번째는 5년 후 어디에 있고 싶은지 아는 것이다. 마지막은 현 위치에서 희망 위치로 갈 수 있는지 가능성을 현실적으로 평가하는 일이 다"라고 말했다. 잭 웰치가 말한 세 가지 전략에서 중요한 것은 무엇일까? 바로 평가다.

시스템을 성공적으로 운영하려면 자체 평가 기능, 즉 피드백 기능이 있어야 한다. 자기가 하는 일이 잘되고 있는지 모를 때는 그 일을 지속하기 어렵다. 만약 글을 쓴다면 하루에 5페이지라는 분량을 정하고 그것을 달성했는지 살펴보자. 150페이지 정도 모였을 때 한 권의 책이 된다는 것을 기준으로 삼으면 된다. 시험공부를 한다면 정기적으로 모의고사를 통해 자신의 가능성을 체크하는 것이 합격을 향해 끝까지 갈 수 있는 최선의 방법이다. 그냥 열심히 한다고 되는 게 아니다. 인간은 매우 예민한 존재다. 시스템을 만들고 자신이 어느 정도까지 왔는지 매일 체크하면 그 일을 이룰 가능성이 커진다. 그러므로 시스템을 만들 때 스스로 평가하는 방법도 함께 만들어 두면 더 좋다.

호손
효과

전통적인 경영 전략에 호손 효과 Hawthorne Effect라는 것이 있다. 1930년대 미국 국립아카데미 실험진이 시카고 외곽의 호손 공장에서 '조명의 밝기와 작업 효율성의 연관성'을 주제로 실험을 했다. 실험 결과는 다소 의외였다.

조명을 밝게 했을 때 ➡ 능률이 올랐다

조명을 어둡게 했을 때 ➡ 능률이 올랐다

조명을 그대로 뒀을 때 ➡ 능률이 올랐다

실험진은 실험 결과를 이해할 수가 없었다. 조명의 밝기에 상관없이 전부 능률이 올랐기 때문이다. 실험진은 이런 아이러니한 결과가 나온 이유를 분석해, "조명의 밝기가 아니라 연구자의 관찰 행위 자체가 작업 효율에 영향을 미쳤다"라는 결론을 내렸다. 감독관이 보고 있으니 조명에 상관없이 평소보다 모두들 열심히 했다는 것이다. 결국 평가받고 있다는 것을 자각하는 것이 우리를 긴장시킨다는 것이다.

이런 사례는 일상에서도 많이 경험할 수 있다. 언젠가 코칭 훈련을 받고 있을 때 비슷한 경험을 했다. 코치나 상담사가 내담자나 고객이 하는 이야기를 짧게 정리해 다시 반복 확인하는 상담 기술이 있다. 그런데 대화 중 내 얘기를 상대가 정리하고 있다고 생각할 때 특별히 더 긴장되는 것을 알았다. 평소에는 무심히 말하지만 내 얘기를 상대가 평가하고 정리한다고 생각하자 말을 아주 조심스럽게 하게 되었다.

사람은 누구나 평가받는다는 사실을 알게 되면 절차에 신경 쓰게 된다. 나는 이 방법을 글쓰기에 도입했다. 매일 플래너에 글을 쓴 페이지와

문제는 저항력이다

시간, 글의 주제가 무엇인지 기록했다. 어떤 날은 2페이지도 못 쓴 날도 있고, 어떤 날은 50페이지를 퇴고한 날도 있었다. 그런데 그 기록이 누적되자 일상을 점검하기 시작했다. 못 쓴 날은 이유가 무엇인지, 성과가 좋은 날은 왜 그런지 나름대로 평가했다. 그 평가를 한 다음 날이면 나는 다시 전사가 되어 노트북을 두들기고 있었다. 기록이 남고 평가를 할 때 다음 날 일을 계속할 가능성이 커진다는 것을 알았다.

전략적 미루기

미루기는 피할 수 없는 인간의 본성이라고 한다. 그래서 절대로 피할 수 없다면 차라리 미루기를 잘 활용해 생산성을 높이라고 주장한 학자가 있다. 스탠퍼드 대학 철학과 교수 존 페리John Perry이다. 그는 "미루는 것이 인간의 본성"이라고 하며 다음과 같이 말했다.

인간은 합리적인 의사결정 기계가 아니다. 인간은 기본적으로 욕구, 신념, 충동, 변덕의 집합체다. 어떤 시점에서든 종류도 다양한 여러 가지 욕구가 우리의 몸과 사고 과정을 장악하려고 경쟁을 벌이고 있다. 책임감이 강한 나는 침대에서 빠져나오려고 한다. 그러나 안락함을 사랑하는 나는 몇 분 더 자고 싶어 한다.

의지에 반하는 것이 미루기 저항이다. 그러므로 미루는 태도를 버리고 할 일을 잘해야 한다는 것이 일반적인 시각이다. 그런데 존 페리는 이 문제를 조금 다르게 봤다. 그는 미루기를 피할 수 없으므로 역이용하기로 한 것이다. 그는 만약에 미루는 버릇을 빠르고 쉽고 확실하게 끊어 버리는 방법을 알았다면 주저 없이 그렇게 했을 것이라고 말했다. 그러나 미루기를 끊지 못하므로 그것을 생산성을 높이는 데 이용했다. 그가 미루기를 역이용한 방법은 다음과 같다.

> 내가 이 글을 쓰기로 마음먹은 것은 벌써 여러 달 전의 일이다. 그런데 왜 이제야 쓰고 있느냐고? 마침내 짬이 났느냐고? 아니다. 나는 지금 답안지 채점도 해야 하고, 교재 주문서도 작성해야 하고, 미 국립과학재단 제안서도 심사해야 하며, 제자의 학위 논문 초안도 읽어야 한다. 하기 싫은 이 모든 일을 하지 않을 방편으로 난 이 글을 쓰고 있다.

지금 해야 할 일을 하는 대신 오랫동안 미루던 글을 쓴다는 것이다. 즉 A를 미루기 위해 B를 하고 B를 미루기 위해 C를 하고 C 대신 A를 한다면 결과적으로는 모두 열심히 한 셈이 된다. A, B, C 중에서 잘만 선택하면 중요한 일을 놓치지 않을 수 있다.

나도 존 페리의 체계적 미루기를 체험한 적이 있다. 이 책의 수정 작업을 하고 있을 때 삼성엔지니어링의 직무무기력 컨설팅과 그 분석 결과를 사내 방송으로 인터뷰해 달라는 제안이 들어왔다. 사전 미팅을 해보니 만만한 일이 아니었다. 삼성 스타일의 철저함이 요구되었다. 잘 해내야 한다는 부담과 압박이 상당했고, 그것이 저항을 만들어 냈다. 나는 계속

문제는 저항력이다

그 일을 피하며 녹화 전날까지 답변서를 준비하지 않았다. 대신 원고를 고치는 일에 시간을 다 보냈다. 답변서 쓰는 일이 싫어 원고 쓰기로 도망쳤던 것이다. 마감 시간이 촉박해서야 나는 답변서에 답을 달기 시작했다. 그러자 또 긴박감 때문에 몰입되면서 그 일을 어렵지 않게 해낼 수 있었다. 이 방법을 평소에 쓸 수 있다면 생산성을 훨씬 높일 수 있을 것이라고 생각했다.

자발성에 답이 있다

모든 동물이 당근과 채찍에 의해 움직이듯 인간도 그 둘에 의해 움직인다는 생각이 오랫동안 지배해 왔다. 그러나 최근 동기행동심리학자, 경제학자들은 연구를 통해 인간은 결코 당근이나 채찍에 의해 움직이는 존재가 아니라고 주장한다. 인간에게는 외부에서 부여하는 외재 동기보다 자신의 내부에서 만들어지는 내재 동기가 중요하다는 것이다. 내재 동기가 발동하면 상을 준다거나 인센티브를 준다고 해도 일하지 않던 사람이 스스로 알아서 일한다.

스스로 하는 것을 다른 말로 자발성spontaneity이라고 한다. 자발성에 대한 사전적 정의는 '남의 지시나 영향에 의하지 않고, 자기 스스로의 의지에 따라 행동하는 성질이나 특성'이다. 호킨스는 자발성 단계에 이른 사람은 인생의 보이지 않는 저항을 극복하고 삶에 기꺼이 참여하려는 이들이라고 했다. 이들은 스스로 성장할 수 있다. 또한 매슬로Abraham H. Maslow

도 자아실현하는 사람의 특징 중에 자발성이 있다고 했다. 자발성에서 저항을 뚫고 올라가는 성장이 일어날 수 있다는 말이다.

자발성에 도달한 사람들은 마음의 문이 열려 있다. 마음의 문이 닫혀 있다는 것은 모든 것이 저항이 될 수 있는 상태를 말하는데, 심리적 장벽은 자발성에서 문을 열어 준다. 장벽이 사라지니 비로소 행동할 수 있다. 그러므로 자발성을 가질 때 거의 모든 저항을 뛰어넘을 수 있다.

당신에게 자발성이 생겼다면 비로소 무기력과 저항을 넘은 것으로 생각해도 된다. 그다음에 성장이 일어날 수 있다. 우리는 자발성 너머 어디든지 갈 수 있다. 그래서 자발성을 마음의 성장점 중 하나로 볼 수 있다.

호킨스는 우리가 헌신할 때 저항이 사라진다고 했다. 남을 돕는 사람은 자기 문제에 고민할 틈이 없다는 말이기도 하다. 남을 도우려고 애쓰는 그때가 바로 당신을 가장 잘 돕고 있는 순간이다. 니코스 카잔차키스 Nikos Kazantzakis가 『그리스인 조르바』에서 "인간이 자신을 구원하는 거의 유일한 길은 남을 구하기 위해 애쓰는 순간이다"라고 말한 것처럼 말이다.

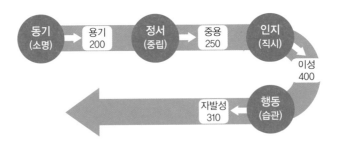

건강한 사자가 되는 네 번째 관문 : 행동의 자발성을 유지하게 하자.

문제는 저항력이다

자발성 훈련

다음은 자발성을 기르기 위한 훈련이다. 행동을 습관으로 만들어 체화하면 자발성이 강해진다.

4주(28일) 동안 매일 행동을 기록해 보자. 다음 평가 항목에 맞게 행동했다면 체크해 둔다. 그렇게 28일간 기록해서 표가 완성되면 평가해 보자. 체크 표시가 28~24개면 상, 23~14개면 중, 13개 이하면 하에 해당한다. 한 달만 해보면 자신의 성향을 알 수 있을 것이다.

일주일 동안 체크한 후, 자발성을 생각하며 일주일을 더 훈련하자. 끝나면 다시 일주일간 훈련하고 평가한다. 이 훈련은 자발성을 체화하기 위한 것이다. 좋은 습관은 단단하게 굳히고, 잘 안 되던 습관은 새로운 근육을 만들듯 단련한다고 생각하자. 4주만 계속하면 이전과 확연하게 달라질 것이다. 인내가 필요한 지겨운 훈련이긴 하다.

자발성 평가		1	2	3	4	5	6	7	8	9	10	11	12	13
1	다른 사람 단점 들먹이지 않기													
2	남에게서 배울 점 찾기													
3	실수를 변명하지 않기													
4	실수하고 난 후 후회하지 않기													
5	실수했을 때 바로 나음 행동 하기													
6	할 수 있는 일 먼저 하기													
7	데드라인과 상관없이 일하기													
8	미루지 않고 바로 시작하기													
9	화내는 사람에게 웃으며 대하기													
10	분노, 슬픔이 올라올 때 이유를 생각해 보기													
11	분노, 슬픔을 에너지로 사용해 행동하기													
12	매일 소명을 생각하며 일하기													
13	지금하고 있는 일에서 개선할 점 생각하기													
14	계획표대로 행동하기													
15	매일 자신의 하루 평가하기													

문제는 저항력이다

14	15	16	17	18	19	20	21	22	23	24	25	26	27	28	평가
															(상) (중) (하)
															(상) (중) (하)
															(상) (중) (하)
															(상) (중) (하)
															(상) (중) (하)
															(상) (중) (하)
															(상) (중) (하)
															(상) (중) (하)
															(상) (중) (하)
															(상) (중) (하)
															(상) (중) (하)
															(상) (중) (하)
															(상) (중) (하)
															(상) (중) (하)
															(상) (중) (하)

벤저민 프랭클린Benjamin Franklin은 평생을 두고 13가지 덕목을 매일 실천했다. 그는 매일 하루에 하나의 덕목을 지키기 위해 노력하고 일주일이 지나면 하나 디 추가해 2가지 덕목을 지켰디. 그렇게 13주간 하나씩 더 추가해 13가지 덕목을 지키려는 자기 수련을 평생 동안 실천했다. 그가 50년간 수첩에 적어 가지고 다니며 지키려 노력한 13가지 덕목은 절제, 침묵, 규율, 결단, 절약, 근면, 성실, 정의, 중용, 청결, 평정, 순결, 겸손이다. 그런 노력이 그를 발명가, 정치가, 사업가, 미국 건국의 아버지로 만들었다. 그러니 힘들고 지겨운 자발성 훈련이 자신을 성장시킬 수 있음을 믿어 보자.

미루는 습관 벗어나기

다음은 자신이 자꾸 미루는 습관을 가졌다고 느낄 때 그것에서 벗어나는 방법이다. 따라 해보기 바란다.

▶ **단계1 : 동기가 생기기를 기다리지 말고 그냥 시작한다.**

동기가 생길 때까지 기다리지 말고, 먼저 일을 착수한다. 행동이 먼저고 동기 유발은 다음이라고 생각하자. 공자가 『논어』에서 말한 '선사후득(先事後得)'과 같다. 먼저 일을 하고 후에 이익을 취하는 것이다.

나의 실천법 : 나는 매일 아침 글을 쓴다. 책을 읽거나 일기를 쓰는 것 말고 오직 책으로 출간할 원고를 쓴다. 무슨 책이 될지는 모른다. 그냥 쓰기 시작하니 쓰는 내가 있음을 알았다.

▶ **단계2 : 구체적인 계획을 세운다.**

며칠 내 시작하겠다고 말하지 말고 구체적인 계획을 세운다. 오늘 시작할 생각이 있는가? 몇 시에 무엇을 할 것인지 기록한다.

나의 실천법 : 나는 플래너에 글 쓰는 양과 시간을 기록한다. 목차를 만

들어 두면 그게 기준이 되므로 집중할 수 있다. 또한 일주일에 50시간 글쓰기를 하려고 노력한다. 그래서 하루에 쓴 시간을 정산해 일주일 통계치를 만든다. 아직은 들쑥날쑥하지만 언젠가는 주 100시간까지 쓸 수 있기를 기대한다. 이것은 내가 학부 시절 방학 때 공부하던 방식이기도 하다. 그때 나는 모눈종이를 마분지에 붙여 매일 공부한 시간을 체크했는데, 1시간을 채우면 모눈종이 한 칸에 'X'로 표시하고, 30분이면 '/'로 표시했다. 일주일에 100시간을 채우려면 하루에 14시간 이상 공부해야 했고, 그것을 채우지 못해도 나는 친구들보다 많은 공부 시간을 확보할 수 있었다. 나 자신과 그리고 주 100시간과 경쟁했다. 그러니 이제는 주 50시간 글쓰기라는 목표와 경쟁해 보는 것이다. 나는 30년 전의 공부에 쓰던 그 도구를 지금 글쓰기에 이용하고 있다. 공부나 운동, 독서 등 무엇이든 좋다. 각자의 목표에 맞춰 활용해 보기 바란다.

▶ 단계3 : 일을 쉽게 만든다.

과제를 한꺼번에 해치우겠다는 생각을 버리고 그 일을 10분 내지 15분 동안만 한다고 생각하라. 큰 과제는 작게 나눈다. 오늘은 그중 첫 단계로 조금만 하면 된다고 자신에게 말한다. 15분가량 투자하면 일을 가볍게 끝낼 수 있다. 그러고 나서 하고 싶으면 더 해도 된다.

나의 실천법 : 일하기 쉽게 만드는 것은 중요하다. 나는 노트북을 전원도 뽑지 않고 책상의 중간에 둔다. 그리고 A 책의 원고가 끝난 날 바로 B 책을 시작했다. 물론 반 페이지도 못 썼다. 그러나 그렇게 원고를 시작해 두니 다음 날에도 계속 이어서 쓸 수 있었다. 그러지 않았다면 B를 시작

문제는 저항력이다

하는 데 또 한 달이 걸렸을지 모른다.

▶ 단계4 : 긍정적으로 생각한다.

일을 하지 못하는 것이 죄의식과 불안감을 준다면 그 생각을 다 적어
라. 그런 다음 그 생각을 긍정적이고 현실적인 것으로 바꿔라.

나의 실천법 : 이제 나는 저항이 나만의 문제가 아니었음을 안다. 그래서
일하지 않은 내게 더 이상 죄책감을 느끼지 않는다. 저항을 겪은 경험을
책으로 쓸 수 있으니 오히려 다행이라 생각한다.

▶ 단계5 : 자신을 신뢰한다.

당신이 한 일이 신통치 않다고 비난하지 말고 이미 성취한 것에 대해
칭찬하고 스스로를 신뢰하라.

나의 실천법 : 내가 쓴 글이 쓰레기가 될 수도 있으나 나는 끝까지 쓸 것
이다. 어니스트 헤밍웨이Ernest Hemingway도 『노인과 바다』를 200번 고쳐 썼
다고 한다. 이 원고도 고치고 또 고치면 좋은 책이 될 것이다. 죽는 날까
지 쓰면 꽤 많은 책을 유산으로 남길지 모른다. 운이 좋으면 그중 한두
권은 역사에 살아남을 것이다. 답은 매일 생각하고 매일 쓰고 매일 읽는
것이다.

당신도 일하기 싫어 미루고 있을 때 5단계 과정 중 필요한 것을 선택
해서 사용해 보기 바란다. 모두 사용해도 된다.

▸ 단계1 : 동기가 생기기를 기다리지 말고 그냥 시작한다.

(나의 실천법 :   )

▸ 단계2 : 구체적인 계획을 세운다.

(나의 실천법 :   )

▸ 단계3 : 일을 쉽게 만든다.

(나의 실천법 :   )

▸ 단계4 : 긍정적으로 생각한다.

(나의 실천법 :   )

▸ 단계5 : 자신을 신뢰한다.

(나의 실천법 :   )

마음을 통제하고
수용하라

벽을 넘는 힘은
어디서 오는가?

저항을 넘기 위해서는 마음의 힘이 있어야 한다. 그런데 MECA(동기·정서·인지·행동)만으로는 저항의 문제가 완전히 해결되지 않는다. 저항력이란 내가 나를 억압하는 것이므로 나를 이기기 위한 더 큰 힘을 어디에선가 가져와야 한다. 그게 무엇일까? 그게 무엇인지 알아내는 데 꽤 오랜 시간이 걸렸다. 인지에서 자신감을 만들어 내어 저항을 넘을 수도 있으나 역부족이라는 생각이 들었다. 인지보다 더 강한 무언가가 좌절하는 인지를 잡아 줘야 한다.

오랜 방황 후에 나는 동기·정서·인지·행동이 할 수 없는 일을 할 다섯 번째 마음의 힘으로 '의지'를 발견했다. 사자 앞에 용이 나타나서 '너는 ~을 해야 한다'라고 명령한다고 했다. 그것은 초자아나 규율, 관습 등이 만드는 도덕적 저항이나 희생양 저항 등으로 작동될 수 있다. 그런 저항을 이기기 위해서는 '너는 ~해야 한다'라는 명령을 허용하면 안 된다. 그러면 어떻게 해야 하는가? 니체의 충고를 받아들여 보자. 니체는 사자가 용에게 포효하며 이렇게 말한다고 했다. "나는 네가 시키는 일이 아니라 내가 하고 싶은 것을 할 것이다."

이렇게 '나는 ~해야 한다', '나는 ~할 것이다'라고 바꾸어 보는 것이다. 강인하고 건강한 사자로 살기 위해서는 나의 의지로 모든 의무와 초자아 등이 만드는 저항을 넘어서야 하는 것이다. 의지는 용의 명령을 넘기 위해서 반드시 필요한 요소다.

그러므로 의지는 인지보다 강해야 한다. 쇼펜하우어^{Arthur Schopenhauer}는 『의지와 표상으로서의 세계』에서 의지를 마음 전체를 총괄하는 가장 강한 힘으로 보고 있다. 그는 "의지가 만물의 원인이고 모든 것이 의지에서 통합된다"고 했다. 나의 관점과 정확히 일치하는 말로, 든든한 지원군을 얻은 느낌이었다. 의지가 부족해서 만들어지는 것이 저항력이므로 저항을 넘기 위해서는 역시 의지가 제일 중요하다.

플로리다 주립대 사회심리학자 로이 F. 바우마이스터^{Roy F. Baumeister} 교수의 저서 『의지력의 재발견』에서 나의 관점을 확신하는 증거를 또 하나 찾았다. 그는 의지력의 기능을 다음과 같이 설명했다.

의지의 첫 번째 기능은 생각 조절이다. 우리는 이따금 우리를 괴롭히

문제는 저항력이다

는 생각에 시달린다. 이럴 때 귓가에 들리는 말을 지우려고 하는데 그 노력이 소용없을 때가 있다. 하지만 의지를 훈련시켜 생각을 조절하면 이런 상황에서 벗어날 수 있다.

두 번째 기능은 감정 조절이다. 기분에 집중하는 것을 심리학자들은 정서 조절이라고 한다. 우리는 대부분 기분이 좋지 않은 상태나 불쾌한 생각에 빠지면 그곳에서 벗어나고 싶어 한다. 의지를 훈련시키면 가능한 일이다.

세 번째 기능은 충동 조절이다. 충동 조절은 의지력과 직결된다. 술, 담배, 케이크, 여자 등의 유혹을 이기는 힘이기도 하다.

네 번째 기능은 수행 조절이다. 이 기능은 일에 에너지를 집중하고 싶을 때, 시간 관리를 돕고 그만두고 싶을 때도 인내심을 발휘하게 한다.

바우마이스터가 말하는 의지의 4가지 기능은 동기·정서·인지·행동이 실행하는 바와 정확하게 일치했다. 첫 번째 생각 조절은 인지를 제어하는 기능이고, 두 번째 감정 조절은 정서를 조절하는 것이며, 세 번째 충동 조절이란 욕망의 조절, 즉 동기의 관리다. 마지막 수행 조절은 행동 관리의 영역이다.

이처럼 바우마이스터의 설명을 통해 마음의 다섯 번째 요소인 의지가 중앙에서 나머지 4개의 마음을 통제 수용할 수 있다는 내 생각이 맞다는 확신을 얻었다. 그때부터 나는 나를 실험했다. 내 의지를 끌어내려는 노력이 시작되었다. 의지를 이용해 나머지 네 마음, 즉 메카^{MECA}인 동기·정서·인지·행동을 관리했다. 그러자 통제력이 생기기 시작했다. 의지가 중심에서 마음을 장악해야 비로소 저항을 넘고 한계를 극복할 수 있다는 믿음이 생겼다. 그렇게 해서 메카의 중간에 의지가 들어간 뮤카^{MEWCA}가 만들어졌다.

의지는 무슨 일을 하는가?

사전에서는 의지를 '어떤 일을 이루려는 적극적인 마음'으로 정의한다. 철학에서는 '특정 목적의 달성을 지향하는 인간의 의식적인 노력'이라고 하고, 심리학에서는 의지를 '생물이 어떠한 목적을 이루고자 하는 능동적인 마음의 작용'이라고 한다. 바우마이스터는 의지력을 '자기 절제'라고 했다. 즉 의지란 목적을 달성하기 위해 자기를 통제하고 수용하는 조절 기능을 하는 마음의 영역이다. 우리 마음 전체를 통제하는 마음의 CEO라고 볼 수 있다.

의지에 의해 마음의 다른 부분을 통제할 수 있다. 그래서 의지를 자기 조절, 절제력 등으로 부르기도 한다. 하지만 의지가 인내만 의미하는 것은 아니다. 의지는 마음 전체를 통제하고 모든 것에 관계하며 그 모두의 조화를 이루게 한다.

첫째, 의지는 욕망을 관리한다. 숱한 욕망이 동기를 자극할 때, 의지가 적절히 그 욕망들을 통제한다.

둘째, 의지가 정서의 중립점을 찾게 도와준다. 긍정과 부정 정서가 서로 싸울 때 의지가 정서의 중립점을 찾는 역할을 담당한다. 정서 자체만으로는 어렵다. 예를 들어 분노의 감정이 치밀어 오를 때 우리는 의도적으로 심호흡을 하거나 생각을 바꾸고 다른 장소로 간다. 의지가 개입된 것이다. 이렇게 의지는 정서 조절에 개입한다.

셋째, 의지는 자기 직시라는 통제를 통해서 자만심이 일어나지 않게 막아 준다. 인지가 적절하게 조절되어야 자존감을 갖되 자만심이 생기지 않는 상태를 유지할 수 있다. 의지가 이러한 기능을 맡는다. 의지는 인지가 자신을 올바르게 직시할 수 있게, 메타 인지를 획득하는 데 중요한 길잡이 역할을 한다.

넷째, 의지는 행동을 지속하게 만든다. 지금보다 더 높은 단계로 올라가기 위해 사고와 행동을 시스템화해서 운영해야 한다. 그리고 숙달된 경지에 오를 때까지 지속적으로 연습해야 한다. 행동을 유지하기 위해서는 하기 싫을 때조차 그 일을 계속하려는 의지를 작동시켜야 하는 것이다.

헤르메스의 그릇과 테메노스

라틴어에 '바스 헤르메티스 Vas Hermetis'라는 말이 있다. '헤르메스의 그릇'이라는 뜻이다. 헤르메스의 그릇이란 연금술사들이 금을 만들 때 사용하는 용기다. 그 안에 납을 담고 그릇을 밀봉한 뒤 열을 가하면 그릇 안에 담긴 납이 변한다. 납이 금으로 변하는 데 가장 중요한 것은 헤르메스의 그릇에 절대 흠집이 가면 안 된다는 것이다. 실금이라도 가서 가열되는 열기가 밖으로 새어 나가면 그릇 속의 납은 절대로 금이될 수 없다.

헤르메스의 그릇은, 변화하려면 고압의 에너지도 견딜 수 있어야 한다는 것을 상징한다. 우리의 마음도 이와 같다. 온전히 인내하지 못하면 마음에 그 어떤 변화도 일어나지 않는다. 저항을 뛰어넘기 위해서는 끝까지 견뎌 내야 한다. 힘들다고 푸념하거나, 자기 위안을 하기 위해 핑계를 대거나, 자만이 싹트거나, 견디는 데 써야 할 에너지를 다른 곳에 발산할 때마다 우리의 헤르메스 그릇은 조금씩 금이 가는 것이다. 결국 저항을 넘을 마지막 힘은 의지가 만드는 인내에서 나온다.

심리학자 카를 융Carl Jung도 헤르메스의 그릇과 비슷한 용어를 만들었다. 그는 심리적 그릇을 일컬어 '테메노스temenos'라고 불렀다. 테메노스는 그리스어로, 고대의 희생제의가 치러지던 신성한 장소를 뜻한다.

융이 심리적 그릇을 제의 장소인 테메노스라고 이름 붙인 이유는 무엇일까? 그것은 마음의 변화가 자신을 제물로 바치는 듯한 고통을 참아 내야만 가능한 일이기 때문이다. 롤로 메이는 창조를 위해서는 '만남'이라는 과정을 거쳐야 한다고 했다. 그 '만남'이라는 과정은 의지의 고통이 개입되어야 하는 작업이라고 메이는 말했다. 융의 테메노스는 메이의 만남, 칙센트미하이의 몰입과 흡사하다. 결국 뮤카 엔진을 중앙에서 돌려 주는 힘인 의지의 인내가 마음의 변화에 결정적인 역할을 한다고 볼 수 있다.

우리는 신성한 장소인 테메노스에서 본래의 자기 자신을 찾고 변화의 기적을 만들어 내기도 한다. 그러나 그때 가장 중요한 것은 인내다. 변화하려는 의지가 가장 중요하다. 의지로 하여금 모든 것을 통제하도록 자신의 마음을 단단히 묶어야 한다.

가장 하고 싶은 것과
가장 하기 싫은 것

가장 하고 싶은 것은 무엇인가? 그것을 하고 싶은 이유는 무엇인가? 또 가장 하기 싫은 것은 무엇이고, 그 이유는 무엇인가? 다음 표에 작성해 보자. 여기서 가장 하기 싫은 것이 행동에 저항이 있고 의지가 생기지 않는 영역이다. 그런데 아이러니하게도 가장 하고 싶은 일이 가장 하기 싫은 일에 포함되기도 한다. 앞에서 가장 중요한 일에서 저항이 잘 생긴다고 말한 것이 기억나는가? 그것이 현실에서 나타나는 것이다.

이때 의지를 작동시켜 충돌하는 일을 하나로 정리하기 바란다. 마음에서 충돌이 일어나는 곳, 그곳이 마음의 전쟁터다. 휴전을 하거나 종전을 선언하는 것은 둘 중 하나로 정리하는 것이다. 정리되어야 마음이 편안해질 수 있다. 마치 강한 연합군이 개입해서 전쟁을 종식시켜 버리듯, 의지라는 강력한 힘으로 마음의 전쟁을 단번에 끝내 버릴 수 있다.

박경숙의 하고 싶은 것과 하기 싫은 것

	가장 하고 싶은 것	이유
1	글쓰기	좋은 책을 내고 싶다. 출판사와 독자가 내 책을 기다리고 있다.
2	다이어트	살이 쪄 보기 싫고 몸도 무겁고 건강에도 당연히 나쁘니 살을 빼야 한다.
	가장 하기 싫은 것	이유
1	글쓰기	새로운 글을 쓰는 게 힘들고 지루하다. 글 쓰는 동안 다른 일을 못하므로 글쓰기가 싫다.
2	다이어트	먹는 즐거움이 스트레스를 풀어 주므로 먹는 것을 포기할 수 없다. 운동은 정말 하기 싫다.

충돌이 일어나는 항목	할 것인가, 말 것인가? 하나로 통일	결단
글쓰기	나는 반드시 책을 내야 한다.	글은 저항을 뛰어넘어 반드시 써야 하는 것이다.
다이어트	지금 살을 빼지 않으면 비만이 야기하는 다른 병으로 죽을지도 모른다.	살 빼기 위해 먹는 즐거움을 포기해야 한다.

연습하기

	가장 하고 싶은 것	이유
1		
2		
3		
4		
5		

	가장 하기 싫은 것	이유
1		
2		
3		
4		
5		

충돌이 일어나는 항목	할 것인가, 말 것인가?	결단

문제는 저항력이다

의지와 포용

의지의 중요한 기능 중 또 다른 한 가지는 포용이다. 롤로 메이는 『사랑과 의지』에서 의지를 정신력이라고 하며, 그 정신력에서 최상의 형태가 '수용과 화해'의 과정이라고 했다. 즉 의지가 할 수 있는 최고의 경지에 수용과 화해가 있다는 것이다. 그것은 '받아들임'이자 호킨스의 의식 수준 350단계인 '포용'이다.

의지의 목표는 '포용'에 있다. 포용이란 나와 다른 것을 내 속으로 받아들이는 것이다. 그런데 이는 동물의 본성에 반하는 행위로, 도달하기 어려운 마음 상태다. 동물은 진화해 오면서 자신과 다른 것을 거부하고 배척해야 살아남는다는 것을 학습했다. 그리고 그것을 유전자 속에 각인시켜 간직하고 있다. 인간뿐만 아니라 모든 동물이 이런 본성을 공유한다. 우리가 자신과 다른 부류의 사람을 싫어하는 것도 진화가 남긴 살아남기 위한 전략이다. 마음에 드는 대상을 만나면 친해지고 싶은 것은 그로 인해 내 수준이 높아질 수 있다는 믿음 때문이다.

이처럼 인간은 자신과 다른 사람이나 상태를 배척하거나 선망하는 본성을 타고났다. 로버트 플루칙Robert Plutchik 과 같은 정서심리학자는 다윈의 진화론에 따라 인간과 동물은 자신에게 맞는 것은 수용하고 맞지 않는 것은 혐오한다고 주장했다. 그런데 포용은 진화론이 말하는 인간 본성과 마음의 작동 원리와 정반대의 선택을 요구하고 있다. 내게 맞지 않는 것을 혐오가 아닌 포용하라는 것이다. 그래서 포용이 어려운 것이다. 나와 같은 종류, 내가 선호하는 것, 내게 좋아 보이는 것만 받아들이려는 동물의 본성을 거스르라니 어찌 어렵지 않겠는가?

또한 포용이 만들어 내는 용서가 어려운 이유도 그 때문이다. 용서는 동물로서의 본능을 거스르는 수준 높은 행위다. 그러므로 포용하고 용서하기 위해서는 감정이 아닌 의지가 움직여야 한다. 의지와 인내 없이는 도저히 이 상태에 도달할 수 없다.

포용은 진실이 무엇인지 의심하지 않고 모든 것을 껴안을 때 가능하다. 진실을 의심하지 않는 것은 진실이 무엇이든 받아들일 수 있기 때문이다. 흘러가는 강물을 보듯 모든 것을 바라볼 수 있게 된다. 어려운 과제나 일을 만나더라도 곤혹스러워하지 않는다. 두려움 때문에 혹은 이익이 되지 않는다고 피하려는 회피 저항에서 자유로워진다. 우리에게 해를 끼치는 것도 용납되고 용서가 되므로 회피하지 않게 되는 것이다.

포용의 단계는 의지가 내 마음을 완전히 장악하고, 정서나 인지가 방해하지 않아야 한다. 이는 선악과 관련된 문제가 아니다. 만약 악하다고 하더라도 의지를 훈련하면 마음이 성장하고 라자스를 거쳐 사트바로 상승할 수 있다.

착하다고 평가받는 사람이 오히려 의지가 약한 경향이 있다. 착한 사람들은 보통 온순하며 문제를 일으키지 않아 상대를 잘 용서하는 것처럼 보이지만, 그것은 진짜 용서가 아니다. 마음에 힘이 없어서 트러블을 회피하고 미움을 포기한 상태일 가능성이 많다. 의지가 강한 사람이 진정으로 상대를 용서할 수 있다. 그들은 마음에 힘이 있음에도 상대를 공격하지 않는다.

의지로
긍정 관계 만들기

현시대에 우리가 가져야 할 가장 중요한 기능은 멀티^{multi}다. 멀티는 동시에 여러 가지 역할을 수행하는 사람의 성향을 표현하는 말이다. 이런 멀티 성향이 강한 사람을 멀티플레이어^{multi-player}라고 한다. 직장에서도 동시에 여러 가지 일을 수행하는 능력인 멀티태스킹^{multi-tasking}을 요구하고, 문화 역시 다중문화를 추구하는 멀티컬처^{multi-culture} 시대를 맞았다.

이런 흐름에 적응하기 위해서는 개개인을 전체에 적응시키는 능력이 필요하다. 다니엘 핑크^{Daniel Pink}는 저서 『새로운 미래가 온다』에서 미래 인재가 가져야 하는 특성 중 하나로 '조화'를 꼽았다. 조화를 이루는 사람을 '경계를 넘나드는 사람^{boundary-crosser}'이라고 하며, 경계를 넘나드는 사람들에게 가장 중요한 것은 전체 관계에 대한 시각이라고 했다.

그렇다면 조화란 무엇인가? 조화는 모든 것 사이의 밸런스를 맞추는 일이다. 따라서 의지가 개입되지 않고는 절대 이룰 수 없다. 의지가 하는 가장 중요한 역할이라고까지 볼 수 있다. 의지는 인내하고 통제하는 역할뿐 아니라, 전체를 관리하고 각 요소들 간의 관계를 이해하고 각 구성 요소들의 요구를 수용해 원활한 관계를 만드는 역할을 한다. 즉 의지가 제대로 작동될 때 모든 요소들 간의 긍정적인 관계가 만들어진다.

또한 조화는 각각의 주장과 사상을 결합할 수 있는 능력이다. 모든 것에 이익을 줘야 한다. 이익이 없을 때는 대의를 제시하고 그것에 각 요소들을 복종시킬 수 있어야 한다. 조화는 분석한 후에 종합할 수 있는 능력이고, 서로 다른 것들에서 관련성을 찾아 이해관계를 뛰어넘게 하는 힘이다. 특정한 쪽에 유리한 해답을 제시하면 조화는 깨진다. 모든 진영이 동의할 지점을 찾는 것, 전체 패턴을 함축하고 누구도 결합할 생각을 하지 못했던 요소를 하나로 결합해서 새로운 것을 창조해 낼 수 있는 능력이 조화에서 나온다.

경계를 넘나드는 사람들은 '이것 아니면 저것'식의 선택을 거부한다. 그 대신 다중적인 선택과 혼합된 해결책을 추구한다. 이들은 두 종류의 직업을 갖고 여러 종류의 생활을 하며 몇 가지 정체성을 가지고 활기 있는 삶을 살아가고 있다.

경계를 넘는 일은 그냥 할 수 없다. 온갖 사상들이 자신이 옳다고 얼굴을 붉히는 그 전쟁에서 가장 똑똑하면서도 힘 있는 협상가가 되어야 하니 말이다. 경계를 넘는 것, 경계를 허무는 것은 포용 아닌가? 포용이 어렵듯 조화 역시 쉽지 않다.

조화로운 상태에 이르는 것이 어려운 또 하나의 이유는 우리가 자기 욕망 하나도 마음대로 하지 못하기 때문이다. 그렇기 때문에 더더욱 의지의 강력한 리더십이 필요하다. 의지가 주도권을 쥐고 모든 마음의 요소에 조화를 이룰 수 있다면, 강력한 마음을 가질 수 있는 것은 물론, 생산성 높은 성숙한 사람이 될 것이다.

그런데 여기서 한 가지만 더 알고 가자. 우리가 의지를 훈련해서 인내할 때 나타나는 결과물은 '사랑'이라는 것이다. 의지는 포용을 지나 사랑으로 연결된다. 우리가 의지를 발휘해서 '반드시 해야겠다'고 하는 것은 나와 다른 것을 받아들이고 포용한 후 용서하겠다는 것이다. 그것이 우리를 사랑의 길로 인도한다. 그래서 사랑으로 진화하려면 의지의 힘이 필요하다.

니체는 사자가 마지막으로 만나는 용의 명령이 '너는 ~해야 한다'라고 했다. 그런데 그 명령이 의지에 이르면 '나는 ~할 것이다'로 바뀐다고 했다. 용으로 대표되는 온갖 사상이나 이념들, 혹은 명예욕, 재물이나 애정 따위가 이제 간섭하지 못한다. 나의 의지가 용을 대신해 주인이 되었기 때문이다. 명령하는 사람이 남이 아니라 자신이 된 것이다. 그렇게 되면 무기력이나 저항 같은 타마스의 영향에서 완전히 자유로워진다. 니체가 말한 '자신에게 복종하기 어려운 사자'의 단계를 뛰어넘어, 자신에게 복종할 수 있는 건강한 사자가 된 것이다. 그리고 우리는 이제 자유다.

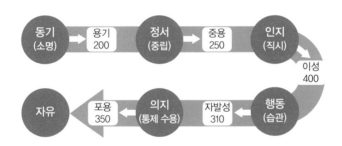

건강한 사자가 되는 다섯 번째 관문 : 의지가 포용을 만들게 하자.

의지력 훈련

일주일 단위로 마음을 훈련하는 방법이다. 처음에 가진 마음의 문제가 무엇인지 분석한 다음, 월요일부터 금요일까지 매일 마음의 성분을 하나씩 생각하자. 월요일에는 동기 하나만 생각한다. 삶의 의미와 소명, 내가 죽는 날의 모습만 생각하면서 잘 사는 방법이 무엇인지 떠올려 보라. 화요일은 정서의 날이다. 이날은 내게 올라오는 정서의 원인이 무엇인지 체크한다. 또 불쾌하거나 화가 나거나 극단적인 정서가 있을 때 정서 중립점으로 갈 수 있게 훈련한다. 수요일은 인지를 바라보는 날이다. 메타 인지를 작동시켜서 수치심, 자존심, 죄의식, 자만심 등을 점검한다. 부적응적인 스키마를 건강한 것으로 바꾸는 훈련을 하는 날이다.

목요일은 행동 훈련의 날이다. 행동은 하나가 숙달되고 습관이 되게 하는 것이다. 할 일을 바로 하는 연습을 한다. 금요일은 의지의 날이다. 이날은 의지 하나만 생각한다. 다른 마음의 성분은 생각하지 않고 의지가 해야 하는 통제와 조절, 인내, 포용만 생각한다. 토요일에는 마음 전체의 구성 성분을 전부 생각한다. 의지가 나머지 4개의 마음을 통제하고 제어하는 훈련을 한다. 토요일 훈련이 마음 훈련의 최종 목표다. 마음 전체를 통제할 수 있게 하나씩 훈련한 것이다.

일요일에는 아무것도 생각하지 말고 원래 살던 대로 살아보라. 편할 수도 있고 불안할 수도 있다. 일요일 저녁이 되면 내 문제를 다시 생각하면서 내가 어디까지 성장할지 점검한다. 그리고 다시 월요일 아침이 되면 두 번째 동기의 날이 왔다고 생각해 일주일 훈련을 반복한다. 이 작업을 5주만 해보면 좋겠다. 점점 마음이 강화되는 것을 느낄 수 있을 것이다. 나는 지금도 이 훈련을 매일 한다. 플래너에 그날이 무슨 날인지 적어 놓고 실수한 것, 잘한 것을 정리한다.

요일	마음 훈련 요소	집중해야 할 마음의 요소
	나의 기본 약점 분석	마음의 약점이 무엇인지 그려 본다. 그 약점을 기반으로 마음 훈련을 할 근거가 마련된다.
월	동기 훈련의 날	삶의 의미와 소명, 죽을 때 나의 모습을 생각한다.
화	정서 훈련의 날	극단적인 정서가 생기면 중립점으로 보내는 연습을 한다. 정서에 집중하며 마음의 평화를 찾는 것을 목표로 한다.
수	인지 훈련의 날	자존감이 있는지, 자만심으로 넘어가진 않는지 하루 종일 모니터링한다. 나를 외부에서 보는 것처럼 메타 인지, 직시 훈련을 한다.
목	행동 훈련의 날	미루지 않고 그냥 하는 것을 훈련한다. 생각에 의해 제어당하지 말고 그냥 습관으로 만드는 것을 훈련한다.
금	의지 훈련의 날	자기 통제와 절제, 포용, 받아들임에 집중한다.
토	마음 훈련의 날	의지가 마음 전체를 관장한다고 생각하고, 마음속에 상상의 뮤카 엔진을 만들어 그것이 잘 굴러간다고 생각하는 훈련을 하자.
일	휴식	전체를 정리하고 다음 주 준비를 한다.

박경숙 훈련 사례

요일	마음 훈련 요소	박경숙이 집중한 마음의 훈련 성분들
	나의 기본 약점 분석	저항에 마쳐 글을 쓰지 못해 불안하고 우울하고 짜증 나고 화가 난다. 저녁이면 녹초가 되어 쓰러지듯 잔다. 이런 상태에서 벗어나고 싶다.
월	동기 훈련의 날	**문제점** : 욕망이 너무 많았다. **훈련 내용** : 만약 내가 내일 죽는다면 오늘 이 일을 할 것인가 생각해 본다. 그러면 중요한 일에만 집중할 수 있다. 잡다한 일은 전부 버린다.
화	정서 훈련의 날	**문제점** : 불안, 초조, 두려움이 많다. **훈련 내용** : 기분이 나빠질 때 왜 기분이 나쁜지 원인을 생각한다. 너무 기뻐도 그 속에 빠지지 않고 가능한 한 정서의 중립점을 찾으려 한다. 화요일의 목표는 마음의 평화다.
수	인지 훈련의 날	**문제점** : 하지 못한 일 때문에 죄책감을 느끼면서도 한꺼번에 다할 수 있다고 생각한다. **훈련 내용** : 마음이 자존감과 자만심 중 어디에 있는지 냉정하게 지켜본다. 일하는 나를 위에서 바라보는 관찰자가 되어 직시하는 훈련을 한다. 나에 대한 생각이 떠오를 때마다 그것이 진짜인지 한 번 더 생각한다. 나를 하루 종일 지켜본다.
목	행동 훈련의 날	**문제점** : 일이 습관이 되지 않아서 문제다. **훈련 내용** : 그냥 아침에 일어나서 노트북을 열고 글을 쓴다. 아이디어가 떠오르면 거기에 침몰하지 않고 연구 노트에 적어 둔다. 오전 시간에는 오로지 글만 쓴다. 하루에 8시간 이상 글을 쓰고 책을 읽거나 연구 구상을 한다. 내게 가장 중요한 것은 글 쓰는 행위다. 주 50시간 글 쓰는 것을 목표로 한다.
금	의지 훈련의 날	**문제점** : 절제도 어렵고, 인내하지 못하고, 포용과 용서가 어렵다. **훈련 내용** : 딸아이가 잘못을 저지르거나 화나게 할 때 혼내는 것을 멈추는 연습을 한다. 평소 같으면 화를 낼 상황에서 화내지 않고 그대로 받아들이려 한다. 받아들임은 그냥 되는 것이 아니고 의지가 개입해야 된다. 다른 예로 정치권에서 내 의견과 다른 발표를 할 때도 투덜거리지 않으려고 한다. 그 결정을 객관적으로 바라보면서 받아들이는 연습을 한다. 나의 의지가 마음을 통제하도록 권한을 주는 훈련을 하는 것이다.

문제는 저항력이다

토	마음 훈련의 날	**훈련 내용** : 내 마음에 뮤카 수레바퀴가 있다고 생각한다. 의지가 나머지 마음 전체를 관리한다고 생각한다. 삶의 의미나 동기가 흐려지면 의지를 떠올린다. 저절로 동기가 생기도록 기다리지 않고 의지에 의해 동기가 생기도록 유도한다. 이전에 써둔 일기나 사명서 등을 읽으면 흐려진 목적이 강해진다. 분노나 슬픔 같은 감정이 나를 힘들게 할 때는 의지가 정서를 조절한다고 생각한다. 글 쓰는 나를 내가 위에서 바라본다고 생각하면서 메타 인지를 훈련한다. 이 일을 내 의지가 강력히 끌고 간다고 상상한다. 동시에 글쓰기는 의지의 개입 없이도 할 수 있도록 정례화하려고 노력한다. 이렇게 내 마음에는 뮤카 엔진이 있고 엔진이 매일 구르고 있다고 상상하면서 마음의 힘을 기른다.
일	휴식	아무것도 안 하고 휴식한다. 다시 일주일 훈련을 할 준비를 한다. 쉬어 보면 처음에는 이전과 다름없는 것 같지만 훈련을 반복할수록 토요일에 마음 전체를 통제하듯 저절로 통제되는 것을 느낄 수 있다. 일요일 밤에는 내 문제를 다시 한 번 생각해 본다. 그것을 기반으로 일주일 치 훈련을 반복할 수 있다.

따라 해보기

요일	마음 훈련 요소	( )이 집중한 마음 훈련 성분들
나의 기본 약점 분석		
월	동기 훈련의 날	문제점 : 훈련 내용 :
화	정서 훈련의 날	문제점 : 훈련 내용 :
수	인지 훈련의 날	문제점 : 훈련 내용 :
목	행동 훈련의 날	문제점 : 훈련 내용 :
금	의지 훈련의 날	문제점 : 훈련 내용 :
토	마음 훈련의 날	훈련 내용 :
일	휴식	

문제는 저항력이다

PART 5
—
저항을 넘어

"인생의 진짜 문제는 무엇을 해야 할지 모르는 것이 아니라,
아무것도 하고 있지 않다는 데 있다."
– 피터 드러커

마음 훈련법

　우리 마음이 노예 상태인 낙타와 같을 때는 무기력의 지배를 받았다. 그런데 자신이 모든 것을 결정할 수 있는 사자가 된 후에는 스스로를 억압하는 저항을 만난다. 낙타와 사자가 만날 수 있는 저항과 그것을 극복하는 마음 훈련법을 정리해 본다.

낙타의 무기력과 사자의 저항력 극복 방법

마음의 요소	낙타 단계		사자 단계		
	무기력	무기력 극복법	저항	저항력 극복법	저항을 넘어 도달할 마음의 수준
동기	무엇을 해야 할지, 왜 해야 하는지 모르겠다.	삶의 의미 찾기	목표가 다양하거나 자주 변한다.	삶의 의미를 연결하는 소명을 찾아라. 나만의 스토리를 만들고 자아실현하라.	용기 (흔들리지 않는 용기 확보)
정서	늘 슬프고 우울하고 기분 나쁜 상태가 지속된다.	긍정 정서 확보	분노가 자주 나타나고 조울증처럼 감정 기복이 심하다.	부정 정서 에너지의 전환, 정서의 중립점 찾기, 정서지능 활용하기.	중용 (부정과 긍정의 중용)
인지	해도 안 될 것 같다.	자존감 확보	자존감이 자만심이 될 때 위험하다. 자신감과 열등감이 교차한다.	정확한 자기 이해와 자기 통찰, 메타 인지, 자신감은 갖되 자만심은 버려라.	이성 (진리를 직시하는 이성 확보)
행동	하다가 말거나 시작도 안 한다.	숙달을 통한 유능감 획득, 장인이 되라	자만심에 빠져서 행동을 적당히 하거나 미룬다. 회피하거나 이쯤 해도 되겠지라고 생각한다.	숙달한 후 습관화하라. 장인이 아닌 예술가가 되라.	자발성 (습관화하고 자발성 확보)
의지	낙타는 의지가 없는 상태로 볼 수 있다.		너는 ~해야 한다는 용의 명령이 의지의 저항이 된다.	자기 절제, 통제와 포용을 통해 긍정적인 관계 맺기, '너는 ~해야 한다'를 '나는 ~해야 한다'로 바꾼다.	포용 (모든 것 포용)

자유로운 사자로 살기 위해 우리가 구체적으로 어떤 마음의 상태를 가져야 하는지 이해하는 것이 먼저다. 물론 마음은 그렇게 단순하지 않고 복잡하게 얽혀 있다. 그러나 복잡하다고 생각해 마음의 횡포에 끌려 다닌다. 마음의 5가지 요소인 뮤카는 호킨스의 의식수준 중 건강한 사자의 단계에 해당하는 용기·중용·자발성·포용·이성과 연결될 수 있다.

이를 각각의 마음 요소가 도달해야 할 목표로 잡을 수 있겠다.

건강하고 자유로운 사자가 될 수 있는 동기·정서·의지·인지·행동의 구체적인 목표 키워드를 뽑자면 소명, 중립, 절제, 직시, 습관이다. 이 마음을 움직이는 기술 5가지가 습득되도록 꾸준히 훈련해 보자.

뮤카 엔진의 훈련 목표

성공한 사람의
5가지 조건 : PERMA

우리는 누구나 성공하고 행복하길 원한다. 실패와 불행을 욕망하는 사람은 없다. 하지만 생은 그렇게 마음대로 되지 않는다. 삶의 모습은 각양각색이다. 누구는 원하는 것을 다 이루고 잘 살다 가고, 누구는 하고 싶은 것을 하지 못한 채 불행하게 살다 간다. 이런 차이는 왜 생기는 것일까? 그것만 알 수 있다면 힘든 시절을 견딜 수 있을 것이다. 궁극적으로 인간을 성장하게 하고 성공의 길로 이끌어 주는 것은 무엇일까?

수많은 학자, 작가, 교사, 치료사, 강연자들이 성공하는 방법에 대해서 이야기한다. 그들의 말이 진짜일까? 많은 사람이 그렇듯 나 역시 오래전부터 '성공의 인자'가 궁금했다. 그런데 어느 순간 그 모든 것이 결국은 마음에 달려 있음을 알게 되었다. 나는 인지과학으로 마음의 메커니즘과 마음의 성장 원리를 알고 싶었다.

다양한 이론에 대해 공부했지만 그중에서도 셀리그만의 퍼마가 유난히 흥미를 자극한다. 마틴 셀리그만은 수십 년간 인간의 마음을 연구한후 성공한 사람들이 가진 5가지 특징을 정리해 퍼마 이론을 발표했다. 그는 『플로리시』라는 저서에서 퍼마를 가진 사람이 플로리시로 나아갔다고 주장했다. 그가 말하는 플로리시는 '번성, 풍족, 더 바랄 것이 없고더 올라갈 데 없고, 더 채울 것 없을 정도로 풍족한 상태'를 말한다. 그렇게 플로리시한 사람에게는 퍼마가 있다는 것이다.

그가 말하는 퍼마PERMA는 긍정 정서Positive Emotion, 앙가주망Engagement, 긍정 관계Relationships, 의미Meaning, 성취Accomplishment를 의미한다. 일부는 잘알고 있는 것이고 일부는 좀 생소할지도 모른다.

- 긍정 정서는 기쁨, 희열, 따뜻함, 자신감, 낙관성을 말한다.
- 앙가주망은 사르트르가 주장한 사상으로, 현재 상태로부터 '자기 해방'을 도모하면서도 목적을 향해 나아가기 위한 '자기 구속'을 뜻한다.
- 긍정 관계란 타인과 좋은 관계를 유지하는 것을 의미한다.
- 의미는 자신보다 더 중요하다고 믿는 어떤 것에 소속되고 거기에 기여하게 하는 것이다.
- 성취란 무엇인가를 이루어 가는 것으로, 남을 이기거나 돈을 벌기 위해서가 아니라 성취그 자체가 좋아서 추구하는 것을 말한다.

퍼마의 성분 하나하나를 보면 성공의 법칙으로 논의됐던 것이기도 하고 심리학의 오랜 연구 주제이기도 하다. 그런데 퍼마에 관해 알면 알수록 저항을 넘기 위해 제안한 마음의 뮤카 엔진과 유사점이 보인다. 실제로 뮤카와 퍼마는 일대일로 연결된다. 마음의 5가지 요소만 잘 다스리면, 무기력도 극복할 수 있고 저항을 넘어 자기 한계를 돌파할 힘이 생길 수 있다. 그리고 운이 좋으면 셀리그만이 말했던 성공한 사람의 반열에 오를 수 있을지도 모른다.

뮤카 엔진과
퍼마

1 동기 ←──→ 의미

플로리시의 조건으로 꼽히는 '의미'는 자신보다 더 중요하다고 믿는 어떤 것에 소속되고 거기에 기여하는 것을 말한다. 셀리그만은 이를 소명이라 말하지 않았지만 소명과 의미가 상통한다. 자신보다 중요한 어떤 것을 위해서 살게 하는 원동력이 삶의 의미와 소명에서 비롯되는 것이기 때문이다. 그래서 우리는 각자 나름의 의미를 찾으려고 애쓴다. 의미를 찾으면 기쁘고 의미를 모를 때는 우울하다. 그러므로 의미는 매우 중요한데, 이것이 동기와 긴밀히 연결된다. 의미가 동기를 이끄는 욕망을 자극하기 때문이다.

뮤카 엔진의 동기 훈련은 퇴색하지 않는 삶의 의미를 만들고 욕망이 저항되지 않도록 제어해 인생 스토리를 만드는 것을 목표로 한다. 동기가 삶의 의미와 소명을 찾았을 때 우리는 회피나 미루기 같은 저항을 넘어설 수 있다.

2 정서 ◄─► 긍정 정서

정서 훈련의 첫 단계는 고통을 야기하는 정서로부터 벗어나는 것이다. 우울증 치료약은 호르몬을 자극해서 기분 좋은 정서를 느끼게끔 한다. 약물 치료 없이 부정 정서를 없애기는 쉽지 않다. 단순한 운동과 같은 움직임도 뇌를 자극해서 기분 좋게 만들지만 그 효과는 일시적이다. 장기적인 정서 관리는 자기 이해를 통한 마음의 힘에서 만들어진다.

셀리그만이 성공의 한 요소로 말한 긍정 정서는 기쁨, 희열, 따뜻함, 자신감, 낙관성 등을 의미한다. 그런데 이는 부정적인 정서까지 포함한 긍정 정서다. 부정 정서를 포함한 긍정, 그것을 나는 정서의 중립점 찾기로 보았다. 정서의 중립점을 찾는 것은 호킨스가 말하는 '마음의 수준'에서 중용을 위한 훈련이 된다.

3 인지 ◄─► 앙가주망

인지의 경우는 왜곡이 가장 잘 일어나는 곳이며 저항이 가장 많이 작동하는 영역이다. 따라서 열등감, 수치심, 죄책감 때문에 상처 입은 인지를 치유해 자존감을 획득하는 것이 1차 목표다. 그런데 자존감을 회복하고 나면 사자의 자만심이 생길 수 있다. 인지가 어느 한쪽으로 치우치거나 왜곡되지 않게 하는 유일한 방법은 자기 직시뿐이다. 자기 직시란 자신을 정확히 보고 이해하는 능력이다.

셀리그만이 말한 앙가주망은 자기 직시를 통해서 이루어진다. 앙가주망의 영어 Engagement는 본래 계약, 구속, 약혼, 연루됨 등을 의미한다. 사르트르는 1943년에 발표한 철학 논문 「존재와 무」에서 이 단어를 사용했다. 사르트르는 "의식 존재인 인간은 각자 자유로운 선택에 의해 과거를 초월하고 현재의 자기를 부정함으로써 실재하지 않는 것을 계속 만들어 나간다"고 주장했다. 현재 상태에서 자기 해방을 도모함과 동시에 존재하지 않는 목적을 향해 나가기 위한 자기 구속을 해야 한다는 것이다.

문제는 지나친 자기 해방인데, 해방감이 넘치면 자만심이 되고, 자만심은 마음에 저항을 일으킨다. 그럴 때 앙가주망은 자기 해방이 방종이 되지 않게 자기 구속 기능을 수행한다. 이것은 자존감이 자만심으로 가는 것을 막기 위해서 인지가 작동하는 것과 매우 유사하다. 자존감은 갖되 자만심은 막는 자기 직시 능력이 앙가주망와 동일한 기능을 한다고 볼 수 있다.

4 행동 ◀──▶ 성취

뮤카의 행동이 추구하는 목표는 반복에 의한 숙달을 통해서 그 일이 습관이 되게 하는 것이다. 그러면 마음의 수준이 스스로 움직이는 자발성까지 올라갈 수 있다.

셀리그만이 말하는 성공 요소인 성취도 남을 이기거나 돈을 벌기 위해서가 아니라 성취 그 자체가 좋아서 추구하는 것을 말한다. 즉 목표를 달성하는 것만이 아니라 행위 그 자체가 주는 즐거움을 추구하는 것이다. 습관이 만드는 자발성과 셀리그만의 성취는 의미가 매우 비슷하고 서로 연결된다. 좋은 행동의 결과는 성취로 이어진다.

문제는 저항력이다

5 의지 ◄──► 긍정 관계

저항은 일을 미루고 피하는 '하기 싫은 상태', 즉 일할 의지가 사라진 상태를 말한다. 그러므로 저항을 물리치기 위해서는 의지의 올바른 작동이 반드시 이루어져야 한다. 그런데 의지가 인내만을 말하는 것은 아니다. 의지는 마음 전체를 통제하고 수용하는 관리자의 역할을 맡는다. 셀리그만은 모든 시스템에는 그들을 통제하고 수용하는 어떤 요소가 있어야 조화를 이룰 수 있다고 했다. 그는 그것을 '긍정 관계'라는 개념으로 정의했는데, 나는 그런 조화를 만들어 내는 역할을 하는 마음의 장소를 '의지'로 본다. 의지가 훈련되면 마음의 요소들이 만들어 내는 관계를 잘 다룰 수 있게 된다.

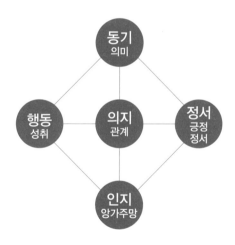

퍼마를 만들어 내는 뮤카의 위치

이처럼 마음의 뮤카 엔진 훈련을 통해 아래 그림에서 보듯, 셀리그만이 말한 퍼마를 획득할 수 있고, 호킨스의 정신 수준인 용기부터 이성까지 확보할 수 있다. 드디어 우리는 건강한 사자로 살 수 있게 되는 것이다.

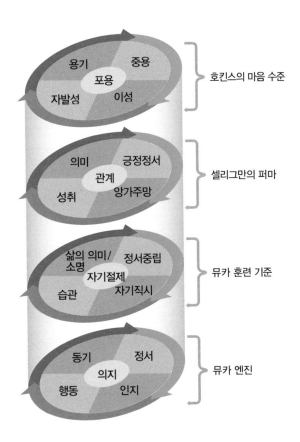

뮤카 엔진 훈련의 방향과 목표

고통을 견디고 저항을 넘을 때
우리는 진화한다

다이아몬드는 지구 상에서 가장 단단한 광물이다. 그 다이아몬드를 구성하는 원소는 탄소다. 그런데 탄소로만 이루어진 물질 중에 흑연도 있다. 철을 자를 수 있을 만큼 강한 다이아몬드와 달리 흑연은 종이에 묻어날 정도로 무르다. 탄소로만 구성된 이 물질들의 강도는 이렇게 전혀 다르다. 이처럼 한 원소가 서로 다른 결정 구조를 가지고 존재하는 것을 화학에서는 동소체Allotropy라고 부른다.

탄소에는 화학 결합을 할 수 있는 전자가 4개 있다. 다음 페이지 그림처럼 4개의 전자가 모두 다른 탄소 원자와 결합할 때 다이아몬드가 되고, 3개만 결합하면 흑연이 된다. 다이아몬드가 만들어지는 곳은 땅속 130~200킬로미터 지점이다. 그곳에서 3만 기압 이상, 3천 도씨 이상의 고온을 견딜 때 다이아몬드가 만들어진다.

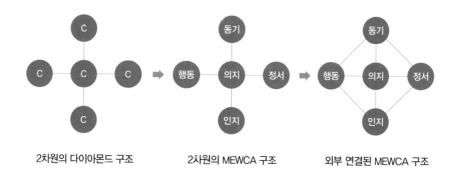

| 2차원의 다이아몬드 구조 | 2차원의 MEWCA 구조 | 외부 연결된 MEWCA 구조 |

　　마음도 마찬가지다. 마음도 의지를 중심으로 모든 성분이 단단히 연결되어 결합될 때 가장 강인하다. 의지를 중심으로 나머지 4성분이 결합된 구조는 사실 2차원 다이아몬드 구조에서 모방해 왔다. 마음을 가장 단단히 결합하기 위함이다. 그리고 더 단단해지기 위해 나머지 4개도 외부에서 서로 결합해 전체가 연결된 뮤카 구조를 만들었다. 이 5개의 성분이 서로 연결되어 있을 때 가장 단단해질 수 있다. 이들 중에 연결이 잘리거나 기능이 작동하지 못하는 부분이 있으면, 마음의 힘이 약해져 우리는 쓰러지고 좌절하고 우울해지거나 슬퍼진다. 전자가 모두 연결되면 다이아몬드가 되지만 3개만 연결되면 흑연이 되듯이, 마음도 연결이 잘리면 약해진다. 왜 우리가 뮤카라는 마음의 엔진을 단단히 잡고 가야 하는지 이해될 것이다.

　　마음에서 의지를 중간에 두고 그것이 나머지 성분을 통제하고 포용할

문제는 저항력이다

수 있을 때 우리는 성장하고 진화해 간다. 예술가가 진짜 예술품을 만들 때 자기 스스로 달라지듯이, 우리도 저항을 넘으면 달라진다. 진화, 저항이라는 인생의 장벽이 우리에게 남겨 주는 선물이다. 저항을 넘기 위해 애쓰고 한계를 극복하기 위해 노력할 때 그 고통만큼 우리는 달라진다. 그러므로 인생에서 예상치 못한 사건을 만나 고통을 당하고, 그 아픔이 마치 용광로 속 뜨거움처럼 느껴지는 날이 오면 지금 200킬로미터 지하에서 단련되고 있다고 생각하자. 마음이 너무 깊이 파묻혀 있고 사방에서 짓눌러 오는 흙의 압력으로 너무 아프지만, 그때야말로 자연이 만들어 내는 가장 강한 물질인 다이아몬드로 응축되고 있는 중이다.

높디높은 저항의 장벽을 만나고, 버티기 힘든 시련과 넘기 불가능한 한계를 만나거든 자신이 지금 신의 특공대로 목숨을 건 유격 훈련을 받고 있다고 생각하면서 버텨 보자. 죽지만 않는다면 모든 것을 무조건 견뎌 보자. 그 견딤이 우리를 진화시켜 줄 것이다. 고열과 고압에 시달려야 탄소가 다이아몬드로 변하듯, 우리 마음도 고통과 울분에 떨며 그것을 견뎌 낼 때 가장 단단해질 것이다.

니체는 말했다. "언젠가 번개에 불을 켤 사람은 오랫동안 구름으로 살아야 한다"라고. 그러므로 당신에게 주어지는 모든 것을 견디기 바란다. 아모르 파티다. 우리의 몫으로 운명이 준 모든 것을 견뎌 내고 우리가 갈 수 있는 곳까지 가보는 것이다. 그렇게 마음의 뮤카 엔진을 매일 돌리면, 창조적 진화가 일어난다는 롤로 메이의 '만남'과 칙센트미하이의 '몰입', 그리고 셀리그만의 '퍼마'가 만들어지면서 우리는 점점 더 탁월해질 것이다. 우리 마음이 만드는 저항력을 이기고 비로소 자신을 넘어 앞으로 갈 수 있을 것이다.

어제의 나를 넘어, 거침없이 나가자!

저것은 벽

어쩔 수 없는 벽이라고 우리가 느낄 때

그때

담쟁이는 말없이 그 벽을 오른다.

물 한 방울도 없고 씨앗 한 톨 살아남을 수 없는

저것은 절망의 벽이라고 말할 때

담쟁이는 서두르지 않고 앞으로 나아간다.

한뼘이라도 꼭 여럿이 함께 손을 잡고 올라간다.

푸르게 절망을 다 덮을 때까지

바로 그 절망을 놓지 않는다.

저것은 넘을 수 없는 벽이라고 고개를 떨구고 있을 때
담쟁이 잎 하나는 담쟁이 잎 수천 개를 이끌고
결국 그 벽을 넘는다.

– 도종환, 「담쟁이」

이 책은 쉽게 시작되었다. 그러나 책을 쓰면서 나는 내 저항과 지루하고도 소모적인 전쟁을 치러야 했다. 다시는 책을 쓰고 싶지 않다는 생각이 들 정도로 힘들었다. 강력한 저항에 막혀 진도를 나가지 못하고 초주검이 된 채 몇 달을 허비하기도 했다. 지금 돌아보니 그런 시간이 3년 반이나 지나가 버렸다. 나는 저항이라는 명백한 실체를 만났고, 그 저항과 먼저 싸워야 했다.

나는 책을 쓰고 사람을 돕고 강연을 하기 위해 학교를 떠나 세상 밖으로 나왔다. 알몸으로 소금을 얻으러 가야 하는 아이처럼 떨면서 첫 책을 세상에 내놓았다. 책이 나오고 한 달 정도 지났을 때 나를 작가의 길로 이끌어 준 선생님이 폐암말기라는 소식을 들었다. 청천벽력이었다. 그는 나의 정신적 젖줄이셨고, 맨몸을 가릴 옷 한 벌 주실 나의 멘토였다. 종종 백 살까지 글 쓰고 강연하겠다고 말씀하셨는데, 환갑이 되기도 전에 황망하고 허무하게 가버리셨다. 그분이 스틱스 강을 건너고 난 후 나는 거의 6개월 넘게 아무것도 할 수 없었다. 죽음이라는 가장 강력한 저항 앞에 옴짝달싹할 수 없었다.

그 후 나도 죽음 직전까지 갔을 만치 아팠다. 그해는 유독 죽음이 많았다. 선생님이 돌아가셨고, 친구가 죽었고, 신혼 3개월 차에 스물여덟 살 밖에 안 된 지인이 해외여행 중 말벌에 쏘여 어이없이 죽었다. 그들의 죽음은 그대로 나를 강타했다. 죽음은 인간이 만날 수 있는 가장 강력한 저항이다. 그리고 죽음은 누구도 피해 갈 수 없고 언제든 불현듯 찾아올 수 있는 운명임을 다시 확인했다.

두께 1미터쯤에 높이를 가늠할 수 없는 강철로 만든 벽 같은, 그 거대한 죽음이 주는 허무함과 무의미라는 저항 앞에 나는 맨몸으로 서야 했다. 내게는 그 벽을 오를 사다리도 폭파할 폭약도 문을 헤집고 들어갈 무기도 없었다. 그냥 속수무책이었다. 그리고 나는 이 책을 써내야만 했다. 선생님이 살아 계셨다면 저항에 그리 오래 막히지 않았을지도 모른다. 나 혼자 살아남아야 하는 세상은 내게 너무나 가혹했다.

이 책은 독자를 위해 시작되었으나 결국 첫 수혜자는 나 자신이었다. 나의 저항 훈련서가 되었기 때문이다. 책을 쓰면서, 삶이란 저항의 연속이고 내가 나의 한계를 넘지 못하는 것은 심리적 힘이 없기 때문이라는 사실을 확인하고 또 확인했다. 타마스가 만드는 마음의 저급한 에너지가 매일 우리를 괴롭힐 수 있음을 보았다. 의지라는 문제가 전면으로 떠올랐다. 그래서 이 책에서 의지를 넣었다. 의지에 대해서는 셀리그만도 플라톤도 말하지 않았지만, 나는 뭔가 부족했던 그것을 찾기 위한 오랜 순례를 했다. 결국 쇼펜하우어와 베다 철학, 프로이트와 인지과학연구 결과들에서 의지를 발굴했다. 의지는 마음에서 가장 단단한 부분이다. 그러나 가장 부드럽게 포용하는 부분이기도 하다. 의지 없이는 아무것도

할 수 없음을 알았다

특히 저항력은 의지가 아니면 절대 넘을 수 없다는 것을 마지막으로 알게 되었다. 이건 아마 내가 죽는 날까지 기억해야 할, 나를 태워서 얻은 정금 한 조각일지 모른다. 이거 하나 건지려고 용광로 같던 곳에서 3년 반을 견뎌야 했는지도 모른다. 10년 앓은 학습된 무기력을 극복했음에도 저항에 또 막힌 것은 무기력 훈련법에 의지를 넣지 않은 이유였는지도 모르겠다. 그래서 메카 엔진의 중앙에 의지를 넣어 뮤카 엔진을 만들었다. 의지를 찾게 된 것에 감사한다. 의지가 우리 마음을 사랑으로 성장시킬 수 있기 때문이다.

사랑에서 우리의 아이가 잉태된다. 사자인 우리가 어린아이가 되는 순간이다. 그것은 의지가 있을 때 가능하다. 사자로 살기도 힘들지만 의지가 제대로 기능하기 시작하면 저항을 넘어 어린아이까지 꿈꿀 수 있다는 믿음이 올라왔다. 더 이상 연구할 수 없는 저항에 막혔을 때 오히려 물리학의 즐거움을 추구한 것이 노벨상을 받게 만들었다고 고백한 파인만의 천재성을 일단 믿어 보기로 했다. 사자로 살기 힘들 때 오히려 어린아이가 되어 보는 것이다. 그건 힘을 주고 있던 팔의 힘을 빼야 하는 선택이고, 의지가 내리는 결단이다. 나도 그렇게 하기로 결정했다. 그리고 비로소 숨 쉴 수 있게 되었다.

그 마음이 생기고 나서 사무실로 쓸 오피스텔을 계약했다. 퇴직한 지 3년 7개월이 지났을 때의 일이다. 저항을 하나 넘은 것인지도 모른다. 그 계약이 의미하는 것은 이전의 삶을 그리워하지도, 기웃거리지도 않을 것이라는 각오이기도 하다. 사무실 내는 것을 미룬 것은 어쩌면 학교로 다시 돌아갈지도 모른다는 막연한 생각을 무의식이 놓지 않고 있었기 때문일지도 모른다. 그래서 이 삶에 치열하지 않았던 것 같다. 이제 나는 내 사무실에서 사자로 살 것이다. 그곳은 내가 세상에 나가는 항구이자 베이스캠프이며, 일터이자 놀이터가 될 것이다. 거기서 상담과 코칭, 연구와 집필을 할 것이다. 25년간 뒤집어쓰고 있던 교수라는 낙타 껍질을 벗고 드디어 사자로 제대로 살 수 있을지 모른다. 파인만이 그랬듯 나도 거기서 그냥 놀기만 할 것이다. 아무것도 남기지 못해도 그냥 매일 그곳에 출근해서 하루하루 잘 놀다가 집으로 돌아가기로 했다. 드디어 내가 변했나 보다. 이 사무실은 그 지루했던 화석기, 저항을 넘어섰다는 하나의 증거일 것이다.

내가 이제 진짜 사자가 되었는지도 모른다. 그것은 진짜 어른이 된다는 말이다. 모든 것을 책임지고 누구도 미워하지 않으며 자신의 운명을 사랑하는 그런 건강하고 강인한 사람이 되어 가는 것이다. 이 책이 나를 그렇게 키워 줬다. 책은 저자를 가장 먼저 돕는다고 했던가? 이 책이 내게 마음의 힘을 주었다.

내게 그랬듯, 이 책이 당신도 도울 수 있기를 기도한다. 이 책으로 당신이 어디 있는지, 한번 생각해 보는 기회가 된다면 저자로서 더없이 감사하다. 생은 그다지 길지 않고 죽음은 언제든 찾아올 수 있다. 그러니 지금 바로 당신의 여행을 시작하기 바란다.

담쟁이는 결국 그 벽을 넘었다. 당신도 그리 되길 기도한다.

1 『Overcoming Resistance in Cognitive Therapy』, Robert L. Leahy, Teachers College, 2003.

2 『Ten days to self-esteem』, David D. Burns, Quill, 1999.

3 『Helplessness-On depression, development and death』, Martin E. P. Seligman, W. H. Freeman & CO., San Francisco, 1975.

4 『Learned Optimism: How to Change Your Mind and Your Life』, Martin E. P. Seligman, Vintage Books: A Division of Random House, Inc. New York, 2006.

5 『The Interpretation of Dreams』, Sigmund Freud, Avon Books, 1998.

6 『The Ego and The Id』, Sigmund Freud, W. W. Norton & Company, 1989.

7 『A Primer of Freudian Psychology』, Calvin S. Hall, A Mentor Book, 1954.

8 『The cognitive structure of emotion』, A. Ortony, G. L. Clore & A. Collins, Cambridge University Press, 1988.

9 『The Psychology of Emotion』, C. E. Izard, Plenum Press, 1991.

10 『Darwin and facial expression: A century of research in review』, P. Ekman, New york: Academic Press, 1973.

11 『Emotion and Life』, Robert Plutchik, American Psychological Association Washington DC, 2003.

12 『The computer and the Mind: an Introduction to Cognitive Science』, P. Johnson-Laird, Harvard University Press, 1988.

13 『Cognitive Science』, Neil A. Stillings et al., A Brandford Book The MIT Press, 1991.

14 『The Science of the Mind』, Owen Flanagan, A Brandford Book The MIT Press, 1991.

15 『The MIT Encyclopedia of the Cognitive Sciences』, Editted by Robert A. Wilson & Frank C. Keil, A Brandford Book The MIT Press, 1999.

1 『문제는 무기력이다』, 박경숙, 와이즈베리, 2013.

2 『정신 분석 입문』, 지그문트 프로이트, 선영사, 1996.

3 『꿈의 해석』, 지그문트 프로이트, 선영사, 1998.

4 『프로이드 심리학 입문』, 황문수 역, 범우사, 1990.

5 『새로운 프로이트』, 바흐찐 볼로쉬노프, 예문, 1998.

6 『프로이트와 나눈 시간들』, 스밀리 블랜톤, 솔, 1999.

7 『마틴 셀리그만의 플로리시』, 마틴 셀리그만, 풀무레, 2011.

8 『학습된 낙관주의』, 마틴 셀리그만, 21세기북스, 2008.

9 『긍정심리학』, 마틴 셀리그만, 풀무레, 2009.

10 『심리학의 즐거움』, 마틴 셀리그만, 휘닉스, 2008.

11 『의식과 본질』, 이즈쓰 도시히코, 위즈덤하우스, 2013.

12 『우파니샤드』, 임동근 역, 을유문화사, 2012.

13 『자아초월 심리학과 정신의학』, Bruce W. Scotton 외, 학지사, 2008.

14 『인지과학』, 이정모, 성균관대학교 출판부, 2010.

15 『인지과학입문』, 조르쥬 비뇨, 만남, 2002.

16 『인지과학』, 장 가브리엘 가나시아, 영림카디널, 2000.

17 『합리적 정서행동치료』, Albert Ellis, Catharine Maclaren, 학지사, 2007.

18 『실황적 인지행동치료』, Rian E. McMullin, 하나의학사, 2008.

19 『스트레스의 인지행동치료』, Michael H. Antoni 외, 시그마프레스, 2010.

20 『인지치료』, Judith Beck, 하나의학사, 1997.

21 『인지치료의 창시자 아론벡』, Majorie E. Weishaar, 학지사, 2007.

22 『인지행동 치료』, J. H. Wright & M.R. Basco, 학지사, 2009.

23 『트라우마의 치유』, Jon G. Allen, 학지사, 2010.

24 『인지치료에서 저항의 극복』, Robert L. Leahy, 학지사, 2010.

25 『우울증의 인지치료』, Aaron T. Beck, 학지사, 2005.

26 『성격장애의 인지치료』, Aaron T. Beck 외, 학지사, 2009.

27 『카를 융 기억 꿈 사상』, 카를 융, 김영사, 2007.

28 『한권으로 읽는 융』, 에드워드 암스트롱 베넷, 푸른숲, 1997.

39 『C. G. 융 심리학 해설』, 야코비, 홍신문화사, 1992.

30 『생의 절반에서 융을 만나다』, 대릴 샤프, 북북서, 2009.

31 『히틀러의 정신 분석』, 월터 C. 랑거, 솔, 1999.

32 『최신 정신의학』, 민성길 외, 일조각, 1998.

33 『정신분석의 기본 원리』, 알랭 바니에, 솔, 1999.

34 『성장 심리학』, 듀에인 슐츠, 이화여자대학교출판부, 1982.

35 『성공의 새로운 심리학』, 캐롤 드웩, 부글북스, 2011.

36 『마음의 작동법』, 에드워드 L. 데시, 리처드 플래스트, 에코의 서재, 2011.

37 『심리학』, 김현택 외, 학지사, 1997.

38 『정서심리학』, James W. Kalat, Michelle N. Shiota, 시그마프레스, 2007.

39 『정서심리학』, Robert Plutchik, 학지사, 2004.

40 『정서란 무엇인가?』, 김경희, 민음사, 1995.

41 『정서심리학』, 김경희, 박영사, 2004.

42 『인간과 동물의 감정표현에 대하여』, 로버트 찰스 다윈, 서해문집, 1998.

43 『정서지능』, Gerald Matthews 외, 학지사, 2010.

44 『감성지능(상,하)』, 다니엘 골먼, 비전코리아, 1996.

45 『감정과 이성』, 리처드 래저러스, 문예출판사, 2013.

46 『감정을 과학한다』, 게리 주커브, 린다 프란시스, 이레, 2007.

47 『다중지능』, 하워드 가드너, 웅진지식하우스, 2007.

48 『성격심리학』, Charles S. Carver, Michael F. Scheier, 학지사, 2012.

49 『성격심리학(이론과 연구)』, Lawrence A. Pervin 외, 중앙적성출판사, 2006.

50 『성격 심리학』, Walter Mischel 외, 시그마 프레스, 2006.

51 『자아를 잃어버린 현대인』, 롤로 메이, 문예출판사, 1990/2010.

52 『사랑과 의지』, 롤로 메이, 한벗, 1981.

53 『창조와 용기』, 롤로 메이, 범우사, 1991.

54 『사랑이란 무엇인가?』, 레프 톨스토이, 신원문화사, 2007.

55 『어떻게 사랑할 것인가?』, 조지 스위팅, 두란노, 1994.

56 『몰입』, 미하이 칙센트미하이, 한울림, 2004.

57 『몰입의 즐거움』, 미하이 칙센트미하이, 해냄, 2010.

58 『몰입의 기술』, 미하이 칙센트미하이, 더불어책, 2003.

59 『창의성의 즐거움』, 미하이 칙센트미하이, 더난출판사, 2003.

60 『천재들의 창조적 습관』, 트와일라 타프, 문예출판사, 2006.

61 『차라투스트라는 이렇게 말했다』, 프리드리히 니체, 민음사, 2004.

62 『니체의 위험한 책, 차라투스트라는 이렇게 말했다』, 고병권, 그린비, 2003.

63 『권력에의 의지』, 프리드리히 니체, 청하, 1988.

64 『선악의 저편 · 도덕의 계보』, 프리드리히 니체, 책세상, 2002.

65 『인간적인 너무나 인간적인』, 프리드리히 니체, 동서문화사, 2007.

66 『의지와 표상으로서의 세계』, 쇼펜하우어, 동서문화사, 2008.

67 『러셀 서양철학사』, 버트런드 러셀, 을유문화사, 2009.

68 『철학 이야기』, 윌 듀런트, 동서문화사, 2007.

69 『니코마코스 윤리학』, 아리스토텔레스, 창, 2008.

70 『의식혁명』, 데이비드 호킨스, 한문화, 1997.

71 『의식 수준을 넘어서』, 데이비드 호킨스, 판미동, 2009.

72 『내안의 참나를 만나다』, 데이비드 호킨스, 판미동, 2008.

73 『나의 눈』, 데이비드 호킨스, 한문화, 2001.

74 『놓아버림』, 데이비드 호킨스, 판미동, 2013.

75 『일의 발견』, 조안 B. 시울라, 다우, 2005.

76 『의지력의 재발견』, 로이 F. 바우마이스터, 존 티어리, 에코리브로, 2012.

77 『의지력: 내 인생을 바꾸는 힘』, 안근배, 경향미디어, 2006.

78 『하이퍼그라피아』, 앨리스 플래허티, 휘슬러, 2006.

79 『파인만 씨, 농담도 잘하시네!(1 · 2)』, 리처드 파인만, 사이언스북스, 2000.

80 『탁월함에 이르는 노트의 비밀』, 이재영, 한티미디어, 2008.

81 『내 책 쓰는 글쓰기』, 명로진, 바다출판사, 2010.

82 『최고의 나를 꺼내라』, 스티븐 프레스필드, 북북서, 2008.

83 『사람은 무엇으로 성장하는가?』, 존 맥스웰, 비즈니스북스, 2012.

84 『신화와 인생』, 조지프 캠벨&다이엔 K. 오스본, 갈라파고스, 2009.

85 『천의 얼굴을 가진 영웅』, 조지프 캠벨, 민음사, 2004.

86 『역사속의 영웅들』, 윌 듀런트, 김영사, 2011.

87 『퇴계집』, 장기근 저, 홍신문화사, 2003.

88 『논어』, 김형찬 여, 흥익출판사, 2005.

89 『재능은 어떻게 단련되는가』, 제프 콜빈, 부키, 2010.

90 『새로운 미래가 온다』, 다니엘 핑크, 한국경제신문사, 2006.

91 『몸에 밴 어린시절』, W. 휴 미실다인, 가톨릭출판사, 2005.

92 『어린아이의 일을 버려라』, 데이빗 A 씨멘즈, 두란노, 2001.

93 『체인징 마인드』, 하워드 가드너, 재인, 2005.

94 『미래 마인드』, 하워드 가드너, 재인, 2008.

95 『How to Live 갈림길에서 길을 묻다』, 윌리엄 브리지스, 이끌리오, 2008.

96 『내 삶에 변화가 찾아올 때』, 윌리엄 브리지스, 풀무레, 2006.

97 『변환관리』, 윌리엄 브리지스, 풀무레, 2004.

98 『그대 스스로를 고용하라』, 구본형, 김영사, 2005.

99 『익숙한 것과의 결별』, 구본형, 을유문화사, 2007.

100 『낯선 곳에서의 아침』, 구본형, 을유문화사, 2007.

101 『두려움』, 스리니바산 S. 필레이, 웅진지식하우스, 2011.

102 『승자의 뇌』, 이안 로버트슨, 알에이치코리아, 2013.

103 『브레인 룰스』, 존 메디나, 프런티어, 2009.

104 『뇌 1.4킬로그램의 사용법』, 존 레이티, 21세기북스, 2010.

105 『운동화 신은 뇌』, 존 레이티 & 에릭 헤이거먼, 북섬, 2009.

106 『위너 브레인』, 제프 브라운 & 마크 펜스크, 문학동네, 2011.

107 『그것은 뇌다』, 다니엘 G. 에이멘, 브레인월드, 2008.

108 『왓칭』, 김상운, 정신세계사, 2011.

109 『메타 생각』, 임영익, 리콘미디어, 2014.

110 『나는 결심하지만 뇌는 비웃는다』, 데이비드 디살보, 모멘텀, 2012.

111 『꿈을 이룬 사람들의 뇌』, 조 디스펜자, 한언, 2009.

112 『행복을 선택한 사람들』, 숀 아처, 청림출판사, 2015.

113 『뇌』, F. Thompson, 성원사, 1989.

114 『뇌의 진화』, 존 에클스, 민음사, 1998.

문제는 저항력이다

115 『미친뇌가 나를 움직인다』, 데이비드 와이너 & 길버트 헤프터, 사이, 2006.

116 『체인지』, 에드 샤피로 & 뎁 샤피로, 생각의나무, 2011.

117 『뇌파진동』, 이승헌, 브레인월드, 2008.

118 『두뇌훈련법』, 브레인트레이너 지침서, GCU 출판부, 2014.

119 『두뇌훈련지도법』, 브레인트레이너 지침서, GCU 출판부, 2014.

120 『두뇌구조와 기능』, 브레인트레이너 지침서, GCU 출판부, 2014.

121 『두뇌특성 평가법』, 브레인트레이너 지침서, GCU 출판부, 2014.

122 『미루기의 기술』, 존 페리, 21세기북스, 2013.

123 『슬로비의 미루기 습관 탈출기』, 박현수, 타임스퀘어, 2009.

124 『하버드 새벽 4시 반』, 웨이슈잉, 라이스메이커, 2014.

125 『목적이 이끄는 삶』, 릭 워렌, 디모데, 2003.

126 『삶의 의미를 찾아서』, 빅터 프랭클, 청아출판사, 2005.

127 『죽음의 수용소에서』, 빅터 프랭클, 청아출판사, 2005.

128 『그리스인 조르바』, 카잔차키스, 열린책들, 2011.

129 『습관의 힘』, 찰스 두히그, 갤리온, 2012.

130 『국부론』, 아담 스미스, 동서문화사, 2008.